大数据环境下高校图书馆知识服务模式研究

范　靖　徐志艳　魏祥丽　著

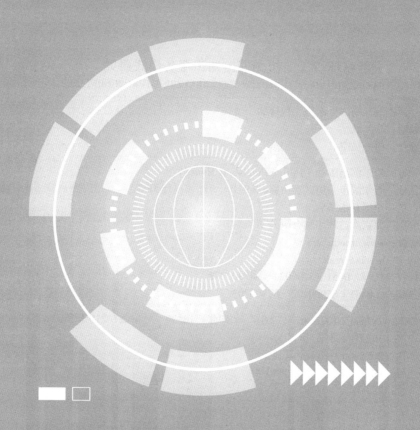

哈尔滨出版社
HARBIN PUBLISHING HOUSE

图书在版编目（CIP）数据

大数据环境下高校图书馆知识服务模式研究／范靖，
徐志艳，魏祥丽著 . -- 哈尔滨：哈尔滨出版社，2025.
1. --ISBN 978-7-5484-8385-4

I. G258.6

中国国家版本馆 CIP 数据核字第 2025Q5D563 号

书　　名：大数据环境下高校图书馆知识服务模式研究
DASHUJU HUANJING XIA GAOXIAO TUSHUGUAN ZHISHI FUWU MOSHI YANJIU

作　　者：范　靖　徐志艳　魏祥丽　著
责任编辑：李　欣
封面设计：研杰星空

出版发行：哈尔滨出版社（Harbin Publishing House）
社　　址：哈尔滨市香坊区泰山路82-9号　　邮编：150090
经　　销：全国新华书店
印　　刷：北京鑫益晖印刷有限公司
网　　址：www.hrbcbs.com
E-mail：hrbcbs@yeah.net
编辑版权热线：（0451）87900271　87900272
销售热线：（0451）87900202　87900203

开　　本：787mm×1092mm　　1/16　　印张：18.75　　字数：310千字
版　　次：2025年1月第1版
印　　次：2025年1月第1次印刷
书　　号：ISBN 978-7-5484-8385-4
定　　价：78.00元

凡购本社图书发现印装错误，请与本社印制部联系调换。
服务热线：（0451）87900279

前　言

在当今信息技术迅猛发展的时代，大数据已成为推动社会各领域变革的重要力量。尤其是在高校图书馆这一知识服务的核心场所，大数据的应用不仅改变了传统的资源管理和服务模式，也为高校图书馆的转型与发展提供了新的机遇。本书旨在深入探讨大数据背景下高校图书馆如何构建和优化知识服务模式，以适应新时代的需求。

随着信息技术的不断进步，数据的产生和积累呈爆炸式增长趋势。高校图书馆作为知识的集散地，面临着前所未有的挑战。传统的图书馆服务模式已无法满足用户日益增长的个性化和多样化需求。用户不仅希望获取信息，更希望在海量数据中快速找到所需要的知识，进行深度的分析与解读。因此，如何有效利用大数据技术，提升图书馆的知识服务能力，成了当前亟待解决的重要课题。

本书不仅是对当前高校图书馆发展现状的总结，更是对未来发展方向的探索。希望本书能够为广大的图书馆工作者、研究者，以及相关领域的从业人员提供参考，推动高校图书馆在大数据时代的创新与发展。我们期待通过本书激发读者更多的思考与讨论，共同推动高校图书馆的知识服务模式不断向前发展。

目　　录

第一章　大数据时代的高校图书馆转型

第一节　大数据技术的兴起与影响

随着信息技术的飞速发展，我们已步入大数据时代。大数据技术以其海量数据的存储、处理、分析和应用能力，正在深刻地影响着社会的各个领域。高校图书馆作为知识传播和学术研究的重要场所，也不可避免地受到大数据技术的冲击和影响。

一、大数据技术的定义与特征

在 21 世纪的信息时代，数据已成为一种重要的资源，其价值不亚于传统的物质资源。大数据技术通常被定义为一系列技术和方法的集合，它们能够处理和分析传统数据库系统难以应对的大规模、高速、多样化的数据集。这些技术不仅包括数据存储和处理，还包括数据挖掘、机器学习等，它们共同构成了大数据技术的基础架构。

大数据技术的特征可以从以下几个维度进行详细阐述。

（一）体量大

大数据技术以其卓越的数据处理能力，尤其在处理大规模数据集方面，显得尤为重要。在互联网和物联网的推动下，数据的生成速度和体量正以前所未有的速度增长。与传统数据库系统相比，大数据技术能够存储和处理的数据量达到了 PB 甚至 EB 级别，这在数据量上是一个巨大的飞跃。

对于高校图书馆而言，大数据技术的应用意味着能够收集和分析庞大的借阅记录、用户行为数据以及电子资源的使用情况。这些数据的积累和分析，为图书馆提供了宝贵的决策支持。通过这些数据，图书馆可以更精准地了解用户需求，预测资源使用趋势，从而优化图书采购计划和资源配置。大数据技术还能帮助图书馆发现潜在的服务改进点，提升服务质量，增强用户体验。

（二）速度快

大数据技术以其快速处理数据流的能力而著称，这对于需要即时反应的应用场景极为关键。在金融市场分析、社交媒体趋势跟踪等领域，这种高速处理能力尤为重要。对于高校图书馆而言，大数据技术的这一特点意味着图书馆能够实时监控资源的使用情况，及时响应用户需求，从而显著提升服务效率。

在大数据时代，高校图书馆面临着数据量的激增，这包括用户基本信息、检索行为信息、需求服务信息等，其中既包含结构化数据，也包括半结构化和非结构化数据。这些数据的积累，如果得到有效的管理和分析，可以为图书馆提供深刻的洞见，帮助图书馆更好地理解用户行为，优化资源配置，提升服务质量。例如，通过分析用户的借阅记录和在线行为，图书馆可以预测哪些资源更受欢迎，哪些服务需要改进，从而实现资源的精准投放和服务的个性化定制。

大数据技术还能够帮助图书馆实现服务的自动化和智能化。通过实时数据分析，图书馆可以快速识别用户需求的变化，及时调整服务策略，提供更加灵活和响应迅速的服务。例如，在考试季或特殊活动期间，图书馆可以根据实时数据调整开放时间和服务内容，以满足用户的即时需求。

（三）种类多

大数据技术的一个显著优势在于其能够处理多种类型的数据，包括结构化、半结构化和非结构化数据。结构化数据通常指的是那些可以存储在关系数据库中、具有固定格式的数据，而非结构化数据则包括了文本、图片、视频等多种形式，这些数据的格式和结构各不相同。

在高校图书馆的应用场景中，大数据技术使得图书馆能够整合图书、期刊、论文以及多媒体资料等多种类型的资源。这种整合不仅丰富了图书馆的资源库，也为用户带来了更加全面和多样化的服务体验。通过大数据技术，图书馆可以对这些不同格式和来源的数据进行统一管理和分析，从而更好地理解用户的需求和行为模式。

例如，图书馆可以利用大数据技术对用户的借阅记录、在线搜索行为、阅读偏好等进行分析，从而提供个性化的推荐服务。同时，图书馆还可以通过分析社交媒体上的讨论和趋势，来预测哪些主题或领域可能会成为研究热点，进而提前采购相关资源，满足用户的需求。

大数据技术还能够帮助图书馆在资源管理和服务提供上实现创新。通过整合和分析不同来源的数据，图书馆可以发现新的服务机会，比如开发新的数字资源服务、提供跨学科的研究支持等。这种数据驱动的服务创新，不仅能够提升图书馆的服务质量，还能够增强图书馆在学术研究和教育中的作用。

（四）真实性

在大数据时代，数据的真实性和可信度成了衡量数据价值的关键因素。随着数据量的激增，错误数据、不完整数据和误导性数据的存在可能会严重影响分析结果的准确性。因此，高校图书馆在利用大数据技术时，必须重视数据质量的保障工作，通过数据清洗、验证等手段提高数据的真实性，以支持准确的决策和分析。

数据的真实性是指数据准确反映客观实体存在或真实业务的程度，它是管理工作的基础。在高校图书馆的大数据应用中，真实性尤为重要，因为图书馆需要依赖这些数据来优化资源配置、提升服务质量和支持学术研究。数据的真实性取决于数据采集过程的可控程度和可追溯性。如果数据采集过程可控程度高，数据的真实性就更容易得到保障；反之，如果数据采集过程不可控或无法追溯，数据的真实性就难以保证。

（五）价值密度低

在大数据的汪洋中，有价值的信息往往被海量的无关数据所淹没，这使得从大量数据中提取有价值信息成为大数据技术面临的一个主要挑战。对于高校图书馆而言，如何从用户行为、借阅记录、资源使用情况等数据中挖掘出有价值的信息，对于优化资源配置和制定服务策略至关重要。

大数据技术提供了工具和方法，使得图书馆能够对这些数据进行深入分析，识别出隐藏在数据背后的模式和趋势。例如，通过分析用户的借阅习惯和偏好，图书馆可以预测哪些书籍可能会受到欢迎，从而在采购新书时做出更明智的决策。同时，通过监测电子资源的使用情况，图书馆可以了解哪些资源更受用户欢迎，哪些资源的使用率较低，进而调整资源的采购和维护策略。

大数据技术还可以帮助图书馆发现用户的新需求和潜在的服务改进点。通过对社交媒体数据的分析，图书馆可以捕捉到用户对特定主题或资源的讨论和需求，从而及时提供相关服务。这种基于数据的洞察，使得图书馆能够更加精准地满足用户需求，提升服务的个性化和响应速度。

二、大数据技术的兴起背景

大数据技术的兴起背景是多方面的，涉及互联网的普及、存储技术的进步、计算能力的提升、分析工具的创新、政策支持及社会需求的变化。

（一）互联网的普及

互联网的迅猛发展和智能设备的普及极大地推动了全球网络用户的增长，使得数字信息无处不在，这些信息构成了我们所说的"数据"。随着互联网经济的蓬勃发展和人们对网络的依赖性日益增强，大数据技术应运而生，成为信息时代的关键技术之一。

在互联网的推动下，人们的日常活动，如购物、社交、学习等，都在产生大量数据。这些数据不仅包括文本信息，还涵盖了图片、视频、位置信息等多种格式。互联网企业通过收集和分析这些数据，能够更好地理解用户需求，优化服务，提高效率。例如，电商平台通过分析用户的购物习惯，可以推荐更符合用户喜好的商品；社交媒体平台则通过分析用户的兴趣和互动，推送更相关的信息。

互联网的普及也带来了数据共享和开放的趋势。政府和企业开始意识到数据的价值，并逐步开放数据资源，促进了数据的流通和利用。这种开放的数据环境为大数据技术的应用提供了广阔的空间，使得数据驱动的创新成为可能。

（二）存储技术的进步

存储技术的进步是大数据技术发展的重要推动力。随着"摩尔定律"的指引，计算机产业经历了周期性的更新换代，处理器性能不断提升的同时，其价格却在下降。这一趋势不仅适用于处理器，也同样适用于存储技术。例如，固态硬盘（SSD）的容量在相同物理尺寸下不断增加，而价格却在下降，使得消费者能够以更低的成本获得更大的存储容量。

　　这种技术进步带来的直接影响是存储设备性能的提高和存储成本的降低。存储容量的增加使得存储海量数据成为可能，而单位存储价格的下降则为存储这些数据提供了经济上的可行性。21 世纪以来，计算机存储技术的飞速发展，尤其是网络存储技术的出现，弱化了空间限制，使得数据的使用更加自由。网络存储将存储系统扩展到网络上，存储设备作为整个网络的一个节点存在，为其他节点提供数据访问服务，即使计算主机本身没有硬盘，仍可通过网络来存取其他存储设备上的数据。

　　随着数字经济时代对数据价值的进一步重视和挖掘，以及全闪存储、企业级内存等下一代数据存储技术的应用和发展，各行业对存储系统的需求不断扩大，存储产业呈现出欣欣向荣的态势，具有非常广阔的发展空间。基础设施云化也是存储技术进步的一个体现，通过虚拟化存储、计算和网络，将通用的物理资源整合成逻辑资源，并对外提供服务，以软件定义的方式快速、敏捷地将基础设施资源以服务的方式提供给用户，满足企业在数字化转型中对敏捷、灵活、快速、高效 IT 系统的需求。

（三）计算能力的提升

　　计算能力的提升是大数据技术发展的关键因素之一。云计算和分布式计算技术的突破，极大地增强了我们处理和分析大规模数据集的能力。云计算作为一种按需提供计算资源的服务模式，允许用户通过网络访问强大的计算资源，而无须直接管理底层硬件。这种模式的兴起，不仅改变了互联网行业的运作方式，还催生了如网络云盘等便捷应用，使得数据存储和访问变得更加灵活和高效。

　　数据中心作为大数据产业的基础设施，其发展速度和规模直接影响着大数据技术的进步。随着数据中心的快速建设和技术升级，大数据的存储、处理和分析能力得到了显著提升。这些数据中心配备了先进的服务器、存储系统和网络设备，能够处理和分析 PB 级别的数据，为各种大数据应用提供了强大的支持。

　　云计算的弹性和可扩展性使得企业能够根据需求快速调整计算资源，这在处理大数据时尤为重要。企业可以根据数据量和计算需求，灵活地增加或减少资源，从而优化成本和提高效率。这种灵活性和可扩展性，使得即使是小型企业也能够利用大数据技术，进行深入的数据挖掘和分析。

云计算还促进了数据共享和协作。通过云平台，不同地理位置和组织之间的数据共享变得更加容易，这为跨学科研究和全球合作提供了便利。例如，在医学研究领域，全球的研究人员可以通过云平台共享和分析大量的医疗数据，加速新药的研发和疾病的研究。

（四）分析工具的创新

随着机器学习、人工智能等前沿技术的进步，我们对大数据的分析和挖掘能力得到了显著提升。这些技术使得从海量数据中提取有价值信息、优化决策过程变得更加高效和精确。

机器学习算法能够自动识别数据中的模式和关联，这对于预测分析和分类问题尤为重要。在金融领域，这些技术被广泛应用于风险控制、欺诈检测和交易分析等方面。通过分析历史交易数据，机器学习模型能够预测潜在的风险和欺诈行为，从而提前采取预防措施，保护客户资产安全。

人工智能技术，尤其是自然语言处理和图像识别技术，进一步拓宽了大数据应用的领域。在医疗领域，人工智能技术可以帮助分析医学影像，辅助医生进行诊断；在零售行业，通过分析消费者的购物习惯和偏好，人工智能可以提供个性化的购物建议，提升客户满意度。

这些分析工具的创新还促进了数据驱动的决策制定。企业可以利用这些工具深入分析市场趋势、消费者行为和运营效率，从而做出更加科学合理的商业决策。这种基于数据的决策方式，提高了决策的准确性和效率，为企业的持续发展提供了有力支持。

（五）政策支持

国家政策的支持对大数据技术的发展起到了至关重要的作用。自2014年大数据首次被写入政府工作报告以来，中国对大数据产业的重视程度不断提升，政府数据开放共享、数据流通与交易等概念逐渐成为社会共识。国家相关部门陆续出台了一系列政策，旨在鼓励和引导大数据产业的发展。

政策层面对大数据产业的重视体现在国家战略规划中。例如，《"十四五"大数据产业发展规划》的发布，明确了大数据产业作为激活数据要素潜能的关键支撑，以及成为加快经济社会发展质量变革、效率变革、动力变革的重要引擎。该规划围绕数据要素价值的衡量、交换和分配全过程，重点部署了建立数据价值体系、健全要素市场规则、提升要素配置作用等工作，以充分发挥大数据产业在加快培育数据要素市场中的关键支撑作用。

政策支持还体现在对数字经济高质量发展的推动上。政府工作报告中提到，要制定支持数字经济高质量发展的政策，积极推进数字产业化、产业数字化，促进数字技术和实体经济深度融合。这表明大数据技术不仅是技术发展的前沿领域，也是国家经济发展的重要方向。

政策支持还体现在对数据要素价值的重视上。数据要素作为新型生产要素的地位日益凸显，被视为继传统生产要素之后的第五大生产要素。在"十四五"期间，我国数据要素流通市场规模快速增长，整体将进入群体性突破的快速发展阶段。

政策支持还体现在对大数据技术研发和应用的投入上。国家科技计划在大规模集群计算、服务器、处理器芯片、基础软件等方面系统性部署了研发任务，成绩斐然。同时，地方政府也积极响应国家大数据战略，出台促进大数据发展的指导政策、发展方案、专项政策和规章制度等，使大数据发展呈蓬勃之势。

（六）社会需求的变化

随着信息化进程的不断深入，数据在企业运营中扮演的角色越来越重要。企业正越来越多地依赖大数据技术来分析财务状况、人力资源配置、业务增长等核心领域，以支持决策制定。这种数据驱动的决策模式，使得企业能够更精准地把握市场动态，优化业务流程，提高竞争力。

在这一过程中，商业智能（BI）工具发挥了重要作用。BI工具能够将复杂的数据转化为直观的图表和报告，帮助决策者理解数据背后的含义。通过定期更新的BI图表，企业决策层可以清晰地看到业务的现状和发展趋势，从而做出更加科学的决策。这种可视化的数据展示方式，不仅提高了决策的效率，也增强了决策的透明度。

随着消费者行为的数字化，企业能够收集到大量的用户数据。通过分析这些数据，企业可以更好地理解消费者需求，提供个性化的产品或服务。例如，在零售行业，通过分析消费者的购买历史和浏览行为，企业可以推荐更符合消费者口味的商品，提高销售额。

在人力资源管理方面，大数据技术也被用来优化招聘流程、员工绩效评估和培训计划。通过分析员工的工作数据，企业可以发现潜在的人才，提高员工满意度和留存率。

在财务领域，大数据技术可以帮助企业进行风险评估和预测财务趋势，从而优化资金分配和投资决策。

三、大数据技术对高校图书馆的影响

大数据技术对高校图书馆的影响是深远和多维的，它不仅改变了图书馆的资源管理方式，还提升了用户服务的个性化水平，支持了学术研究，并深化了信息素养教育。

（一）资源管理的智能化

大数据技术为高校图书馆的资源管理带来了智能化的变革。通过深入分析借阅记录和用户行为等数据，图书馆能够更加精准地预测图书需求，从而优化图书采购和库存管理。这种智能化的管理方式，使得图书馆能够根据用户的实际需求，合理调配资源，实现资源、用户和服务的有效对接，进而提升服务的效率和质量。

在实际操作中，高校图书馆可以利用大数据技术对用户的查询和借阅行为进行分析，从而识别出最受欢迎的图书和资源。这些信息可以帮助图书馆在采购新书或数字资源时做出更加明智的决策，确保资源的采购更加符合用户的实际需求。同时，通过分析图书的流通情况，图书馆可以及时调整库存，减少不必要的图书积压，提高图书的流通率。

大数据技术还可以帮助高校图书馆发现潜在的服务改进点。例如，通过分析用户的反馈和建议，图书馆可以了解用户对现有服务的满意度，从而有针对性地改进服务，提升用户体验。这种基于数据的决策方式，使得图书馆的资源管理更加科学和高效。

（二）用户服务的个性化

大数据技术的应用让高校图书馆在用户服务方面实现了个性化的飞跃。通过分析用户的借阅历史和阅读偏好，图书馆能够提供定制化的阅读推荐，从而显著提升用户的阅读体验。这种个性化的服务不仅满足了用户的个性化需求，也提高了图书馆服务的针对性和效率。

在大数据的支撑下，高校图书馆能够将用户从单纯的信息接收者转变为信息的获取者，甚至是生产者。这意味着用户可以更主动地参与信息的筛选和创造过程中，使得信息的传递更加及时和有价值。通过这种方式，图书馆能够确保信息内容与用户需求的高度匹配，实现信息传递的最大化效果。

个性化服务的实施，比如根据用户的阅读历史和兴趣点提供定制化的书单，极大地节省了用户在海量资源中寻找所需信息的时间。这种服务模式不仅提高了用户满意度，也提高了图书馆的服务质量和效率。通过大数据技术，图书馆能够更准确地捕捉到用户的细微需求变化，及时调整服务策略，以满足用户的即时需求。

个性化服务还能够帮助高校图书馆发现和培养潜在的读者群体。通过分析用户的阅读行为和反馈，图书馆可以识别出潜在的阅读趋势，提前布局相关资源，吸引和培养新的读者群体。这种前瞻性的服务策略，有助于图书馆在激烈的信息服务竞争中保持领先地位。

（三）学术研究的支持

大数据技术对高校图书馆的学术研究支持作用显著，它通过多种方式促进了学术研究的深入和创新。大数据技术使得图书馆能够为学者提供更深入的学术支持，帮助他们更好地理解研究领域的动态和发展。通过分析学术文献和研究数据，图书馆能够揭示研究趋势，追踪学术前沿，这对于学者把握学科发展方向至关重要。

大数据技术还促进了跨学科研究的发展。高校图书馆可以利用大数据技术整合不同学科的资源和数据，为学者提供更广泛的研究视角和更丰富的研究资料。这种跨学科的资源整合，不仅拓宽了研究的深度和广度，也为创新性研究成果的产出提供了可能。

在具体应用方面，大数据技术的应用场景包括项目管理、寻求合作、资金信息整合、数据预处理、文本分析、成果交流共享、数字素养教育等。这些服务内容为学者提供了全方位的学术支持，从项目启动到成果发布，大数据技术都在其中扮演着重要角色。

例如，哈佛大学的"Digital Archive of Japan's 2011 Disasters"项目就展示了大数据技术在学术研究中的潜力。该项目收集了大量关于日本 2011 年地震和海啸灾害的信息，包括新闻报道、照片、视频等，并采用自然语言处理技术分析灾难事件的影响和后果。这种类型的项目不仅为学术研究提供了丰富的数据资源，也为学者提供了新的研究方法和工具。

（四）信息素养教育的深化

在大数据时代背景下，信息素养已成为一项关键能力，高校图书馆在提升学生信息素养方面不仅要提供资源，更要通过教育和培训，培养学生的数据意识和分析能力。这意味着图书馆需要加强信息素养教育，帮助学生学会如何高效地检索、评估、使用和管理信息。

高校图书馆管理人员也需提升自身素质，熟练运用大数据技术，对馆藏资源进行科学管理和优化，以提供更准确、更及时的信息服务。通过大数据技术，图书馆能够分析用户的借阅习惯和信息需求，从而更精准地推荐资源，满足用户的个性化需求。

高校图书馆可以构建以用户为中心的一站式信息检索平台，这个平台不仅提供信息检索服务，还具备交互功能，使用户能够参与信息交互的过程。这样的平台能够促进用户之间的互动，如评论、讨论和分享信息，从而提高用户体验。这种互动不仅增强了图书馆服务的社区感，也有助于形成知识共享和学习的氛围。

通过这种方式，高校图书馆能够更好地服务于教育和研究，培养学生的信息素养，同时也为教师和研究人员提供支持。图书馆的信息素养教育不仅限于技术层面，还包括批判性思维和伦理意识的培养，以确保学生能够负责任地使用信息。

第二节 高校图书馆面临的挑战与机遇

高校图书馆作为高等教育体系中的重要组成部分，承担着为师生提供知识资源和信息服务的重任。然而，在信息化和数字化的大潮中，高校图书馆既面临着前所未有的挑战，也迎来了新的发展机遇。

一、高校图书馆面临的挑战

（一）信息技术改变服务模式

信息技术的迅猛发展，特别是互联网和数字化资源的广泛传播，对高校图书馆的传统服务模式构成了严峻挑战。在这种背景下，师生获取信息的渠道变得更加多样化，不再局限图书馆这一单一途径。这种变化直接导致图书馆的到馆人数和图书借阅率呈现下降趋势。面对数字化资源的便捷性，图书馆必须重新审视和调整其服务策略，以适应这一变化，保持其在知识传播和信息服务中的中心地位。

（二）免费电子资源的竞争

在数字化浪潮中，高校图书馆面临着来自免费电子资源的激烈竞争。这些资源因其便捷性和易获取性，使得师生能够轻松地在任何时间和地点获取所需信息，从而降低了他们对图书馆实体馆藏的依赖。这种趋势不仅影响了图书馆的借阅量，也对图书馆的传统服务模式提出了挑战。图书馆需要思考如何在数字化时代中重新定位，提供更多元化和个性化的服务，以吸引并留住用户群体。同时，图书馆也需要探索与这些免费资源的合作方式，将它们整合到自己的服务体系中，以增强自身的竞争力和吸引力。

（三）馆员素质提升需求

在数字化时代，高校图书馆馆员面临的挑战主要集中在信息技术能力的提升上。图书馆馆员需要具备的信息技术能力包括处理图书馆管理系统、数据库系统、网络系统的运行和维护工作。他们必须能够及时解决读者在使用数字资源和智慧设备时遇到的问题，保障图书馆的正常运行。馆员还需要具备数据分析能力，通过数据分析来了解读者的需求和行为，以便更好地优化图书馆资源的配置和服务。在智慧图书馆时代，图书馆员的角色变得更加高效、多样化和个性化，他们需要不断学习、不断提升自己的能力，才能更好地适应这个新的工作环境。同时，馆员还需要具备良好的服务态度，以及较强的沟通、营销和公关能力，这要求他们在个人素质和专业技能上都要有所提升。

（四）经费不足

高校图书馆普遍面临着经费不足的问题，这一挑战限制了图书馆在资源购买力和服务质量上的提升。由于图书馆经费主要依赖于高校财政拨款，且往往预算有限，导致图书馆在购买图书资料、电子资源数据库以及硬件设备更新上的投入受限。这种经费紧张的情况不仅影响了图书馆的资源建设，使得图书馆难以满足读者对新书和电子资源的需求，同时也影响了图书馆的基础设施建设，如门禁安全管理系统、无线网络、自助打印复印设备等，这些设施的不完善进一步限制了图书馆服务的质量和效率。经费不足还导致了图书馆在数字化转型上的滞后，影响了图书馆服务的现代化和信息化水平。

（五）服务与需求不匹配

随着教育水平的提升和学生自主学习能力的增强，高校师生对图书馆的需求呈现出多样化和个性化的趋势。然而，图书馆服务模式和服务内容的更新往往滞后于这种需求的变化，导致服务与需求之间出现不匹配的现象。图书馆传统的服务模式，如实体书借阅、现场咨询服务等，已难以满足师生对于数字化、个性化服务的需求。图书馆在资源配置上可能过于侧重于传统纸质资源，而忽视了电子资源和多媒体资源的建设，这与师生对电子书、在线数据库、多媒体学习材料等新兴资源的需求形成了鲜明对比。

二、高校图书馆面临的机遇

（一）数字化服务创新

数字化浪潮为图书馆服务的创新提供了广阔的空间。图书馆可以利用移动技术，提供随时随地的访问服务，让读者能够通过智能手机和平板电脑等移动设备获取资源。此外，虚拟服务如在线数据库、电子期刊和数字图书馆的建设，使得图书馆的服务不再局限于物理空间，而是扩展到了网络空间，极大地提高了服务的可达性和便捷性。

联合服务的实施，如与其他图书馆或信息中心的资源共享与合作，能够扩大图书馆的资源覆盖范围，实现资源的最大化利用。个性化服务则通过数据分析和用户行为研究，为读者提供定制化的阅读推荐和信息服务，增强用户体验。

（二）以用户体验为核心的服务创新

在图书馆服务创新中，用户体验成为核心考量因素。图书馆通过建立多维度的评估体系，全面衡量服务效果。这一体系不仅关注用户的直接反馈，即满意度，还涉及服务的便利性，即用户在使用过程中的便捷程度。评估还包括知识获益程度，即用户通过图书馆服务获得的知识价值，以及用户的持续使用意愿，即用户对服务的忠诚度和回头率。这些指标共同构成了一个全面的用户体验评估框架，帮助图书馆识别服务中的优势和不足，从而进行针对性的服务优化和升级。

（三）新一代信息技术的应用

新一代信息技术的发展为图书馆领域带来了革命性的变化。大数据技术使得图书馆能够精准预测读者需求，建立动态知识图谱，从而提供个性化服务。人工智能技术的应用不仅提升了图书馆作为知识汇聚中心的功能，还将其转变为学习、交流、共享乃至创新的中心，通过空间重构为读者提供沉浸式体验。区块链技术在版权保护和资源共享方面展现出巨大潜力，增强了图书馆资源的安全性和可追溯性。物联网技术通过信息传感设备，实现了物品间的智能识别、定位和监控，使得图书馆服务更加智能化和自动化。这些技术的融合创新，不仅促进了图书馆服务模式的转变，也为图书馆事业的发展提供了新的技术支撑，推动了图书馆服务向更高效、更便捷、更个性化的方向发展。

（四）法治建设的突破

随着《中华人民共和国公共文化服务保障法》和《中华人民共和国公共图书馆法》的颁布实施，图书馆事业获得了坚实的法治基础。这两部法律的出台，标志着我国文化领域立法的重大突破，为公共文化服务体系建设提供了明确的法律依据和保障。《中华人民共和国公共文化服务保障法》的实施，实现了从行政性维护到法律保障的跨越，推动了公共文化服务向标准化、均等化、专业化发展。《中华人民共和国公共图书馆法》则全面构建起我国现代公共图书馆建设、管理、运行、服务的基本制度框架，弥补了图书馆事业在国家立法层面的空白，促进了图书馆服务和现代科技的融合发展。这些法律的实施，为图书馆事业的规范化管理提供了法律支撑，也为图书馆服务的创新和发展指明了方向，增强了国家的文化软实力。

第三节　高校图书馆转型的必要性与紧迫性

一、技术革新的推动

（一）大数据技术的应用

大数据技术的应用使得高校图书馆能够处理和分析海量数据，从而更好地理解用户需求和行为模式。通过大数据分析，图书馆可以优化资源配置，提供个性化服务，比如根据用户的借阅历史推荐图书，或者根据用户的阅读偏好调整采购策略。

（二）云计算的便捷性

云计算技术极大地增强了高校图书馆的服务能力和效率。通过云端提供的灵活计算资源和存储解决方案，图书馆得以降低成本，同时提升服务的响应速度和质量。这种技术使得图书馆能够迅速适应用户需求的波动，例如在学生考试或毕业高峰期，图书馆可以临时扩展电子资源的访问权限，以满足激增的信息需求。云服务的可扩展性确保了图书馆在面对用户量剧增时，仍能保持服务的连续性和稳定性，从而为用户提供更加便捷和高效的信息服务体验。

（三）人工智能的智能化服务

人工智能技术的引入，特别是自然语言处理和机器学习，为高校图书馆的服务带来了智能化的飞跃。这些技术使得图书馆能够部署智能问答系统，实现全天候的自动化咨询服务，有效减轻了人工客服的负担，同时提升了用户的满意度。

此外，AI 技术在图书分类和编目工作中的应用，不仅降低了人力成本，还极大地提高了工作效率。

（四）物联网技术的应用

物联网技术在图书馆的应用促进了物理空间与数字资源的深度融合。RFID 技术的运用使得图书的自动追踪和借还成为可能，这不仅减少了人工操作的烦琐性，还显著提升了借阅效率。自助借还书机、自动盘点系统等设备的引入，让读者能够轻松完成借阅和归还流程，无须排队等待，享受高效便捷的服务。物联网技术还扩展到了环境监测领域，如温湿度控制，这对于保护图书馆中的珍贵图书和档案至关重要，确保了图书的长期保存和使用。

二、政策与战略的引导

在国家层面的政策和战略引导下，高校图书馆正面临着转型的关键时刻。这些政策和战略，如"双一流"建设和"新基建"，对高校图书馆的服务和发展提出了新的要求和挑战。

"双一流"建设要求高校图书馆与高校的使命和愿景保持一致，支撑教育教学、科学研究和人才培养。这意味着图书馆不仅要提供传统的文献借阅服务，还需要成为学术研究和教学活动的重要支持平台。图书馆需要通过资源建设和服务成效评估来展示其对高校发展的贡献，同时，也要通过学科战略情报服务来支持学科建设和发展。

"新基建"政策强调了信息化在教育变革中的牵引作用，要求高校图书馆加快推进教育新基建，构建高质量教育支撑体系。这涉及信息网络、平台体系、数字资源、智慧校园等方面的建设。图书馆作为信息资源的集散地，需要利用新一代信息技术，如 5G、人工智能、大数据、云计算等，推动教育数字化转型。

在这样的背景下，高校图书馆的服务侧重点必须做出调整。一方面，图书馆需要加强数字化、网络化手段的应用，提供多样化的服务，如资源借阅、文献传递与馆际互借、参考咨询、文化育人、学术写作指导等。另一方面，图书馆也需要重视空间再造，重塑物理图书馆，构建新格局下以用户服务为目标导向的服务体系。

高校图书馆还需要为文化传承贡献力量，作为高校的文化中心和师生的精神家园，图书馆在优秀传统文化传承和交流中扮演着重要角色。同时，图书馆也应成为信息服务中心、学生学习中心、教学支持中心，改革传统人才培养模式，探索新时代育人新范式。

三、用户需求的变化

在信息环境的快速变化中，用户需求呈现出多元化发展趋势，对高校图书馆的服务提出了新的要求。

随着数字化创新实践的深入，图书馆服务数据的实时呈现成为可能，读者服务平台能够实时展示环境数据、运营数据、借阅排行等信息，为读者提供信息浏览、图书预约、阅读导引等服务。这种智能化的服务模式，使得图书馆能够根据读者的个人信息、到馆频次、行为偏好等进行读者画像分析，实现新书推介与知识定向投送，使服务更加个性化、精准化、智能化。

资源的便利检索和获取也是图书馆服务智能化的重要方面。通过整合纸质资源和数字资源，读者可以通过统一的检索入口查询图书馆书目资源和全部有访问授权的信息资源。云借阅平台的建立，让读者能够远程访问图书馆资源，享受网上借书、快递到家的服务，极大地提升了资源获取的便利性。

在技术和需求的双重驱动下，国内外许多图书馆积极应用智能技术，规划智慧空间，建设智慧场馆，创新智慧服务，推进智慧管理。这些举措不仅提升了图书馆作为文化空间的价值，也为用户营造了虚实结合、动态交互、沉浸体验的知识获取与交流环境。

智能阅读、沉浸式阅读、虚拟现实（VR）/增强现实（AR）等新的服务需求不断涌现，要求图书馆的服务手段向智能化、智慧化的方向发展。智慧图书馆应用管理系统，以数字资源和配套设备为基础，实现图书馆各项服务功能的智能化。图书馆 RFID 自助借还系统，基于 RFID 技术简化借还流程，降低图书盘点工作。智慧图书馆馆情系统，通过大数据的分析能力与业务编排能力，对图书馆情况进行可视化运营管理。

数字阅读和在线阅读成为人们获取信息和学习知识的新途径，虚拟现实技术和 AR 技术的应用，使得阅读的内容和形式更加生动、真实和交互。这种"图书馆+"的模式，既有效促进了人们的阅读，又激励了文化多元化的发展。

图书馆管理系统的智能化发展，提升了图书馆服务质量，满足了读者需求。系统可以引入人工智能技术，推行智能借还书系统、智能导览系统等，提升图书馆智能化水平。

四、教育数字化转型的关键

在大数据时代，教育信息化正迈向以教育大数据为核心的教育数字化转型新时期。这一转型不仅是技术层面的更新，更是教育思维和管理模式的深刻变革。教育大数据的开发与应用，包括数据的采集、分析和可视化等全流程，成为推动这一转型的关键因素。

教育大数据的采集是基础。通过收集学生学习行为、教学活动、管理决策等多维度数据，可以为教育提供丰富的数据资源。这些数据的采集不仅包括传统的考试成绩和课堂表现，还涵盖了在线学习平台的互动数据、学生的日常行为习惯等，为教育决策提供了更为全面的数据支持。

数据分析是核心。利用大数据分析技术，如机器学习和数据挖掘，可以深入分析教育数据，揭示教育现象背后的规律和趋势。这种分析有助于优化教学过程，改善师生的教与学行为，提高教学效果。例如，通过分析学生的学习数据，教师可以及时调整教学策略，实现个性化教学。

数据可视化是关键。将复杂的数据分析结果转化为直观的图表和报告，可以帮助教育管理者和教师更直观地理解数据，做出更精准的决策。数据可视化不仅提高了数据的可读性，也增强了数据的说服力，使得教育决策更加科学和透明。

教育数字化转型的实施，有助于实现个性化人才培养新模式，促进从工业社会形成的补短教育向信息社会所需要的扬长教育转型。这种转型可以丰富教育评估方式，促进过程性评价与终结性评价相结合，提高教育管理水平，促成管理模式由以经验为主向以数据为依据的新模式转型。

教育数字化转型还涉及构建智慧教育发展新生态，这包括数字战略与体系规划、新型基础设施建设、技术支持的教学方法变革、技术赋能的创新评价等。这要求教育管理者、教师和学生都具备一定的数字化能力，以适应数字化转型的需求。

第四节　大数据对图书馆学理论的影响

一、大数据对图书馆学理论的冲击

（一）研究方法的变革

在大数据时代，图书馆学的研究方法正在经历重要的转型。传统上依赖于文献计量学的方法已无法满足当前对海量数据的处理需求，因此，图书馆学研究正逐渐转向科学计量学，以构建一个更加多元和综合的科学计量生态。这一转变意味着图书馆学需要采用更先进的数据分析技术，如数据挖掘和可视化，以处理和分析大规模、多样化的数据集。同时，这也要求图书馆学研究者拓宽其研究视野，融合跨学科的技术和理论，以适应大数据环境下的研究需求。

（二）学科融合的趋势

在大数据的推动下，图书馆学正与情报学、档案学和文献学等邻近学科形成更紧密的联系。图书馆学不再局限于传统的图书和文献管理，而是开始涉足信息检索、数据分析和知识管理等更广泛的领域。这种跨学科的融合趋势促进了图书馆学理论的发展，使其能够更好地适应数字化和网络化的信息环境，同时也为图书馆提供了更多样化的服务模式和更高效的信息处理能力。

二、大数据与图书馆学理论的融合

（一）技术与人文的融合

在信息化和数字化的浪潮中，图书馆学正经历着技术与人文的深度融合。这种融合体现了图书馆学在积极拥抱新技术的同时，也不忘维护和传承人文价值。图书馆学不仅要关注技术的发展，以提高信息资源的获取和管理效率，还要重视人文关怀，确保信息服务的公平性和可访问性。通过技术与人文的结合，图书馆学能够更好地服务于社会，满足用户对知识的需求，同时也保护和弘扬文化多样性。

（二）知识服务的拓展

在大数据环境下，图书馆学的知识服务领域正在经历显著的拓展。图书馆不再仅仅是提供实体书和文献的场所，而是转型为数字化资源的集成者和知识服务的提供者。例如，清华大学图书馆通过其发现系统平台，整合了馆藏的纸质和电子资源，为用户提供了统一的检索服务。该平台不仅包含了丰富的元数据，还融合了开放数据，如维基百科的内容，以及图书馆员整理的清华教工学术简介等，构建了一个庞大的元数据仓储。

这种集成不仅使得用户能够通过一个检索平台访问到多样化的资源，而且还能够通过数据挖掘技术，从元数据中提取关键词，分析学科发展趋势，建立以人为中心的知识关联网络。这样的服务模式，不仅提高了图书馆资源的可访问性和利用率，而且也为用户提供了更深层次的知识发现和链接服务。

（三）服务模式的创新

在大数据的支持下，图书馆的服务模式正在经历创新。通过深入挖掘和分析用户数据，图书馆能够更精准地理解用户需求，从而开发出更符合用户习惯的服务模式。例如，Google通过收集用户的搜索历史和行为数据，结合人口统计信息，进行大数据分析，以优化搜索算法和广告定位。类似地，图书馆可以利用用户借阅记录、在线查询和互动反馈等数据，分析用户的阅读偏好和信息需求，进而提供个性化的推荐服务和定制化的信息资源。

这种基于数据的服务模式创新，使得图书馆能够更有效地响应用户需求，提升用户体验。同时，这也为图书馆带来了新的挑战，如何保护用户隐私和数据安全成为图书馆在提供个性化服务时必须考虑的重要问题。

第二章　大数据环境下的文献信息资源建设

第一节　文献信息资源的多样化与整合

在数字化时代背景下，高校图书馆作为学术研究和知识传播的重要基地，面临着文献信息资源建设与管理的全新挑战。本节将探讨大数据环境下，高校图书馆如何有效应对文献信息资源的多样化与整合问题，以更好地服务于教学和科研工作。

一、文献信息资源的多样化

在数字化和全球化的背景下，文献信息资源的多样化已成为信息时代的一个重要特征。这种多样化不仅体现在资源类型、存储介质、访问方式上，还体现在语言和地域的广泛分布上。

（一）资源类型的多样化

传统的纸质书和期刊作为文献信息资源的主要形式，已经无法满足现代社会对信息的需求。随着信息技术的发展，电子书、在线数据库、开放获取期刊等新型资源形式逐渐成为主流。电子书以其便携性和易于搜索的特点，为用户提供了极大的便利。在线数据库则因其强大的检索功能和实时更新的能力，成为学术研究的重要工具。开放获取期刊则通过互联网免费提供学术文章，打破了传统出版的壁垒，促进了知识的自由流通。

专利文献、会议论文、学位论文、技术报告等专业文献也为特定领域的研究提供了宝贵的资料。多媒体资源，如视频、音频和图像，也为信息的传播和学习提供了新的形式和途径。这些资源的多样化，使得研究者能够从不同角度和层面获取信息，促进了跨学科的研究和创新。

（二）存储介质的多样化

信息存储介质的多样化也是文献信息资源多样化的一个重要方面。从早期的纸质、胶片、磁带，到现代的光盘、硬盘、云存储，每一种介质都有其独特的优势和局限。纸质材料虽然保存期限长，但不易于携带和检索；而云存储则以其便捷性和可访问性，成为现代信息存储的首选。不同存储介质的选择，直接影响到信息的保存、检索和共享效率。

（三）访问方式的多样化

用户访问文献信息资源的方式也日益多样化。传统的图书馆提供了丰富的实体资源，用户可以亲自到馆内查阅。在线数据库则提供了便捷的电子资源访问途径，用户可以随时随地通过网络访问。学术搜索引擎通过整合多个数据库的资源，为用户提供了一站式的检索服务。开放获取平台则通过共享机制，使得用户能够免费获取大量的学术资源。

这些不同的访问方式，各有其优势和局限。图书馆的实体资源提供了直观的阅读体验，但受限于地理位置和开放时间。在线数据库和学术搜索引擎则突破了这些限制，但可能需要用户具备一定的检索技巧。开放获取平台虽然资源丰富，但质量参差不齐，用户需要具备甄别能力。

（四）语言和地域的多样化

文献信息资源的语言和地域多样化，为全球范围内的学术交流和合作提供了可能。不同国家和地区的研究成果，通过各种语言的文献得以传播和交流。这不仅促进了文化的多样性，也为解决全球性问题提供了多角度的视野。

然而，这种多样化也带来了检索和整合的挑战。不同语言和文化背景下的文献，其表达方式和研究范式可能存在差异，给跨文化研究带来了障碍。此外，不同地区的版权法规和信息政策，也影响了文献资源的共享和利用。

二、文献信息资源整合的必要性

在信息爆炸的时代背景下，文献信息资源的整合不仅能够提升检索效率，优化资源配置，还能促进知识共享和支持跨学科研究，对于学术界和社会的发展具有深远的影响。

（一）提高检索效率

整合的文献信息资源能够让用户在一个平台上检索到多个来源的信息，这种一站式服务极大地提高了检索效率。用户无须在不同的数据库之间来回切换，节省了宝贵的时间和精力。例如，学术搜索引擎通过集成多个数据库，使得用户能够快速定位到所需文献，无须记住各个数据库的访问路径和检索方式。这种整合不仅减少了检索过程中的重复劳动，还提高了检索结果的全面性和准确性。

（二）优化资源配置

文献信息资源的整合有助于避免资源的重复购买和存储，从而优化资源配置，降低成本。在没有整合的情况下，各个机构可能会独立购买相同的数据库或期刊，造成资源的浪费。通过整合，各个机构可以共享这些资源，减少重复投资，使得资金能够更有效地用于其他领域，如研究、教育和创新。整合还有助于统一管理和维护资源，减少维护成本，提高资源的利用效率。

（三）促进知识共享

整合的文献信息资源能够打破信息孤岛，促进不同机构、不同地区之间的知识共享。在全球化的背景下，知识的自由流通对于科技创新和文化发展至关重要。整合的资源平台使得世界各地的研究者都能够访问到最新的研究成果，加速了知识的传播和应用。这种共享机制不仅促进了学术交流，还有助于解决全球性问题，如气候变化、公共卫生等，需要全球范围内的合作和知识共享。

（四）支持跨学科研究

整合的资源可以支持跨学科的研究，为不同领域的研究者提供交叉学科的文献支持。在现代科学研究中，单一学科往往难以解决复杂的问题，需要多学科的合作和知识融合。整合的文献信息资源平台能够提供跨学科的检索服务，帮助研究者发现不同领域之间的联系，促进创新思维的产生。这种跨学科的支持对于新兴领域的研究尤为重要，如生物信息学、纳米技术等，这些领域往往涉及多个学科的知识。

三、文献信息资源整合的策略

文献信息资源整合是一个复杂的过程，涉及技术、标准、法律等多个方面。

（一）建立统一的检索平台

建立统一的检索平台是提高文献信息资源利用效率的关键。例如，Base-Search 是德国比勒菲尔德大学图书馆开发的一个多学科的学术搜索引擎，它整合了全球异构学术资源，提供了集成检索服务。这种平台能够让用户在一个界面上检索到多个数据库的资源，实现一站式服务，极大地提高了用户的检索效率和体验。

（二）制定统一的元数据标准

元数据是描述文献信息资源的基本信息，对于不同数据库之间的信息交换和整合至关重要。统一的元数据标准有助于实现不同数据库间的无缝对接和信息共享。例如，通过建立统一的数据标准，可以对数据进行清洗、整合、去重、标引，把存在于各类数据库中的文献元数据信息进行集成，实现一体化元数据集成检索服务，有效提升检索效率。

（三）开发智能检索技术

人工智能技术的发展为文献信息资源整合提供了新的可能性。利用自然语言处理和机器学习技术，可以提高检索的准确性和智能化水平。例如，OpenAI 的 ChatGPT 和 Google AI 的 Gemini 等大语言模型在生成人类样式的响应、解决复杂问题以及与用户进行多轮对话等方面表现出色，这些技术的应用进一步提升了搜索结果的准确度和对用户的适切度。

（四）加强版权保护和合理使用

在整合过程中，版权问题是一个不可忽视的因素。必须确保合法合规地使用文献信息资源，尊重知识产权。这不仅涉及法律层面的保护，也涉及合理使用和版权政策的制定。通过合理的版权保护和使用，可以促进资源的合理流动和有效利用，同时保护创作者的权益。

（五）推动开放获取和共享

开放获取和共享是推动全球知识共享的重要途径。鼓励更多的学术机构和出版社开放获取其资源，可以促进全球范围内的知识共享。例如，《柏林宣言》承认了从印刷到数字化转型在促进开放获取（OA）模式方面的重要性，并推动全球科学家共享网络科学资源。通过开放获取和共享，可以加速知识的传播和应用，促进全球科研合作。

通过这些策略，高校图书馆可以更有效地管理和利用多样化的文献信息资源，满足学术界日益增长的信息需求，同时推动学术研究和知识传播的深入发展。

第二节　大数据在文献信息资源采购中的应用

随着大数据技术的发展，高校图书馆在文献资源采购方面迎来了新的机遇和挑战。本节分析大数据技术如何在文献资源采购中发挥作用，帮助高校图书馆实现数据收集、存储、分析和应用的多维度发展。

一、数据收集与存储

在文献资源采购领域，大数据技术的应用首先体现在数据的收集与存储上。这一环节是整个大数据应用的基础，它决定了后续数据分析的广度和深度。

（一）结构化数据的收集与存储

结构化数据是指那些已经组织成特定格式，可以被数据库管理系统存储、管理和访问的数据。在文献资源采购中，结构化数据主要包括数据库中的元数据，如书名、作者、出版年份、ISBN 等。这些数据通常以表格的形式存储，便于进行查询和分析。图书馆通过收集这些数据，可以快速了解馆藏资源的基本情况，为采购决策提供基础信息。

（二）半结构化数据的收集与存储

半结构化数据介于结构化数据和非结构化数据之间，它们通常包含一些标签或键，但数据的结构并不像结构化数据那样严格。在文献资源采购中，半结构化数据主要包括网页中的 HTML 代码。通过爬虫技术，图书馆可以收集这些数据，并从中提取出有用的信息，如图书的在线评论、评分、销售排名等。这些信息对于评估资源的受欢迎程度和市场表现具有重要参考价值。

（三）非结构化数据的收集与存储

非结构化数据是指那些不遵循固定格式的数据，如文本文件、图像、音频和视频等。在文献资源采购中，非结构化数据的收集与存储尤为重要。例如，图书馆可以通过社交媒体、论坛和博客等渠道收集用户对特定资源的评论和反馈，这些数据可以帮助图书馆了解用户的真实需求和偏好。图像和视频数据也可以通过图像识别和视频分析技术转化为有用的信息，如通过分析封面图像来预测图书的受欢迎程度。

二、数据分析技术

在文献资源采购中，数据分析技术是连接数据收集与实际应用的桥梁。通过运用各种先进的数据分析技术，图书馆能够从海量的文献资源数据中提取有价值的信息，为采购决策提供科学依据。

（一）离线分析

离线分析是指在数据收集完成后，对数据进行批量处理和分析的过程。这种分析方式适用于不需要即时反馈的场景，如月度或年度的资源使用报告。通过对历史数据的深入挖掘，图书馆可以识别出资源使用的趋势和模式，从而为未来的采购计划提供参考。

（二）准实时分析

准实时分析是指对数据进行快速处理和分析，以提供接近实时的决策支持。这种分析方式适用于需要快速响应的场景，如用户借阅行为的监控和分析。通过准实时分析，图书馆可以及时发现资源的短缺或过剩情况，快速调整采购计划。

（三）实时分析

实时分析是指对数据进行即时处理和分析，以提供即时的决策支持。这种分析方式适用于需要即时反馈的场景，如在线借阅系统的实时监控。通过实时分析，图书馆可以实时了解资源的借阅情况，及时响应用户需求，优化资源配置。

（四）图片识别技术

图片识别技术，尤其是光学字符识别（OCR）技术，可以将图像中的文本信息转换为可编辑的文本数据。这对于图书馆来说非常有用，尤其是在处理扫描的旧书页或电子书的封面时。通过图片识别技术，图书馆可以快速提取书的关键信息，如书名、作者等，提高数据录入的效率。

（五）语音识别技术

语音识别技术可以将用户的语音指令转换为文本信息，这对于图书馆的语音搜索服务非常有用。通过语音识别技术，图书馆可以提供更加便捷的搜索服务，满足用户多样化的检索需求。

（六）机器学习技术

机器学习技术是数据分析中的一个重要分支，它可以使计算机系统通过数据学习，自动发现数据中的模式和规律。在文献资源采购中，机器学习技术可以用于预测用户需求、评估资源质量、优化采购策略等。例如，通过分析用户的借阅历史和偏好，机器学习模型可以预测哪些新书可能会受到欢迎，从而指导图书馆的采购决策。

三、供应商画像迭代更新

在大数据技术的助力下，图书馆能够构建起供应商的全息画像，并实现这一画像的迭代更新。这一过程不仅涉及对供应商基本信息的收集，还包括对其履约能力、质量水平、市场表现等多个维度的深入分析和评估。

（一）供应商全息画像的建立

供应商全息画像的建立是基于大数据技术，将分散繁杂的供应商数据信息转化为科学形象的标签画像。这一画像不仅包括供应商的基本信息，还涵盖了其履约记录、质量控制、市场反馈等多个维度的数据。通过算法模型，图书馆能够对供应商进行精准评估或行为预测，从而为业务管理和决策提供参考。

（二）实时跟踪市场波动

大数据技术使得图书馆能够实时跟踪市场波动，自动研判当前及未来一定时间内的供应商竞争态势、市场竞争类型、具象化市场特点。这种实时分析能力对于制定采购策略至关重要，因为它允许图书馆根据市场环境的变化动态调整采购计划。

（三）差异化采购策略的制定

通过对供应商全息画像的深入分析，图书馆能够有针对性地提出差异化的采购策略。例如，在完全竞争市场中，图书馆可能会强化技术和质量评审，着重选优选强；而在寡头垄断市场中，则可能需要适度降低门槛，增加供应商数量，同时监控价格趋势，警惕恶意抬升价格。

（四）供应商画像的迭代更新

供应商群体能力参差不齐、各具特点，因此，分析掌握供应商的各方面能力是支撑采购策略进行有效调整的重要前提。图书馆基于采购全流程积累的供应商多维度信息，构建供应商能力画像模型，并持续对这一画像信息进行迭代更新。这包括在采购评审初评阶段进行合格性审查，在详评阶段进行优劣性评价，并在采购结束后，及时跟踪收集中标供应商的评价反馈，以实现供应商画像的持续优化。

四、基于学科服务的数字资源管理

基于学科服务的数字资源管理是图书馆数字化转型的关键环节，它涉及电子资源管理系统、数据查重及验收管理、数据组织管理、元数据管理等多个方面。

（一）电子资源管理系统

电子资源管理系统是图书馆数字资源管理的核心，它以数据为核心驱动力，优化了学科数字资源的管理流程，提升了管理效率、资源采购及使用的科学性。该系统能够实现电子资源的自动化、信息化管理，加速信息化进程，充分利用计算机技术和现代通信手段，建立信息交流平台，方便信息资源的共享，加强部门间的交流。

（二）数据查重及验收管理

数据查重及验收管理技术针对指定数据库元数据与资源库进行文献重复度分析，并出具详细报告。这一技术手段有助于图书馆确保采购的资源是唯一的，避免资源的重复采购，从而提高资源的利用效率和经济效益。

（三）数据组织管理

数据组织管理技术实现各学科的教学、科研、学科服务的数据资源汇编，提升各学科核心数字资源展示度和使用率。通过这种方式，图书馆能够更好地组织和展示学科资源，提高资源的可见性和可访问性，从而提升用户体验。

（四）元数据管理

元数据管理技术可以根据数据厂商、数据类型、学科分类等多个维度对元数据进行组织查看与分析，使图书馆拥有对大数据中心的统计、分析、调整等掌控能力。元数据以数字化方式描述企业的数据、流程和应用程序，为企业数字资产的内容提供了上下文，使得数据更容易理解、查找、管理和使用。

五、成本效益分析

在文献资源采购中，成本效益分析是图书馆决策过程中的关键环节，它涉及对文献资源采购的经济效益和社会效益的全面评估。大数据技术的应用，为图书馆提供了一个全方位的、立体化的评价指标体系，使得成本效益分析更加科学和精准。

（一）多维度信息的整合

大数据技术可以帮助图书馆综合考虑用户需求、资源内容质量、检索系统、功能完整性、售后服务、供应商的信誉和综合实力、使用效果、单位成本、用户评价等多个维度的信息。这种多维度的分析方法，使得图书馆能够从不同角度评估资源的价值，而不仅仅是基于价格或单一的使用数据。

（二）评价指标体系的构建

基于大数据的分析，图书馆可以构建一个包含内容、使用和服务等多维度指标的评价体系。这个体系不仅包括传统的成本和使用数据，还涵盖了用户体验和满意度等更为复杂的指标。这样的评价体系有助于图书馆更全面地评估资源的价值，从而做出更加合理的采购决策。

（三）动态规划的决策支持模型

在大数据技术的支持下，图书馆可以采用动态规划等算法模型来优化电子资源的采购决策。这些模型可以帮助图书馆在有限的预算内，选择出性价比最高的资源组合，实现成本效益的最大化。

（四）成本与收益的详细分析

大数据技术还可以帮助图书馆进行成本与收益的详细分析。通过比较电子资源的集团采购成本与单独采购的成本，图书馆可以发现团体购买可以节省大量的采购成本。通过比较电子期刊与传统纸质期刊在场地、设备、人员工资以及服务提供等方面的成本，图书馆可以更好地评估不同资源的长期经济效益。

（五）维护与更新成本的考量

在进行成本效益分析时，图书馆还需要考虑软硬件的维护与更新成本。从长期来看，维护成本的增加将是数字图书馆总成本上升的主要因素，并且维护成本占总成本的份额也会越来越大。因此，大数据技术可以帮助图书馆预测和规划未来的维护成本，确保资源的可持续使用。

大数据技术的应用不仅优化了高校图书馆的资源采购流程，还提高了资源的利用效率和服务质量，为图书馆的可持续发展提供了强有力的支持。

第三节　大数据驱动的资源评价与优化

在高校图书馆资源评价与优化方面，大数据技术提供了新的视角和工具。本节探讨大数据如何提高资源评价的准确性、实时性和维度，以及在资源优化中的应用，从而支持高校图书馆更科学、合理地进行资源管理。

一、大数据在资源评价中的作用

资源评价是指对自然资源、人力资源、信息资源等进行评估，以确定其价值和利用潜力。

（一）提高评价的准确性

大数据技术通过整合和分析海量的历史与实时数据，显著提升了资源评价的精确度。在能源行业，这一技术的应用尤为突出。通过对过往能源消耗数据的深入分析，我们能够预测能源的未来需求，进而对能源分配进行优化。这种基于数据驱动的方法，不仅提高了资源评价的准确性，还增强了对资源变化趋势的预见能力。例如，通过监测和分析电网的实时数据，可以预测电力峰值和低谷，帮助电网运营商更有效地调度电力资源。大数据还能辅助在农业领域对土地资源进行评价，通过分析气候、土壤和农作物生长数据，预测农作物产量，指导农业生产。这种以数据为基础的评价方法，为资源管理提供了更为科学的决策支持，使得资源配置更加合理，提高了资源利用效率。

（二）增强评价的实时性

大数据技术以其高效的数据处理速度，极大地增强了资源评价的实时性，这对于需要迅速反应的资源管理场景至关重要。在面对自然灾害等紧急情况时，实时资源评价能够为决策者提供即时信息，从而快速有效地调配救援物资。例如，在洪水或地震发生后，通过分析社交媒体数据、卫星图像以及地理信息系统（GIS）数据，可以迅速评估受灾区域的资源需求，并指导救援行动的优先级确定和资源分配。这种实时评价能力不仅提高了救援效率，还有助于减少灾害造成的损失。在工业生产中，大数据技术同样能够实现对生产线的实时监控，通过分析机器的运行数据，可以及时发现生产瓶颈，优化生产流程，提高生产效率。此外，大数据在交通管理中的应用，如实时交通流量分析，可以指导交通信号灯的智能调整，减少交通拥堵，提高城市交通的流畅性。

（三）扩展评价的维度

大数据技术通过整合不同来源和类型的数据，极大地拓宽了资源评价的维度。它不仅能够处理结构化数据，如数据库中的统计信息，还能分析非结构化数据，比如文本、图片和视频等。这种多维度的数据融合，使得资源评价更加全面和深入。例如，在城市规划中，结合 GIS 数据和社交媒体数据，可以全面评估一个地区的人口分布、交通流量和公共设施需求，从而为城市规划提供更准确的决策依据。在环境监测领域，通过整合卫星图像、气象数据和传感器数据，可以对自然资源和环境状况进行更细致的评估，及时发现环境问题并采取相应措施。大数据技术还能将经济数据、市场趋势和消费者行为等信息纳入资源评价体系，帮助企业更好地理解市场动态，优化资源配置。

二、大数据在资源优化中的应用

资源优化是指通过科学的方法和工具，提高资源的利用效率和效益。大数据在资源优化中的应用包括优化资源配置、提高运营效率、支持决策制定三个方面。

（一）优化资源配置

大数据技术在资源优化领域发挥着重要作用，特别是在资源配置方面。它通过分析资源的使用效率和效益，帮助企业和政府机构制定出最佳的资源分配策略。在供应链管理领域，大数据的应用尤为显著。通过对历史交易数据的深入分析，企业能够预测市场对产品的需求趋势，从而更精准地调整库存水平，减少库存积压和缺货风险。这种基于数据的预测方法，不仅提高了库存管理的效率，还降低了运营成本。

在能源行业，大数据技术同样能够优化资源配置。通过分析电网的实时数据，电力公司可以预测电力需求的高峰和低谷，合理调度发电资源，提高能源利用效率。此外，大数据还能帮助企业在人力资源管理中实现优化，通过分析员工的工作表现和项目需求，合理分配人力资源，提高团队的工作效率。

在城市规划中，大数据技术通过分析城市交通流量、人口分布和公共设施使用情况，帮助政府优化城市资源配置，如交通设施、教育和医疗资源等。这种数据驱动的资源配置方法，不仅提高了资源的使用效率，还提升了城市居民的生活质量。

（二）提高运营效率

通过对海量数据的分析，企业能够识别出生产和运营流程中的瓶颈环节以及资源浪费点，进而采取措施优化流程，提高整体效率。在制造业，这一技术的应用尤为突出。通过收集和分析机器的运行数据，企业可以预测潜在的设备故障，提前进行维护和修理，从而减少意外停机时间，确保生产线的连续运转，大幅提升生产效率。

大数据还能帮助企业在供应链管理中提高效率。通过分析物流数据，企业能够优化配送路线，减少运输成本和时间。在零售业，通过分析顾客购买行为和库存数据，企业可以更精准地进行库存管理，减少过剩或缺货的情况，提高顾客满意度。

在金融服务领域，大数据技术通过分析交易模式和市场趋势，帮助金融机构及时发现和预防欺诈行为，降低风险，同时提高服务质量和客户体验。在医疗行业，通过分析患者数据和医疗资源使用情况，医院能够优化资源分配，提高医疗服务效率。

（三）支持决策制定

大数据为决策者提供了前所未有的信息资源，使得决策过程更加科学和合理。在城市规划领域，大数据的应用尤为关键。通过深入分析人口流动模式、交通流量数据以及其他相关数据，规划者能够洞察城市发展的趋势和需求，从而制定出更加合理的交通规划和城市布局方案。这种数据驱动的规划方法，不仅能够提高城市运行效率，还能提升居民生活质量。

在商业领域，大数据帮助企业领导者洞察市场动态，预测消费者行为，从而制定更有效的市场策略。通过分析销售数据、客户反馈和竞争对手信息，企业能够及时调整产品开发和营销策略，以满足市场需求。

在公共健康领域，大数据的应用也日益增多。通过分析疾病传播模式、医疗资源分配和患者健康数据，公共卫生决策者能够更有效地分配资源，预防和控制疾病的暴发。这种基于数据的决策支持，对于应对突发公共卫生事件尤为重要。

在环境管理中，大数据技术通过分析气候数据、污染数据和生态变化，帮助决策者制定环境保护政策和可持续发展战略。这些决策不仅关系到环境的保护，也影响到经济的发展和社会的福祉。

第四节 文献信息资源的长期保存与利用

在大数据环境下,文献信息资源的长期保存与利用是一个复杂而重要的议题。随着信息技术的飞速发展,本节讨论文献信息资源长期保存面临的挑战、保存策略以及利用方式,以确保高校图书馆能够有效地保存和利用宝贵的文献资源。

一、文献信息资源长期保存的挑战

(一)存储介质寿命问题

存储介质的寿命与数据长期保存的需求之间存在显著差距。硬盘和固态硬盘的平均寿命通常只有 5 年,磁带稍长,可达 10 年,但这远远不能满足个人资料、政府记录、企业数据等需要长期甚至永久保存的数据需求。

(二)成本问题

在大数据环境下,数据量的急剧膨胀导致长期保存数据的成本问题日益凸显。存储设备的成本仅是其中一部分,更关键的是数据迁移所带来的经济负担。随着技术的进步和存储设备的迭代,旧数据必须定期转移到新的存储介质上,这个过程不仅耗时耗力,还可能产生额外的开支。

(三)数据迁移困难

由于存储设备的使用寿命通常在 5 年左右,因此需要频繁地将数据从旧设备转移到新设备上。这一过程对于非结构化数据尤其复杂,因为它们的迁移效率低下,耗时较长,且存在未知的风险。在迁移过程中,确保数据的完整性和一致性是一个难题,目前缺乏有效的对比方案来验证迁移后数据的准确性。

(四)存储扩容能力差

存储系统的扩容问题常常受到机头寿命和稳定性的限制。这种局限性导致存储阵列在扩展容量时面临非连续性的断层,进而触发新一轮复杂的业务和数据迁移周期。每次扩容都可能需要重新配置和迁移数据,这不仅增加了操作的复杂性,还可能导致服务中断和性能下降。

二、文献信息资源的保存策略

为了应对大数据环境下文献信息资源长期保存的挑战，提出了一系列保存策略，这些策略旨在确保数据的安全性、可靠性以及长期可访问性。

数据备份是数据安全的基础，通过定期进行全量备份和增量备份，可以防止因硬件故障、人为错误或恶意攻击导致的数据丢失。选择合适的存储介质对于不同类型的数据至关重要，例如，磁盘阵列或云存储服务适用于大量数据和长期存储需求，而加密存储或专用存储设备适用于关键和保密数据。

数据压缩和加密技术在数据保存过程中也发挥着重要作用。数据压缩可以减少存储空间和传输带宽的需求，而加密则保护数据免受未经授权的访问。建立灾难恢复计划对于应对灾难性事件至关重要，它可以在数据丢失或系统故障时快速恢复正常运行，减少损失。

实施数据存储的监控和管理也是保存策略的一部分。定期监控存储系统的健康状态和存储空间使用情况，及时发现和解决潜在问题，建立数据存储管理制度，明确责任人和操作流程，确保数据保存的有效性和持续性。

在技术层面，使用 XML 语言进行数据迁移和保存规划是一种有效的方法。XML 提供了一种灵活的方式来描述和存储数据，使得数据迁移和保存规划更加系统化和标准化。评估和实施保存模型，如 "3-2-1" 备份策略，也是确保数据长期保存的关键。该策略建议至少有 3 份数据拷贝，存储在 2 种不同的物理载体上，其中 1 份必须是可移动的、离线的永久拷贝，有效消除了数据存储出现单点故障的风险。

数字资源的长期保存还涉及多比特信息存储和基于分子的信息存储技术。多比特信息存储技术通过在同一存储单元中存储多个比特的信息，提高了存储密度和效率。而基于分子的信息存储技术，如 DNA 存储，以其极高的存储密度和长期稳定性，成为未来数据存储的潜在解决方案。

三、文献信息资源的利用方式

（一）检索词的确定

在文献搜索过程中，精准选择检索词是提高检索效率和准确性的关键。为了实现这一目标，需要将复杂的研究主题分解成具体的关键词，避免使用模糊或过于泛泛的词汇。剔除那些非实质性的虚词和日常口语，采用专业术语和精练的词汇，有助于精确捕捉到目标文献。

（二）检索策略的优化

提升文献检索效率不仅依赖于关键词的选择，还涉及检索策略的精细化调整。运用布尔逻辑（AND，OR，NOT）可以有效组合关键词，从而精准定位文献。例如，使用 AND 可以缩小检索范围至同时包含多个关键词的文献，OR 则可以扩大到包含任一关键词的文献，NOT 则排除包含特定关键词的文献。通过使用截词符和通配符，可以灵活扩展或限定检索词，以适应不同的检索需求。

（三）文献筛选方法

在众多文献中筛选出高质量资料对研究者而言是一项重要任务。常用的筛选方法包括依据期刊的影响因子、文献的引用频次、期刊的专业分类以及同行评审结果。影响因子是衡量期刊学术影响力的一个指标，而文献的引用次数则可能指示该文献在学术界的重要性和关注度。通过期刊的专业分类，研究者能够迅速识别出特定学科内的权威出版物。同行评审则为文献的质量提供了同行专家的直接评价，这些都是评估文献价值的重要参考。

（四）文献管理工具的使用

研究者在处理大量文献时，常依赖于文献管理软件以提升工作效率。工具如EndNote、Mendeley 和 Zotero 等，提供了文献收集、整理、引用和分享的一体化解决方案。这些软件能够让用户轻松导入文献资料，自动生成参考文献列表，并在撰写论文时快速插入引文。它们还支持文献的云同步和协作功能，使得研究者能够随时随地访问和管理自己的文献库，并与团队成员共享资源。

（五）文献分析工具的应用

文献分析工具的应用能够揭示文献间的引用关系、研究热点和趋势。

CiteSpace 和 VOSviewer 是两款流行的工具，它们通过可视化的方式帮助研究者深入理解学术脉络和研究动态。

CiteSpace 是一款开源软件，它能够对科学文献数据进行可视化分析，帮助研究人员发现学术领域的趋势、关键作者、研究热点以及文献之间的关系。通过创建可视化地图，CiteSpace 展示文献之间的引用关系和共引网络，识别出文献之间的重要连接和模式。它允许用户通过引用网络图、时间轴图、聚类分析和主题演化图等视觉方式，来探索学术领域内文献的引用关系、研究热点、学科演化等信息。

VOSviewer 则是一款用于可视化科学文献和研究主题的工具。它可以分析文献的引用关系、发现研究热点和趋势，还可以生成关键词共现网络图等。VOSviewer 支持多种数据格式的导入，如文本文件、XML 文件、CSV 文件等，用于分析和可视化。该工具可以对文献进行聚类分析，将相关的文献聚集在一起，形成不同的研究主题或研究领域。VOSviewer 还提供了丰富的可视化定制选项，允许用户调整节点的大小、颜色、标签等，以及设置连线的颜色、粗细等，以满足不同的需求。

这些工具的共同优势在于它们能够将复杂的文献数据转化为直观的图形，使得研究者能够快速把握研究领域的大局，识别关键文献和作者，以及跟踪研究热点和趋势。

通过有效的资源整合、采购优化、评价机制和长期保存策略，高校图书馆能够提升服务质量，增强学术支持能力，从而在知识爆炸的时代中保持竞争力。面对不断变化的技术环境和用户需求，高校图书馆必须不断探索和适应，以确保其在学术界的核心地位。

第三章 大数据环境下的知识组织与检索

第一节 知识组织的方式与方法

在高校图书馆中，知识组织是信息管理的核心，它有助于提高信息检索的效率，促进知识的共享与传播，以及支持知识的创新和应用。

一、知识组织的方式

（一）分类法

知识组织中，分类法扮演着核心角色，尤其在图书馆学和信息科学领域。这种方法通过识别知识内容的属性或特征，将其分门别类，以便于管理和检索。杜威十进制分类法（DDC）和国会图书馆分类法（LCC）便是两个广为人知的分类系统。DDC 以其十进制数字系统为特征，能够细致地划分知识领域，而 LCC 则以其字母和数字的组合来标识不同的知识类别。这两种系统都旨在帮助用户快速定位到他们感兴趣的知识领域，同时也便于图书馆员和信息专业人员进行知识资源的系统化管理。

（二）主题法

主题法是一种以知识内容的核心主题或概念为基础的知识组织方式。它通过使用关键词、主题词或索引词来对知识进行分类和索引，使得用户能够依据特定的主题或概念快速定位到相关联的信息资源。这种方法特别适用于那些需要根据内容而非形式进行检索的场景，比如在学术研究、市场分析或政策制定中，用户往往需要聚焦于特定的议题或概念。

主题法的实施通常涉及对文本内容的深入分析，以识别出最能代表其核心意义的词汇。这些词汇随后被用作索引，引导用户直达与他们需求相关的资料。例如，在一个关于环境保护的数据库中，关键词如"气候变化""可持续发展"和"生态保护"可以作为索引，帮助研究人员快速访问到相关文献和报告。

主题法还支持跨学科的检索，因为它能够捕捉到不同领域间共同关心的问题。这种方法的灵活性和直观性使其成为现代信息检索系统中不可或缺的一部分，无论是在图书馆的目录检索系统，还是在在线数据库和搜索引擎中，主题法都发挥着重要作用。

（三）元数据组织

元数据组织是一种通过描述性信息来管理和检索知识资源的方法。元数据，即"数据的数据"，提供了关于知识内容的关键信息，包括但不限于作者、标题、发布日期等。这些信息作为知识资源的参考框架，使得用户能够在庞大的信息库中快速定位和访问特定的资料。

在数字化时代，元数据不仅帮助用户理解资源的基本内容，还支持资源的排序、过滤和比较。例如，在数字图书馆或在线学术数据库中，元数据使得用户能够根据作者、出版日期或资源类型等标准来筛选搜索结果，从而更精确地找到所需信息。

元数据的另一个重要功能是促进知识资源的互操作性，即不同系统和平台之间信息的共享和交流。通过标准化的元数据格式，如 Dublin Core 或 MARC 标准，不同数据库和信息管理系统能够相互识别和处理知识资源，极大地提高了信息检索的效率和准确性。

元数据还为知识资源的长期保存和管理提供了基础。通过记录资源的创建、修改和使用情况，元数据有助于维护资源的完整性和可追溯性，这有助于学术研究和文化遗产的保护。

（四）语义网

语义网技术致力于构建一个更加智能的网络环境，它通过机器可读的方式来表达和处理数据，使得数据的含义能够被计算机理解和推理。这种技术的核心在于使用标准化的语言和框架，如资源描述框架（RDF）和万维网本体语言（OWL），来组织和描述知识，从而超越了传统互联网的静态链接和简单数据展示。

通过这些标准，语义网能够将数据项之间的关系和属性明确地表达出来，创建出一个丰富的语义结构。例如，RDF 允许数据以三元组的形式（主体－谓语－宾语）来表达，而 OWL 则提供了一种描述类和实例之间复杂关系的语言。这样的结构不仅使得数据更加易于被机器处理，也为数据的自动化推理和智能查询提供了可能。

语义网的应用前景广泛，从智能搜索引擎到个性化推荐系统，再到复杂的数据分析和决策支持系统，都能见到其身影。它使得计算机能够理解用户的需求，提供更加精准和相关的信息，同时也促进了不同数据源之间的集成和协同工作。

二、知识组织的方法

（一）层次结构方法

层次结构方法是一种将知识按照层级关系进行组织的手段，它通过建立不同层级的分类体系来实现知识的有序排列。在这种方法中，知识被划分为多个层级，每个层级都可以包含更细分的子层级，形成一个树状的结构。这种结构的设计使得知识分类直观且易于人们理解和导航，用户可以沿着层级路径逐步深入，直至找到所需的具体信息。

例如，在图书馆的分类系统中，图书首先按照主要学科进行大类划分，然后在每个学科下再细分为更具体的子学科和主题。这种分层次的组织方式有助于用户快速定位到感兴趣的领域，并进一步探索相关子主题。层次结构方法的直观性使其在信息量大且结构化程度高的环境中尤为有效。

然而，层次结构方法也存在一定的局限性。它的固定性和刚性可能导致知识分类不够灵活，难以适应那些跨学科或新兴领域的知识组织需求。在知识快速更新和学科交叉日益频繁的今天，层次结构方法可能需要与其他知识组织方法相结合，以提高其适应性和灵活性。

（二）网络结构方法

网络结构方法是一种知识组织技术，它利用节点和链接构建起一个复杂的网络，以展示知识元素及其相互之间的关系。在这种结构中，每个节点代表一个知识单元，而节点之间的链接则表示这些单元的联系。这种方法的优势在于其灵活性和多维性，能够适应知识的复杂性和动态性，尤其是在处理跨领域和多学科的知识时。

与传统的层次结构相比，网络结构方法不局限于固定的层级，而是允许知识元素在多个维度上相互连接。这种连接可以是双向的，也可以是多向的，从而形成一个错综复杂的网络。在这个网络中，知识不再是孤立的点，而是相互关联的网，这有助于揭示不同知识领域之间的内在联系。

网络结构方法的一个典型应用是知识图谱，它通过将实体和它们之间的关系以图的形式表示出来，使得知识之间的联系和路径变得可视化。这种可视化不仅有助于用户理解复杂的知识结构，也为知识的发现和创新提供了新的可能性。

网络结构方法还支持动态的知识更新和扩展。随着新知识的产生和旧知识的淘汰，网络可以灵活地添加新的节点和链接，或者调整现有的结构，以反映知识的最新状态。

（三）面向对象的方法

面向对象的方法，在知识组织中借鉴了计算机科学中的面向对象编程（OOP）概念，将知识视为一系列具有特定属性和行为的对象。这种方法的核心在于封装、继承和多态性这三个基本特性，它们共同作用于构建和管理复杂的知识系统。

封装性允许我们将数据（属性）和操作这些数据的方法组合在一起，形成一个对象。这样，每个对象都包含了完整的信息和操作这些信息的功能，从而提高了数据的安全性和易管理性。在知识组织中，这意味着可以将相关的知识和操作封装在一个对象内，使得知识单元更加独立和自包含。

继承性则允许新创建的对象（子类）继承现有对象（父类）的属性和方法，这有助于减少重复工作，并促进知识的重用。在知识系统中，这意味着可以创建一个通用的知识对象，然后根据需要派生出更具体的子对象，这些子对象继承了父对象的特性，同时也可以添加新的特性。

多态性是指对象可以有多种形式，同一个方法在不同的对象中可以有不同的实现。在知识组织中，这意味着同一个操作可以应用于不同类型的知识对象，但具体的行为会根据对象的不同而有所差异，从而增加了系统的灵活性和可扩展性。

（四）知识图谱

知识图谱是一种先进的知识表示技术，它以图的形式结构化地存储和展示实体及其相互之间的关系。这种图谱不仅包含实体（如人、地点、组织等）的信息，还详细描述了实体间的各种联系，如"属于""位于""创立者是"等。通过这种方式，知识图谱能够捕捉和表达复杂的语义信息，为实体识别、关系抽取和知识推理等任务提供了强大的支持。

知识图谱的核心优势在于其能够将分散的信息点连接起来，形成一个互联互通的知识网络。在这个网络中，每个实体都是一个节点，而实体之间的关系则是连接这些节点的边。这种结构不仅使得信息的检索更加直观和高效，还有助于发现实体间的潜在联系和模式，从而促进新知识的生成。

知识图谱还支持复杂的查询和分析，用户可以通过图谱探索不同实体间的多维关系，进行深度的知识挖掘。在智能推荐系统、自然语言处理和决策支持等领域，知识图谱的应用越来越广泛，它通过提供丰富的语义信息，增强了系统的理解和推理能力。

知识图谱的构建和应用是一个跨学科的领域，涉及计算机科学、认知科学和语言学等多个学科。随着大数据和人工智能技术的发展，知识图谱在知识管理和智能信息服务中的作用日益凸显，成为连接数据、信息和知识的重要桥梁。

三、知识组织的应用

（一）图书馆和档案馆

图书馆和档案馆在知识管理中采用分类法和主题法这两种主要的方法来组织和索引图书与文档。分类法通过一个系统的分类体系，将资料按照学科或主题进行归类，如杜威十进制分类法或国会图书馆分类法，使得用户可以根据特定的分类号快速定位到相关领域的资料。主题法则侧重于通过关键词或主题词来索引内容，允许用户根据特定的主题或概念来检索信息，这种方法特别适合于那些需要根据内容而非形式进行检索的场景。

这些方法的运用极大地提高了资料检索的效率和准确性，使用户能够便捷地访问到所需的信息。无论是进行学术研究、撰写报告还是个人学习，图书馆和档案馆的知识组织工作都为用户提供了强有力的支持。

（二）企业知识管理

在企业环境中，知识组织是提升工作效率和激发创新的关键手段。企业通过系统化地管理和组织内部知识资产，能够确保员工快速访问到所需的信息，从而提高决策质量和执行效率。知识库的建立，作为企业知识管理的核心组成部分，允许员工存储、分享和检索关键的业务知识。这些知识库不仅包括文档、报告和案例研究，还可能包含视频教程、在线课程和互动讨论板。

专家系统的开发进一步增强了企业的知识组织能力。这些系统能够识别和连接企业内部的专家资源，使得员工在遇到复杂问题时能够迅速找到合适的专家进行咨询。通过这种方式，企业不仅能够保留和传承关键知识，还能够促进跨部门和跨职能团队之间的协作，加速知识的流动和创新的产生。专家系统还能够帮助企业识别知识缺口，指导培训和发展计划，以培养未来的领导力和专业技能。

（三）教育领域

教育领域中，通过精心设计的知识结构，教育者能够将复杂的学科内容分解成易于理解和吸收的模块，使学生能够循序渐进地掌握知识。这种组织方式不仅有助于学生系统地学习，也为教师提供了清晰的教学路径。

知识组织还促进了教学资源的有效管理和共享。通过将教材、视频、演示文稿和其他教学辅助材料进行分类和索引，教师可以快速找到并利用这些资源，提高教学的灵活性和互动性。在数字化学习环境中，知识组织的应用更为广泛，它支持在线课程的开发，使得学习内容可以跨平台、跨地区传播，实现教育资源的最大化利用。

知识组织还有助于评估和反馈机制的建立，通过跟踪学生的学习进度和成果，教育者可以及时调整教学策略，确保教学目标的实现。

通过上述分析，我们可以看到，高校图书馆在知识组织的方式与方法上有着丰富的选择。这些方法不仅能够提高图书馆服务的效率和质量，还能够为学术研究和教学提供强有力的支持。随着技术的发展，图书馆工作人员需要不断学习和适应新的组织方法，以更好地服务于高校的学术社区。

第二节　大数据环境下的知识检索技术

高校图书馆作为学术研究的重要基地，其知识检索技术的发展直接影响着学术信息的获取效率。

一、知识图谱的构建与应用

（一）知识图谱的定义与结构

知识图谱是一种技术，它利用图的形式来组织和展示结构化数据。在这种技术中，数据被组织成节点和边，其中节点代表实体，比如人、地点或组织；而边则代表这些实体之间的关系，比如"属于"或"位于"。这种结构化的方法使得知识图谱能够有效地揭示和展示数据之间的复杂联系和模式。通过图形化的方式，知识图谱提供了一种直观的理解数据关系的手段，使得信息的检索和分析变得更加直观和高效。

（二）知识图谱构建的关键步骤

知识图谱的构建是一个复杂的过程，涉及多个关键环节，以确保图谱的准确性和可用性。

1. 实体识别

实体识别是构建知识图谱的起点，它涉及从非结构化或半结构化数据中提取出具体的实体，如人名、地名或组织名。这一步骤通常需要运用自然语言处理技术，尤其是命名实体识别技术，以准确地从文本中识别出这些实体。

2. 实体消歧

实体消歧是一个解决同一名称可能指代不同实体的问题的过程。例如，提到"苹果"时，它可能指的是一种水果，也可能是指苹果公司。实体消歧的目的是确保每个实体都与其正确的含义相对应，避免混淆。

3. 关系提取

关系提取涉及确定不同实体之间的具体关系。这些关系可能是"朋友""同事"或"位于"等。关系提取可以通过多种方法实现，包括模式匹配、机器学习或深度学习技术，以自动识别和提取实体间的联系。

4. 关系推理

关系推理是知识图谱构建中的一个高级步骤，它基于已识别的关系来推断新的关系。这一步骤需要运用复杂的逻辑和推理算法，以发现实体间可能存在的隐含联系。关系推理不仅能够增强知识图谱的深度，还能提高其在各种应用场景中的适用性和灵活性。

（三）知识图谱的应用场景

1. 科技实体推荐

知识图谱在科技领域的应用之一是科技实体推荐系统。这种系统能够根据用户的历史行为和个人偏好，智能推荐与之相关的科技内容，包括研究论文、专利信息以及技术项目等。通过深度挖掘用户数据，知识图谱能够捕捉到用户的兴趣点，并与图谱中的实体进行匹配，从而提供个性化的推荐。这样的推荐不仅提高了信息的相关性，也增强了用户体验。

2. 科技社区发现

在科技领域，知识图谱的应用之一是科技社区的发现。这一过程基于对研究者之间合作关系和共同兴趣的分析，旨在识别出科技社区和研究网络。通过构建科技知识网络，科研人员可以利用作者合作、科技成果引用、关键词共现等关系，将科技知识组织成网状结构，进而发现社区结构。在科研网络中，科技实体及其关系构成了知识流动和传递的基础，内部连接紧密的科技实体对应的子图被称为社区。这些社区可能涉及重叠科技社区，即不同社区间存在交集的科技实体，以及非重叠科技社区，即没有交集的科技实体。通过社区发现方法，可以降低科研行为分析的复杂性，并揭示同一社区内科技实体所对应的相同研究兴趣或相近研究主题，从而探测并研究科技数据内部的潜在科技规律及研究趋势。这种方法不仅有助于理解科研网络的结构，还能促进科研合作和知识共享，推动科学进步。

3. 科技实体评估

评估学者、项目或技术的影响力和重要性，可以通过多种方法实现，包括但不限于以下方法。

指数影响：使用如 H 指数等指标来衡量学者的学术影响力。

定性与定量方法结合：结合专家评审和数据分析来评估项目或技术的价值。

复杂网络分析：通过分析实体间的网络关系来识别关键节点和趋势。

神经网络：使用深度学习模型来预测科技实体的未来发展和影响力。

4. 跨学科研究

知识图谱在促进跨学科研究方面通过整合不同学科领域的实体和关系，构建起一个互联互通的知识网络，从而为跨学科合作和创新提供了平台。在这个网络中，不同学科的研究成果、理论框架和研究方法相互连接，使得研究人员能够发现不同领域之间的联系和交叉点。

这种跨学科的连接不仅有助于打破学科间的壁垒，还能激发新的研究思路和解决方案。研究人员可以利用知识图谱探索不同学科的交叉领域，发现新的研究问题，以及从其他学科中借鉴方法和技术。知识图谱还能帮助研究人员识别合作机会，促进不同领域专家之间的交流和合作，共同解决复杂的科学问题。

5. 学科演化研究

学科演化研究关注的是学科随时间的发展和变化，以及新兴领域和趋势的识别。这一研究领域通过分析学科知识体系中的基本概念，建立学科知识体系数据库，并使用自然语言处理和信息可视化等工具，描绘出学科的演变发展脉络。学科演化研究揭示了学科之间的交叉融合，以及新兴研究领域的出现和发展。例如，随着学科前沿的进一步交叉融合，跨越传统两大门类的新兴研究领域逐渐涌现，包括生命科学、环境科学、管理科学、安全科学等领域，以及生态学、功效学、技术美学、老年学等综合学科。学科演化研究还关注于学科交叉研究的演化阶段特征，分析学科交叉性及对其测度的指标。此外，学科演化研究还涉及共现分析在学科交叉特征识别中的应用。通过这些方法，学科演化研究不仅能够识别新兴领域，还能把握学科发展的趋势和动力，为科学决策提供支持。

二、检索增强生成(RAG)技术

检索增强生成技术是一种结合了检索和生成的大型语言模型技术，它通过检索相关信息来增强生成模型的能力，以解决传统生成模型在处理复杂查询时面临的挑战。RAG技术的核心在于其能够整合外部数据，从外部知识库中检索相关信息，增强模型的生成能力，从而提高预测的质量和准确性。

(一) RAG 技术的原理与流程

RAG技术是一种先进的自然语言处理技术，它将信息检索和文本生成结合起来，以提高对复杂查询的处理能力。这种技术的核心在于其能够从大量的数据中检索出与用户查询相关的信息，并利用这些信息来生成更加准确和详细的回答。RAG技术的工作流程可以分为三个主要阶段：检索、融合和生成。

1. 检索阶段

在检索阶段，RAG技术需要处理用户的查询。系统会分析用户的输入，然后从预先构建的文档集合或知识库中检索出与查询相关的信息。这一阶段的关键在于如何高效地从海量数据中提取出最相关的信息。为了实现这一目标，RAG技术通常采用先进的检索算法，如倒排索引、向量检索或机器学习模型，以确保检索结果的相关性和准确性。

2. 融合阶段

一旦检索到相关信息，就进入融合阶段。在这一阶段，系统需要将检索到的信息与用户的原始查询结合起来，以形成一个更加丰富的上下文。这个过程涉及信息的筛选、排序和整合。系统可能会根据信息的相关性、可靠性和新颖性来对检索结果进行排序，然后选择最相关的信息片段来辅助回答生成。融合阶段的目标是确保生成的回答不仅包含用户所需的信息，而且这些信息是准确和最新的。

3. 生成阶段

在生成阶段，RAG技术利用融合阶段提供的信息来生成最终的文本内容。这一阶段通常涉及一个生成模型，如基于Transformer的模型，它能够根据输入的信息生成连贯、流畅的自然语言文本。生成模型需要具备理解检索信息和用户查询的能力，以便生成的回答能够准确回答用户的查询，并且与检索到的信息保持一致。

（二）RAG 技术的发展阶段

RAG 技术的发展经历了几个明显的阶段，每个阶段都代表了技术的进步和对前期阶段的优化。

1. 朴素 RAG

朴素 RAG 是 RAG 技术的起点，它包括三个基本步骤：索引、检索和生成。在索引阶段，文档库被分割成较短的块，并通过编码器构建向量索引。检索阶段是根据问题和被分割块的相似度检索相关文档片段。最后，在生成阶段，系统以检索到的上下文为条件，生成问题的回答。这种方法也被称为"检索—阅读"框架。

2. 进阶 RAG

为了解决朴素 RAG 在检索质量和响应生成质量上的挑战，进阶 RAG 范式被提出。它在数据索引、检索前和检索后都进行了额外处理。例如，通过更精细的数据清洗、设计文档结构和添加元数据等方法提升文本的一致性、准确性和检索效率。在检索前阶段，可以使用问题的重写、路由和扩充等方式对齐问题和文档块之间的语义差异。在检索后阶段，可以通过将检索出来的文档库进行重排序来避免 "Lost in the Middle" 现象的发生，或是通过上下文筛选与压缩的方式缩短窗口长度。

3. 模块化 RAG

模块化 RAG 是 RAG 技术的进一步发展，它在结构上更加自由和灵活，引入了更多的具体功能模块，例如查询搜索引擎、融合多个回答。技术上将检索与微调分开，提供了更高的自定义性和灵活性。这种模块化的设计使得 RAG 技术能够更好地适应不同的应用场景和需求，提高了系统的可扩展性和适应性。

（三）RAG 技术的评估方法

RAG 技术的评估方法主要分为独立评估和端到端评估两大类，每一类评估方法都关注不同的性能指标和系统能力。

1. 独立评估

独立评估主要关注于检索器和生成器的性能。在检索模块的评估中，通常会使用一系列指标来衡量系统根据查询或任务对项目进行排名的有效性。这些指标包括命中率、平均排名倒数、归一化折扣累积增益和精确度等。这些指标能够帮助我们了解检索模块在检索相关信息时的效率和准确性。

在生成模块的评估中，重点在于上下文相关性，即衡量检索到的文档与查询问题的相关性。这里的生成模块不同于最终答案或响应的生成，它更多地关注于将检索到的文档补充到查询中而形成的增强或综合输入能力。

2. 端到端评估

端到端评估则是对 RAG 模型针对给定输入生成的最终响应进行评估，主要涉及模型生成答案与输入查询的相关性和一致性。这种评估可以分为未标记内容和已标记内容两种。未标记内容的评估指标包括答案的忠实度、相关性、无害性等，而已标记内容的评估指标则包括准确性和精确匹配。

端到端评估还可以进一步细分为人工评估和使用大型语言模型的自动评估。人工评估依赖于人类评估者对生成的回答进行打分，而自动评估则利用预训练的语言模型来预测和评估回答的质量。

（四）RAG 技术的应用

RAG 技术的应用领域广泛，其强大的检索和生成能力使其在多个场景中展现出巨大的潜力。

1. 问答系统

在问答系统中，RAG 技术能够结合生成模型和外部知识库完成高效解答任务。它从互联网等大型知识库中检索信息，帮助生成准确的答案。这种技术特别适用于开放域问答，其中用户的问题可能涉及任何领域，需要依赖广泛的知识来进行解答。

2. 文档生成

RAG 技术在文档生成方面也显示出巨大潜力。它可以辅助学术研究，帮助研究人员快速查找相关文献，并根据检索到的信息生成研究报告或论文草稿。此外，技术文档的生成与更新也是 RAG 技术的应用之一，它能够与不断更新的知识库结合使用，降低硬件成本，提高效率。

3.智能助手

在智能助手领域，RAG 技术可以提供基于检索的信息，帮助用户解决问题或完成任务。它结合了开源大语言模型的生成能力和现有知识库的检索功能，不仅降低了模型训练的门槛，还极大提高了问答的精准性与实时性。

4.专业领域应用

RAG 技术还可以用于搭建医疗、法律、产品知识问答等专业领域的应用。在医疗问答与诊断辅助中，RAG 技术能够提供准确的医疗信息和建议。在法律咨询中，它能够根据法律文档和案例提供专业的法律意见。在产品自测与故障排查中，RAG 技术可以根据产品手册和常见问题解答提供技术支持。

5.多模态 RAG 应用

RAG 技术的应用不仅限于文本，还可以扩展到多模态，比如结合文本、图像、音频和视频数据，为问答系统带来更丰富的交互体验。例如，一个复合模态的问答系统可以根据用户上传的图片来回答相关的问题，或者通过分析视频内容来提供详细信息。

随着大数据技术的发展，高校图书馆在知识检索技术方面通过采用先进的知识图谱和 RAG 技术，提供更精准、更高效的检索服务，满足学术界对信息获取的高标准要求。

第三节　知识检索的效果评价与优化

在信息爆炸的时代，知识检索成了获取信息的重要手段。有效的知识检索能够帮助用户快速准确地找到所需信息。然而，随着数据量的激增和用户需求的多样化，如何评估和优化知识检索的效果成了一个亟待解决的问题。

一、知识检索效果评价的维度

（一）准确性

准确性是衡量检索系统性能的核心指标，它直接关系到用户能否获得与其查询意图高度相关的信息。一个高准确性的检索系统能够理解用户的查询意图，并返回最相关的结果。为了提高准确性，检索系统需要具备强大的自然语言处理能力，能够解析用户的查询语句，识别关键词和上下文，以及理解用户的隐含需求。准确性的提升还依赖于高质量的数据源和先进的算法，如机器学习和深度学习技术，这些技术可以帮助系统更好地理解用户的查询意图，并提供更精确的匹配。

（二）召回率

召回率衡量的是检索系统返回的相关文档数量与实际相关文档总数的比例。一个高召回率的系统能够尽可能多地返回相关结果，减少漏检的情况。提高召回率通常需要优化检索算法，以确保系统能够覆盖更广泛的相关文档。召回率的提升也依赖于数据的全面性和多样性，以及索引的准确性和更新频率。

（三）响应时间

响应时间指的是用户等待检索结果的时间。在快节奏的信息时代，用户对快速响应有了更高的期待。一个高效的检索系统应该能够在极短的时间内返回结果，以满足用户的需求。响应时间的优化通常涉及后端架构的改进，如使用更快的服务器、优化数据库查询，以及采用缓存技术等。算法的优化和并行处理技术的应用也可以显著减少响应时间。

（四）覆盖率

覆盖率指的是检索系统能够覆盖的信息范围。一个理想的检索系统应该能够覆盖尽可能广泛的信息源，包括不同的语言、格式和领域。覆盖率的提升需要检索系统具备跨语言、跨格式和跨领域的检索能力。这通常涉及多语言处理技术、异构数据融合技术和领域知识库的构建。通过这些技术，检索系统可以为用户提供更全面的知识服务。

（五）用户满意度

用户满意度是衡量检索效果的主观指标，它反映了用户对检索结果的满意程度。用户满意度的提升需要检索系统不断地优化用户体验，包括提供直观的用户界面、个性化的推荐服务和及时的反馈机制。用户满意度的评估通常通过用户调查、在线反馈和行为分析等方式进行。通过这些方式，系统可以收集用户的意见和建议，及时调整和优化检索服务。

二、知识检索效果评价的方法

（一）实验评估

实验评估是一种科学的方法，用于比较不同检索系统或算法的性能。在这种方法中，研究者会设计一系列实验，通过控制变量和设置实验条件，来衡量和比较不同系统或算法在准确性、召回率、响应时间等关键评价维度上的表现。实验过程中，研究者会收集数据，然后运用统计分析方法来确定哪些系统或算法在特定指标上表现更优。这种方法的优势在于结果的客观性和可重复性，能够为检索系统的性能提供直接的比较依据。

（二）用户研究

用户研究是一种以用户为中心的评价方法，它通过直接与用户互动来收集关于检索系统使用体验和满意度的反馈。这种方法包括多种技术，如问卷调查、一对一访谈和用户行为观察。问卷调查可以广泛收集大量用户的反馈，而访谈则允许研究者深入探讨用户的个人体验和感受。用户行为观察则提供了用户在实际使用检索系统时的直观数据，包括他们如何与系统交互以及遇到的问题。通过这些方法，研究者能够获得关于用户需求、偏好和系统使用障碍的宝贵信息。用户研究的关键在于它能够揭示用户的真实体验，帮助设计者理解用户的实际需求，并据此优化检索系统。

（三）日志分析

日志分析是一种基于数据的方法，它通过审查用户在检索系统中留下的行为记录来洞察用户习惯和系统表现。这种方法依赖于用户与系统交互时产生的大量日志数据，包括查询历史、点击行为、会话时长等。通过细致分析这些数据，研究者可以识别出用户最常搜索的关键词、最频繁访问的页面以及用户对特定检索结果的偏好。日志分析还能揭示系统性能的指标，比如响应时间、系统故障率和用户满意度。这种方法的优势在于能够提供大规模、实时的用户行为数据，有助于快速识别问题和趋势。然而，它也有局限性，主要在于数据的解读可能需要复杂的数据分析技能，且可能无法完全揭示用户行为背后的动机和情感。

（四）A/B 测试

A/B 测试是一种在线实验技术，用于评估和比较不同版本检索系统的性能。在这种测试中，系统会同时运行多个变体，每个变体在设计上略有不同，例如界面布局、算法逻辑或功能特性。用户随机分配到这些不同的版本中，他们的使用数据被收集并分析，以确定哪个版本在关键性能指标上表现更佳，如用户满意度、点击率或转化率。A/B 测试的优势在于其能够提供直接的性能比较，并且结果通常具有很高的可靠性。这种方法允许开发者在实际环境中测试假设，快速迭代产品，以优化用户体验和系统效率。然而，A/B 测试的成功依赖于合理的样本分配和测试设计，以及对测试结果的准确解读。此外，测试可能需要足够的用户流量来确保统计结果的有效性，且在测试期间可能会对用户体验造成干扰。

三、知识检索效果的优化策略

知识检索效果的优化是一个持续的过程，涉及算法优化、数据质量提升、用户界面、多语言支持和反馈机制等多个方面。

（一）算法优化

算法优化是提高检索系统性能的关键。随着技术的发展，尤其是机器学习技术的应用，检索算法的优化变得更加重要。机器学习算法能够从大量数据中学习和发现模式，自动调整参数，提高检索的准确性和召回率。例如，通过训练模型识别用户查询的意图，系统可以更准确地返回相关结果。深度学习技术，如自然语言处理和语义分析，可以帮助系统更好地理解查询的上下文和语义，从而提高检索的相关性。算法优化还包括对现有算法的微调和改进，如改进排序算法，以确保最相关的结果排在最前面。

（二）数据质量提升

数据质量是检索系统性能的基石。确保索引的数据准确、完整和实时是提升数据质量的关键。数据清洗是去除错误、重复和过时信息的过程，这对于提高检索结果的准确性至关重要。数据更新则确保系统能够反映最新的信息和变化。数据质量的提升还包括数据的标准化和规范化，这有助于减少歧义和提高检索的一致性。数据质量的提升还涉及数据采集策略的优化，如选择更可靠的数据源和采用更有效的数据采集技术。

（三）用户界面改进

用户界面是用户与检索系统交互的直接通道。设计直观易用的用户界面可以减轻用户的认知负担，提高检索效率。用户界面改进包括简化查询输入过程、提供清晰的导航和结果展示，以及优化用户交互流程。例如，自动补全功能可以帮助用户快速输入查询，而结果的高亮显示和聚类则可以帮助用户快速找到所需信息。用户界面改进还涉及对用户行为的深入理解，以便设计出更符合用户习惯和需求的界面。

（四）多语言支持

随着全球化的发展，多语言支持成为检索系统不可或缺的一部分。支持多语言检索可以扩大检索系统的覆盖范围和用户群体。多语言支持不仅包括对不同语言的查询处理，还包括对不同语言内容的索引和检索。这需要开发和优化跨语言检索技术，如机器翻译和多语言语义分析。多语言支持还涉及对不同文化和语言习惯的理解和适应，以确保检索结果的准确性和相关性。

（五）反馈机制

用户反馈可以提供关于系统性能和用户体验的直接信息，帮助开发者识别问题和改进点。反馈机制包括在线调查、用户评论、点击行为分析等。通过这些反馈，开发者可以了解用户的需求和偏好，及时调整和优化检索系统。例如，根据用户的点击行为调整结果排序，或者根据用户的反馈改进用户界面。反馈机制的建立和维护需要用户的积极参与，因此，提供方便的反馈渠道和激励措施是必要的。

通过对知识检索效果的评价与优化，高校图书馆能够更好地满足学术社区的信息需求。图书馆工作人员需要持续关注用户反馈，不断优化检索系统，以提高检索的准确性、召回率和用户满意度，从而为高校的教学和研究提供更有力的支持。

第四节　知识组织与检索的未来趋势

随着信息技术的迅猛发展和知识经济的兴起，高校图书馆作为知识传播和创新的重要阵地，其知识服务模式也面临着前所未有的变革。传统的知识组织与检索方式已难以满足用户日益复杂多变的需求，因此，高校图书馆必须紧跟知识组织与检索的未来趋势，积极探索融入人工智能、大数据等先进技术的服务模式创新。通过构建智能化、个性化的知识服务体系，高校图书馆不仅能够为用户提供更加精准、高效的知识获取途径，还能促进知识的创新与传播，进一步彰显其在学术研究与教育发展中的核心价值。

一、知识与大语言模型的集成

随着人工智能技术的飞速发展，大语言模型（LLM）在自然语言处理任务中展现出了卓越的性能。然而，这些模型也面临着过时数据和特定领域限制的问题。为了克服这些挑战，研究人员开始探索知识编辑和检索策略，以整合外部信息来增强 LLM 的性能。

（一）知识编辑与 LLM 的集成

知识编辑是一种新兴的方法，它通过引入新知识来纠正 LLM 中的不准确之处并更新过时的信息。这种方法从模型处理结构的三个角度进行：输入编辑、模型编辑和评估知识编辑。

输入编辑是最直接的方法，它通过编辑模型的输入来注入新知识，这样可以以最小的成本和资源需求实现知识更新。输入编辑包括两个方面：一是包含外部信息以增强提示；二是根据反馈编辑提示。这种方法不仅可以直观、全面地描述新知识的引入过程，而且可以保证原始模型知识的保存。

模型编辑则更为复杂，它涉及对 LLM 参数的细粒度编辑，以确保注入知识的持久性。模型编辑可以分为三类：知识插件、定位、编辑和整体编辑。这些方法通过对 LLM 参数的不同操作来实现知识更新。

评估知识编辑是在输入编辑和模型编辑之后进行的，通过仔细检查输出来评估知识整合的程度。评估基准包括语言、规模等多个方面。

（二）检索策略与 LLM 的集成

除了知识编辑，检索策略也是增强 LLM 性能的重要手段。检索增强包括检索判断、文档检索、文档利用、知识冲突和基准等方面。这些策略通过整合不同来源的外部信息来提升 LLM 的准确性和时效性。

检索判断是指在 LLM 处理过程中，当遇到不确定或需要额外信息的情况时，系统能够自动触发检索机制，以获取相关信息。

文档检索和文档利用则涉及如何从大量文档中快速准确地检索到所需信息，并将其有效利用于当前任务。

知识冲突处理是指在整合不同来源的知识时，如何解决知识间的冲突和不一致性问题。

二、细粒度知识组织技术

细粒度知识组织技术是知识管理领域的一个重要研究方向，它关注更精细的知识单元，以提供更精确的知识管理和检索服务。随着大数据和云计算技术的发展，这种技术的应用前景越来越广阔。

（一）细粒度知识组织技术的定义与重要性

细粒度知识组织技术是指对知识单元进行更细致的划分和组织，以实现对知识的更深层次理解和更精确的检索。这种技术能够处理更小的知识单元，如观点、数据、方法等，从而提高知识检索的精确度和效率。在大数据环境下，知识组织技术的研究进展表明，细粒度知识组织技术是未来研究的一个重要方向。

（二）细粒度知识组织技术的研究进展

近年来，细粒度知识组织技术的研究取得了显著进展。研究者们提出了基于文本结构的抽取方法，将科技文献划分为以五元组表示的多个知识单元，并采用基于文本集合关联规则的算法自动生成语义链接网络，最后使用软件实现网络构建与可视化。这种方法有助于实现更精准有效的检索与挖掘。

（三）细粒度知识组织技术的应用前景

在大数据和云计算技术的支持下，细粒度知识组织技术的应用前景广泛，对于高校图书馆而言，这种技术可以带来以下几方面的联系和影响。

1. 一站式知识检索服务

细粒度知识组织技术可以帮助高校图书馆提供基于多粒度的一站式知识检索服务。通过这种服务，图书馆能够降低用户信息检索成本并减弱对用户搜索能力专业性的要求。用户可以以自然语言表达检索需求，系统通过需求描述模型抽取用户需求概念，建立用户需求与知识元间的映射，聚集相关资源内容，并返还给用户不同粒度层次的知识，使用户获得所需的知识服务。

2. 知识导航服务

基于可视化展示的知识导航服务可以全方位展示检索结果，包括结果聚类和结果关联两个维度。这种服务通过文档聚类技术将检索结果分成若干子集，每个子集中的文献具有较大的相似性，而子集之间的文献具有较小的相似性。同时，对检索结果按照研究时间、研究领域、研究地域等进行关联可视化，形成以检索对象为中心的知识图谱，并得出相应的研究趋势，提高用户的满意度。

3. 知识推荐服务

细粒度知识组织技术还可以支持基于用户动态需求的知识推荐服务。这种服务依赖于用户的浏览痕迹、浏览行为，与用户数据库中其他用户的相似行为进行匹配，并给出相应的关联推荐。此外，通过语义匹配的方式，将用户具体某次的检索需求映射为本体概念，然后与知识元库中的全局集成本体进行匹配，提供个性化的知识推荐。

4. 科技创新知识洞察

细粒度知识组织技术在高校图书馆中可以应用于科技创新知识的洞察。例如，通过识别创新链条上的机构、人才、企业、成果等资源，细粒度组织成果资源，形成创新链知识元，围绕创新链形成机构、人才、企业、成果的知识图谱。这样的技术可以帮助高校图书馆洞察技术的发展趋势，分析各科研机构、科研人才对创新链的贡献度，为高校的科研活动提供支持。

三、大规模语义知识组织技术

大规模语义知识组织技术是知识管理和信息检索领域的一个重要趋势，它侧重于构建和利用大规模的语义知识库，以支持复杂的查询和分析任务。

（一）语义网技术

语义网技术是大规模语义知识组织技术的基础之一。它通过使用 XML、RDF、OWL 等标准，使得数据不仅能够被计算机读取，还能被理解其含义。RDF Schema 提供了描述 RDF 资源的属性和类的词汇表，而 OWL 则在此基础上增加了更多的描述类和属性的词汇，使其能够构建与领域相关的轻量级本体。这些技术的发展，为构建大规模的语义知识库提供了基础架构。

（二）本体技术

本体技术在大规模语义知识组织技术中扮演着核心角色。本体是共享的词汇表，用于定义特定领域内的概念、属性和关系。通过本体，可以构建与领域相关的知识结构，实现知识的自动化组织和推理。本体技术的发展，使得知识库能够更精确地描述和组织知识，提高信息检索的深度和广度。

（三）关联数据技术

关联数据技术是实现大规模语义知识组织的关键。通过将数据以 RDF 格式发布，并使用 HTTP URIs 作为唯一的标识符，关联数据技术使得不同来源的数据能够被无缝地链接和集成。这种技术的应用，极大地促进了数据的互联互通，为构建大规模的语义知识库提供了可能。

（四）自动化组织和推理技术

自动化组织和推理技术是大规模语义知识组织技术的重要组成部分。通过使用 SPARQL 等 RDF 查询语言，可以检索和操作以 RDF 格式存储的数据，实现知识的自动化组织。同时，逻辑层、验证层和信任层的技术，如 Proof 交换和数字签名，为知识库的推理和验证提供了支持。

（五）知识库的构建与利用

构建大规模语义知识库需要高效地处理动态发展、海量增长的数据集，并对其进行语义分析，实现有序化、系统化组织。这依赖于数据挖掘等技术手段，以发现知识密度低、关联多的数据集中的知识资源。此外，基于人模型的智能知识库项目，如 LangChain-Chatchat，通过加载文件、读取文本、文本向量化等过程，实现知识的自动化组织和推理，解决了数据安全保护、私域化部署的企业痛点。

四、知识组织工具的多元化和可视化

知识组织工具的多元化和可视化是近年来研究的热点，它们在网络信息资源和数字图书馆等领域的应用效果得到了显著提升。

（一）多元化的知识组织工具

知识组织工具的多元化体现在传统工具和新型工具的并存与融合。传统工具如分类法、叙词表等，一直是图情界关注的重点。近年来，研究主要集中在情报检索语言的电子化、网络化发展，及其在网络信息组织、信息检索、自动分类、自动标引等方面的广泛应用。此外，新型工具如本体、主题图、主题网关、分众分类法等也得到了广泛的研究和应用。

本体作为一种语义工具，能够提供更加丰富和精确的知识表达方式，有助于实现知识的自动化组织和推理。主题图和主题网关则通过可视化的方式展示知识结构，增强用户对抽象事物的认知。分众分类法则更加注重用户的实际需求和使用习惯，为用户提供了更加个性化的知识组织方式。

（二）知识组织工具的可视化

知识组织工具的可视化是提高用户理解和操作效率的重要手段。在网络环境下，传统知识组织系统结构无法全面、直观、动态地显示词间关系。而可视化技术，如 D3.js 类库，可以将数据驱动转换到文档，利用 HTML、CSS 和 SVG 实现可视化展示。知识组织系统可视化的常用方法包括缩进树、节点树、可缩放展示、焦点加上下文和 3D 展示等。

可视化不仅展现了概念之间的关系，还通过概念格等方法展示了概念的语义。这种多维数据的图像显示可以加深用户对数据含义的理解，增强用户对抽象事物的认知。

（三）与新技术的结合

知识组织工具的研究不仅关注基础理论、构建方法与软件技术，还与搜索引擎、数据挖掘等新技术紧密结合。搜索引擎技术则通过自然语言处理和机器学习技术，如词义嵌入、语义分析，使搜索引擎更好地理解查询的含义，提供更加精确和相关的搜索结果。数据挖掘技术则通过分析大量数据，发现潜在的模式和关系，为知识组织提供支持。

面对未来，高校图书馆需要积极拥抱变革，利用新技术提升知识组织与检索的能力。通过整合大语言模型、细粒度知识组织技术和大规模语义知识组织技术，图书馆能够提供更高效、更精准的信息服务，为高校的学术研究和教育事业做出更大的贡献。图书馆工作人员应持续关注技术发展，不断学习和适应，以确保图书馆在知识服务领域保持领先地位。

第四章 现代信息管理技术在高校图书馆的应用

第一节 高校图书馆自动化技术的发展

高校图书馆自动化技术的发展是一个随着信息技术进步而不断演进的过程。从 20 世纪 50 年代后期开始，高校图书馆自动化技术经历了从单机脱机批处理系统到联机系统和网络系统的转变。

一、高校图书馆自动化技术的起源

20 世纪 50 年代后期，计算机技术开始被应用于图书馆领域。最初，计算机在图书馆的应用主要集中在数据处理方面，如图书的采购、编目和流通等业务工作。这些早期的应用主要是为了提高图书馆工作效率，减少人工操作的烦琐性。

（一）单机脱机批处理系统

在 20 世纪 60 年代中期，计算机技术的快速发展促使众多图书馆引入了单机脱机批处理系统。这些系统使得图书馆工作人员能够将大量数据预先输入计算机，随后进行集中处理。这样的批量处理方式显著提升了图书馆业务流程的自动化水平，减少了人工操作，同时加快了数据处理速度并提高了准确性。然而，这些系统存在一定的局限性，它们只能在预定的时间段内运行，无法提供即时的数据处理和反馈，这限制了它们在实时服务中的应用。尽管如此，单机脱机批处理系统在当时仍是图书馆自动化发展的重要一步，为后续更高级自动化技术的发展奠定了基础。

（二）联机系统和网络系统的发展

随着 20 世纪 70 年代的到来，图书馆自动化技术迎来了重要的转型，开始向联机系统和网络系统迈进。这种转变显著提升了图书馆服务的实时性和互动性，极大地增强了用户体验。联机系统使得用户能够直接与计算机进行交互，实时查询信息和处理数据，这种即时性极大地提高了服务效率。同时，网络系统的发展打破了图书馆之间的信息孤岛，实现了不同图书馆计算机系统间的互联互通。这不仅促进了资源的共享，还加快了信息的流通速度，使得用户能够访问到更广泛的知识资源。图书馆之间的合作也因此变得更加紧密，共同构建了一个更加开放和协作的信息共享环境。

（三）资源共享的实现

网络系统的兴起极大地推动了图书馆资源的共享。这种共享不仅提升了图书馆的工作效率，还促进了不同图书馆之间的资源互补。通过建立图书馆联盟，实现了不同图书馆计算机系统间的互联互通，这不仅包括传统的图书和期刊资源，还涵盖了电子资源、数据库和多媒体资源等。资源共享的实现让用户能够访问到更广泛的信息资源，从而拓展了图书馆服务的覆盖面和深度。

资源共享的实现手段和途径多样，包括开放数据接口、数据标准化、数据库共享、跨机构合作、信息交流平台和开放获取政策等。这些手段和途径促进了信息的流通和交换，提高了信息的利用率，推动了信息社会的发展。开放数据接口允许不同系统之间进行数据交互，实现信息资源的开放获取；数据标准化则通过制定统一的数据标准，提高数据交换效率，降低信息交流成本；数据库共享通过建立统一的数据平台或数据库，实现信息资源的共享和利用；跨机构合作扩大了信息资源的范围，提高了信息资源的价值；信息交流平台促进了用户之间的信息分享和交流，实现信息资源的共享；开放获取政策鼓励单位和机构将信息资源免费或以低成本提供给用户。

图书馆自动化网络的功能也包括联合编目、馆际互借、采购协调、连续出版物管理、联合目录查询、规范控制、电子邮件和计算机网内的软硬件资源共享等。这些功能使得图书馆的各种业务可以全部或部分地利用图书馆自动化网络，尤其是联合编目、馆际互借与规范控制等方面。通过这些功能，图书馆能够更有效地管理和利用资源，为用户提供更便捷的服务。

二、高校图书馆自动化技术的现状

目前，高校图书馆自动化技术的现状体现在多个方面，其中最显著的是数字化和网络化的快速发展。图书馆自动化已经从单一的业务管理转变为信息资源管理，电子化和网络化成为发展的主流方向。

高校图书馆的网络化通过通信线路连接，形成了广域网，这使得图书馆之间不仅能够互连共建，还能实现资源共享。这种网络化的实现，让图书馆不再是信息孤岛，而是通过互联网与其他信息行业融为一体，实现了与其他网络间的信息资源共享、传递和利用。

高校图书馆自动化技术的应用已经普及到采编、流通、阅览等多个环节。例如，自动化管理系统的应用使得图书的采集、查重、录入数据等流程全部通过微机操作，大幅提高了效率，简化了加工程序，加快了采集、加工和传送进程，节约了时间，并减少了差错。

高校图书馆管理系统作为图书馆信息化管理的基础生态系统，不仅可以提高图书馆管理效率，还可以推动实现图书馆的高质量发展。这些系统能够实现对图书馆资源、读者行为等数据的统计分析，为图书馆管理决策提供科学依据。同时，系统还能实现自动化借还书流程、预约服务等功能，提高服务效率，优化用户体验。

最后，数字化资源管理也是图书馆自动化技术的一个重要方面。系统可以建立数字化资源平台，提供电子书、学术期刊等数字化资源，满足读者多样化需求。随着数字化技术的不断进步，图书馆管理系统将在未来发挥更加重要的作用，推动图书馆向数字化、智能化、高质量发展。

三、高校图书馆自动化技术的未来趋势

高校图书馆自动化技术的未来趋势正朝着数字化、智能化、多元化服务、融合发展、知识管理和社会责任等多个方向发展。

（一）数字化和智能化

随着数字技术的进步，高校图书馆自动化技术正越来越多地融入数字化和智能化的元素。目前，高校图书馆正通过自动化借还书系统、数字资源管理系统以及智能检索和推荐系统等技术，极大地提升了读者获取信息和服务的便利性。这些技术的应用不仅简化了借阅流程，还使得高校图书馆能够更有效地管理和利用其资源。

高校图书馆内部网络系统的搜索功能也在不断增强，变得更加智能化，以应对信息的多样性、去中心化、碎片化和海量特征。这种智能化的搜索能够更准确地理解用户需求，提供更为精准的检索结果，从而提高用户满意度。

图书馆管理系统作为图书馆信息化管理的基础生态系统，正在推动图书馆向数字化、智能化、高质量发展转型。这些系统不仅提高了图书馆的管理效率，还能够通过数据化管理、自动化服务和数字化资源管理等方式，满足读者的多样化需求。

智慧图书馆的建设也是图书馆自动化技术发展的一个重要方向。通过引入5G、人工智能、边缘计算等现代信息技术，图书馆能够为用户提供虚实结合、动态交互、沉浸体验的知识获取与交流环境。智慧图书馆通过数字化建设、智能化管理、个性化服务、互动性提升和绿色环保等方面，全面提升了图书馆的服务能力和用户体验。

（二）多元化服务

高校图书馆正在从单一的借阅服务向多元化服务转型，以适应读者日益增长和多样化的需求。除了传统的图书借阅，图书馆现在提供包括文献检索、学术咨询、学术研究支持以及社区文化活动在内的广泛服务。这些服务的扩展不仅丰富了图书馆的功能，也使其能够更灵活地响应用户需求的变化。

通过提供文献检索服务，图书馆帮助读者快速定位所需信息，提高了研究和学习的效率。学术咨询和研究支持服务则为学者和研究人员提供了专业的指导和帮助，促进了学术成果的产出。社区文化活动的举办，增强了图书馆与社区的联系，促进了文化交流和知识普及。

这种服务的多元化，使得图书馆能够为不同背景和需求的用户提供个性化和定制化的服务。例如，针对儿童的阅读推广活动、针对老年人的健康讲座、针对专业人士的职业发展研讨会等。这些服务不仅满足了用户的特定需求，也增强了图书馆作为社区中心的地位。

高校图书馆的多元化服务还体现在对数字资源的整合和提供上。通过电子书、在线期刊、数据库和多媒体资源的集成，图书馆为用户提供了一个全面的数字信息平台。这种数字化转型使得图书馆能够跨越物理空间的限制，为用户提供随时随地的信息服务。

（三）融合发展

在数字化和智能化的浪潮中，高校图书馆正积极与其他文化机构和企业建立合作，共同推进服务的数字化转型和智能化升级。这种合作不仅限于图书馆之间的资源共享，还包括与博物馆、档案馆等机构的跨界合作，共同构建数字化文化遗产资源共享平台。

通过这种合作，高校图书馆能够为公众提供更全面、深入的文化教育服务。例如，图书馆可以与博物馆合作，将图书资源与博物馆的展览相结合，提供更加丰富的文化体验。同时，图书馆也可以与档案馆合作，共同开发数字化档案资源，为研究者和公众提供便捷的档案查询服务。

高校图书馆的融合发展还体现在对新型基础设施的建设上。通过设立图书馆数字化基础设施建设的专项基金，制定实施细则和标准规范，图书馆能够加快布局数字化科技创新平台，研发知识资源组织、集成、融合和共享的核心支撑技术。这种基础设施的建设，不仅能够提升图书馆的服务能力，还能够推动形成广泛覆盖、深度融合、无缝链接的信息资源网络，为建设社会主义文化强国提供知识和智慧支撑。

高校图书馆的融合发展还强调以学生和教职工为中心，实现专业化与社会化的互构。通过技术变革下的跨界合作和融合发展，图书馆能够推动数字化和智慧化转型，让数据、信息和知识福利抵达城乡每一个角落，惠及社会每一个阶层、群体和个人。

（四）知识管理

图书馆正逐渐转变为知识管理的核心场所，利用智能化和数字化技术来整合、分类、保存和传播知识。这些技术的应用使得图书馆能够为学术研究、商业决策以及社会发展提供更加有力的支持。

　　在学术领域，图书馆通过数字化资源的整合，为研究人员提供了丰富的学术资料和研究工具，促进了知识的创新和学术交流。商业决策者也能通过图书馆提供的市场分析、行业报告等资源，获取关键的商业信息，辅助决策制定。在社会发展方面，图书馆通过保存和传播知识，促进了公民教育和终身学习，为社会进步和文化传承提供了基础。

　　智能化技术的应用，如人工智能和大数据分析，使得图书馆能够更有效地管理和利用其庞大的知识资源。通过智能分类和推荐系统，图书馆能够为用户提供更加个性化的服务，提高信息检索的效率和准确性。同时，数字化保存技术确保了知识的长期保存和可访问性，对抗了物理损耗和时间的侵蚀。

　　图书馆的知识管理角色也扩展到了开放获取和开放科学领域，通过支持研究数据的共享和再利用，推动了全球知识的自由流动和创新。这种开放性不仅加速了科学发现，也促进了跨学科合作，为解决复杂的全球性问题提供了可能。

（五）社会责任

　　图书馆作为公共文化设施，在承担社会责任方面通过组织阅读推广、知识普及和社区服务等活动，积极促进社会的和谐与进步。

　　在阅读推广方面，图书馆通过举办各类读书会、作家见面会和阅读竞赛等活动，激发公众的阅读兴趣，培养其阅读习惯。尤其是对儿童和青少年的阅读兴趣的培养，对提高整个社会的文化素养具有重要意义。图书馆还通过提供无障碍阅读设施，确保所有群体都能享受到阅读的乐趣。

　　知识普及活动也是图书馆履行社会责任的重要途径。图书馆定期举办讲座、展览和培训课程，普及科学知识，提高公众的科学素养。这些活动不仅涵盖了自然科学，还包括社会科学和人文科学，帮助公众更好地理解世界，促进了知识的民主化。

　　社区服务方面，图书馆通过提供公共空间和资源，支持社区建设和社区参与。图书馆成为社区成员交流思想、分享信息的平台，增强了社区的凝聚力。此外，图书馆还通过参与社区发展规划，为社区提供信息服务，帮助社区解决问题。

图书馆的社会责任还体现在对文化遗产的保护和传承上。通过收藏和展示地方文献、举办文化节等活动，图书馆保护了地方文化和文化多样性。这些活动不仅丰富了社区文化生活，也为后代保留了宝贵的文化遗产。

第二节　计算机技术在高校图书馆管理中的应用与创新

计算机技术在图书馆管理中的应用是现代图书馆服务中不可或缺的一部分。随着信息技术的飞速发展，计算机技术已经成为提高图书馆管理效率、优化读者服务体验的重要工具。

一、自动化图书管理系统

自动化图书管理系统（ALMS）是现代图书馆管理的核心，它极大地提高了图书馆的工作效率和服务质量。

（一）系统概述

自动化图书管理系统是现代图书馆管理的中枢，它通过集成的软件解决方案，将图书馆的各个管理环节连接起来，形成了一个完整的工作流程。这种系统通常包括采购、编目、流通、检索和报告等多个模块，每个模块都承担着特定的功能，共同构成一个高效的图书馆管理网络。ALMS 使得图书馆能够实现从图书采购到读者服务的全流程自动化，极大地提高了工作效率和服务质量，同时也为读者提供了更加便捷的服务体验。

（二）采购模块

采购模块是自动化图书管理系统中负责图书采购工作的关键部分。它从选择图书到下单购买，再到收货和验收，整个过程都可以通过系统来跟踪和管理。系统可以根据图书馆的需求和预算，自动生成采购订单，并与供应商进行电子数据交换，简化了采购流程。这不仅提高了采购的效率，还减少了人为错误，确保了图书采购的准确性和及时性。采购模块的自动化还有助于图书馆更好地控制成本，优化资源配置。

（三）编目模块

编目模块是自动化图书管理系统中提高编目工作效率的重要工具。它通过标准化的编目流程，使得图书信息的组织和存储更加规范和系统化。系统支持多种编目标准，如杜威十进分类法和美国国会图书馆分类法，确保了图书信息的一致性和可检索性。编目模块的自动化不仅减轻了图书馆员的工作负担，还提高了图书编目的速度和准确性，使得新书能够更快地上架供读者借阅。

（四）流通模块

流通模块是自动化图书管理系统中负责图书借阅和归还管理的部分。通过自动化的借阅系统，读者可以自助办理借书和还书手续，这大幅减少了图书馆员的工作量。系统还能够自动更新图书的借阅状态，计算逾期罚款，并提醒读者及时归还图书。这种自动化的流通管理不仅提高了图书馆的运营效率，还提升了读者的借阅体验，使得图书的流通更加高效和有序。

（五）检索模块

检索模块是自动化图书管理系统中与读者互动最为频繁的部分。通过联机公共检索目录，读者可以轻松检索图书信息，查看图书的馆藏位置、借阅状态等。系统支持关键词搜索、高级搜索和作者、标题等多种检索方式，提高了检索的准确性和便捷性。这种高效的检索服务使得读者能够快速找到所需资料，提高了图书馆的服务质量和读者满意度。

（六）报告模块

报告模块是自动化图书管理系统中为图书馆管理者提供数据分析和报告功能的部分。系统可以自动生成各种统计报告，如图书借阅率、读者活动、馆藏使用情况等，帮助管理者了解图书馆的运营状况，并据此做出决策。这些报告对于图书馆的资源配置、服务优化和战略规划都具有重要意义，使得图书馆的管理更加科学和精准。

（七）数据库技术

数据库技术是自动化图书管理系统的基石，它不仅存储了图书的基本信息，如书名、作者、ISBN、中图分类号等，还存储了借阅记录、读者信息等数据。通过数据库，图书馆可以快速检索和访问这些信息，为读者提供高效的服务。数据库技术的应用使得图书馆的数据管理更加集中和安全，同时也为图书馆提供了强大的数据支持，使得图书馆能够更好地服务于读者和管理者。

二、电子资源管理

随着电子书、期刊、数据库和多媒体资源的日益增多，图书馆需要采用先进的计算机技术来有效管理这些资源。

（一）数字资源管理系统的建立

为了有效管理数字资源，图书馆需要建立一套完整的数字资源管理系统。这个系统应包含数字资源的分类、索引、存储和检索等功能。通过这样的系统，图书馆能够为读者提供一个在线服务平台，使他们能够方便地查找和使用数字资源。

（二）数字资源管理政策

制定数字资源管理政策是确保管理工作顺利进行的前提。这些政策应涵盖数字资源的获取途径、存储标准和使用规定等内容。在制定政策时，需要考虑资源的大小、格式和版权等因素，以确保管理的合法性和安全性。

（三）数字资产管理系统（DAMS）

图书馆可以利用数字资产管理系统来管理电子资源。DAMS 帮助存储、组织、检索和分发各种数字内容，如图像、视频、音频和文档等。DAMS 的关键功能包括集中存储管理、版本控制、元数据管理、分类和标签系统、智能搜索、访问控制、内容分发和共享，以及工作流程的自动化。

三、网络信息服务

网络信息服务是图书馆适应数字化时代发展的重要方向，它通过互联网技术为读者提供全天候、不受地域限制的服务。

（一）在线访问电子资源

网络信息服务的核心优势之一是为读者提供在线访问电子资源的能力。这种服务使得图书馆的资源不再受限于物理空间，读者无论身处何地，只要有网络连接，就能通过图书馆网站或电子资源平台访问到丰富的电子书、期刊、数据库和多媒体资料。这种便捷性不仅提高了资源的可访问性，也使得图书馆能够服务于更广泛的用户群体，包括远程学者、研究人员和普通读者。在线访问电子资源的实现，也促进了学术研究和知识共享，使得信息获取更加民主化和普及化。

（二）远程检索服务

远程检索服务是通过联机公共检索目录（OPAC）实现。OPAC 允许读者在任何时间、任何地点通过网络访问图书馆的馆藏目录，进行图书或资料的检索。读者可以通过输入关键词、作者、ISBN 等信息，快速定位到所需的图书或资料，并查看其详细信息，包括借阅状态和馆藏位置。这种服务不仅提高了检索效率，也使得读者能够更加灵活地规划自己的借阅和研究活动，无须亲自到馆即可获取所需信息。

（三）图书预约和续借

网络信息服务还提供了图书预约和续借的在线服务，这一功能极大地方便了读者对图书的管理。通过图书馆的在线系统，读者可以轻松查看自己的借阅账户，了解当前借阅的图书和即将到期的图书。读者还可以在线预约想要借阅的图书，一旦图书可供借阅，系统会自动通知读者。对于手里的图书，读者也可以在线进行续借操作，避免了因逾期未还而产生罚款的风险。这种服务不仅提高了图书馆的服务质量，也使得读者能够更加便捷地管理自己的借阅活动，节省了时间和交通成本。

四、参考咨询服务

参考咨询服务是图书馆提供的一项核心服务，它帮助读者解决信息查询、研究支持和学习指导等问题。随着计算机技术的发展，参考咨询服务已经从传统的面对面咨询转变为更加多样化和便捷的远程服务。

（一）在线聊天服务

在线聊天服务是图书馆在数字化转型中提供的一项即时通信参考咨询服务。这种服务允许读者通过图书馆网站或专门的聊天软件与图书馆员进行实时交流，从而无须亲自到访图书馆即可获得即时的专业帮助。在线聊天服务的便捷性在于它能够快速响应读者的咨询，提供即时的解答和指导。这种服务模式特别适合那些需要即时反馈的问题，如文献查找、数据库使用等。在线聊天服务还能够为图书馆员提供与读者互动的机会，增强图书馆与读者之间的联系，提升读者的满意度。

（二）电子邮件咨询

电子邮件咨询是图书馆提供的一种远程参考咨询服务，它允许读者通过发送电子邮件的方式向图书馆员提出问题。这种服务模式适合那些需要详细回复和深入讨论的问题，如复杂的研究查询或特定的学术咨询。图书馆员在收到邮件后，会根据问题的复杂性和所需资源的时间，及时回复并提供所需的信息和建议。电子邮件咨询的优势在于它为读者提供了一个非即时的沟通渠道，使得读者可以在任何时间提出问题，并在图书馆员方便的时候得到回复，这为读者提供了更大的灵活性。

（三）社交媒体互动

图书馆通过社交媒体平台提供参考咨询服务，如 Meta、X 和 LinkedIn 等，这些平台使得图书馆能够与读者进行更广泛的互动。在这些平台上，图书馆员不仅可以发布新书信息、活动通知和阅读推荐，还可以回答问题，与读者进行实时互动。这种服务模式的优势在于它能够提高图书馆服务的可见度，吸引更多的用户参与。同时，社交媒体的即时性和互动性也使得图书馆能够更快地响应读者的需求，增强图书馆的社会影响力。

（四）虚拟助手

虚拟助手是图书馆参考咨询服务中的一种智能化工具，它们通常以聊天机器人的形式出现，能够理解用户的查询意图，并提供相应的信息和建议。虚拟助手可以集成到图书馆网站、移动应用和社交媒体平台中，为用户提供便捷的服务。这种服务模式的优势在于它能够 24 小时不间断地提供服务，无论用户何时有问题，虚拟助手都能即时响应。虚拟助手通过预设的问答库或机器学习技术，能够处理大量的常见问题，减轻图书馆员的工作负担，同时为用户提供快速、便捷的服务。

第三节　信息技术下高校图书馆服务模式的应用与创新

随着信息技术的不断进步，高校图书馆作为知识的宝库和信息的集散地，其服务模式也在经历着深刻的变革。

一、个性化推荐服务

个性化推荐服务在高校图书馆领域的应用，是信息技术特别是大数据分析和人工智能技术发展的直接成果。这种服务模式通过分析用户的借阅历史和阅读偏好，为用户提供定制化的阅读推荐，极大地提升了用户体验和图书馆资源的利用效率。

（一）个性化推荐服务的技术基础

个性化推荐服务依托于先进的大数据分析和人工智能技术，其关键在于收集用户的借阅历史和浏览记录等信息。通过这些数据，图书馆能够运用数据挖掘技术来构建读者的兴趣画像，从而深入理解每位读者的阅读偏好和行为模式。这些数据包括但不限于用户的阅读历史、对馆藏资源的浏览记录等，它们为图书馆提供了精准的用户画像，使得推荐系统能够根据用户的个性化需求提供定制化的阅读建议。

（二）个性化推荐服务的实现方式

个性化推荐服务的实现依赖于一系列技术流程，这些流程共同确保了服务的精准性和有效性。图书馆必须收集用户的阅读数据，这包括借阅记录、搜索历史和在线行为等，这些信息构成了用户画像构建的基础。通过这些数据，图书馆能够深入了解用户的阅读习惯和偏好。

高校图书馆利用这些数据构建用户画像，其中包括用户的属性、行为和兴趣等多维度标签，这有助于更准确地把握用户的需求。用户画像的构建是一个动态的过程，随着用户行为的变化而不断更新和完善。

在用户画像的基础上，图书馆应用多种推荐算法，如协同过滤、内容推荐和属性相似度等，这些算法能够综合考虑用户的历史行为和偏好，从而提供个性化的图书推荐。这些算法不仅能够处理用户与物品之间的关系，还能分析物品之间的相似性，为用户提供更广泛的阅读选择。

图书馆还利用机器学习技术进行实时监测，根据用户的实时行为和历史数据动态调整推荐策略。这种动态调整确保了推荐系统的灵活性和适应性，能够及时响应用户需求的变化，提供更加贴合用户当前兴趣的推荐。

二、电子资源的版权管理

随着数字化资源的增多，数字版权管理系统（DRM）的引入，为高校图书馆提供了保护电子资源版权的有效工具，确保服务的合法合规性。

（一）版权管理体系的建立

高校图书馆在数字化转型中必须构建一个明确的版权管理体系，以确保版权作品的合法使用和保护。这涉及版权权属的明确、授权范围的界定，以及与版权所有者之间的协议签订，明确作品类型、使用地域和方式。通过建立版权登记管理机制，图书馆能够确保版权作品的权属和授权合法无误。同时，图书馆还需开发一个综合性的版权管理平台，以提供数字出版市场所需的技术支持，促进版权作品的合理流通和使用。

（二）版权保护的监测机制

为了维护版权持有人的权益，高校图书馆必须构建一个全面的版权保护监测机制。这一机制包括为版权所有者提供侵权投诉渠道、维权支持和法律诉讼服务。通过这样的机制，图书馆能够及时响应版权侵权事件，采取有效措施保护版权。图书馆应建立一套完整的版权培训、管理和法律服务体系，旨在增强员工和用户的版权意识，确保版权法律法规得到遵守。

（三）DRM 在版权管理中的作用

数字版权管理系统在版权管理中扮演着至关重要的角色。DRM 技术的主要目的是确保数字内容仅以版权所有者授权的方式被使用和分发。DRM 系统通过两种主要方式实现这一目标：首先，它通过标记数字作品的权利管理信息来识别作品、作者、版权所有者或相关权利人，以及作品使用条款和条件等信息。其次，DRM 实施技术保护措施（TPM），这些措施有助于控制（允许或拒绝）用户对数字作品的访问和使用，包括查看、听、修改、记录、摘录、翻译、保存、转发、复制、打印等。TPM 还确保了隐私、安全和内容的完整性。

DRM 系统的设计是灵活的，可以根据不同类型的数字内容和用户需求进行定制。例如，音乐的 DRM 系统可能允许用户在有限数量的设备上播放音乐，而软件的 DRM 系统可能允许用户在单个设备上安装软件。DRM 技术用于保护广泛的数字内容，包括书籍、音乐和视频等娱乐媒体，以及敏感的业务数据、数据库订阅和软件程序。通过这些措施，DRM 帮助内容创建者和版权所有者控制他们的作品如何被使用，并防止未经授权的更改或滥用。

尽管 DRM 技术在保护版权方面存在一些挑战和争议，如对数字内容使用的限制以及黑客攻击的可能性。但 DRM 仍然是许多公司保护版权所有者权利和确保数字内容以授权方式使用的重要工具。

三、安全与隐私保护

在数字化服务日益普及的今天，高校图书馆在提供便利的同时，也必须重视用户数据的安全和隐私保护。

（一）加强数据加密和访问控制

为了确保用户数据的安全，高校图书馆必须采取强有力的加密措施和访问控制。这意味着在数据传输和存储的每个环节都应用高强度的加密技术，以防止数据泄露或被未授权访问。图书馆应实施严格的访问控制政策，确保敏感信息只能被授权人员访问。这些措施有助于防止用户信息的泄露和滥用，增强用户对图书馆服务的信任。

（二）遵守法律法规，确保合法合规

高校图书馆在管理和使用用户数据的过程中，严格遵守《中华人民共和国个人信息保护法》《中华人民共和国网络安全法》等相关法律法规至关重要。这要求图书馆在收集用户信息时，必须明确告知用户信息的使用目的、使用范围以及潜在风险，并确保获得用户的明确同意。图书馆应确保所有数据处理活动都在法

律框架内进行，以保护用户的合法权益。图书馆还需定期对员工进行法律法规培训，提高他们对用户隐私保护的认识，确保所有操作都合法合规。

（三）透明通知和用户授权

为了维护用户的信任并确保数据处理的合法性，高校图书馆在使用数字化服务前必须向用户明确说明其个人信息的收集目的、收集范围、使用方式以及潜在风险。这一透明的通知过程要求图书馆在用户同意的基础上收集和处理数据，确保用户对个人信息的使用有充分的了解和控制。通过这种方式，图书馆能够建立起用户的信任，同时遵守数据处理的法律要求。用户授权是图书馆处理个人信息的前提条件，这一机制不仅保护了用户的隐私权益，也使图书馆的服务更加负责任和透明。

（四）限制数据使用和共享

高校图书馆在处理用户个人信息时，必须遵循最小化原则，即仅收集和使用实现服务目标所需的最少量数据。这一做法旨在减少数据泄露和滥用的风险，确保个人信息的安全。图书馆应严格依据用户的明确同意以及服务的具体需求，在合法、合理、必要的范围内使用和分享用户数据。图书馆还需采取有效措施，如数据加密和访问控制，以防止数据的不当泄露和非法使用。

第四节　自动化技术在高校图书馆管理中的应用与创新

随着自动化技术的快速发展，高校图书馆作为知识和信息的集散地，正迎来一场深刻的管理变革。智慧图书馆建设正是这场变革的核心，它以创新的管理理念和先进的技术手段，推动图书馆管理向更高效、更智能的方向发展。

一、智慧图书馆管理的核心特点

智慧图书馆管理的核心特点主要体现在以下几个方面。

（一）数据驱动决策

智慧图书馆利用大数据技术深入挖掘和分析馆藏资源及读者行为数据，从而为管理层提供有力的决策依据。这种数据驱动的方法使得图书馆能够精准捕捉读者的实际需求，进而优化资源配置，提升服务效率。通过对借阅数据的分析，图书馆可以识别出哪些图书更受读者欢迎，并据此调整采购策略。同时，通过分析读者的阅读习惯，图书馆能够提供个性化的阅读推荐，增强读者的满意度和忠诚度。

（二）自动化流程管理

智慧图书馆采用自动化技术和系统，使得图书的借阅、归还以及盘点等关键流程自动化，显著提升了图书馆的工作效率。自动化设备的引入，如自助借还书机和智能书架，不仅减轻了图书馆工作人员的日常工作量，还减少了人为操作导致的错误。自动化流程的实施，使得图书馆管理更加精确和高效，确保了图书馆资源的准确流通和有效监管。自动化系统还能实时更新图书状态，为读者提供即时的图书信息，增强了图书馆服务的响应速度和可靠性。

二、智慧图书馆管理的创新实践

在智慧图书馆管理实践中，许多图书馆已经取得了显著的成效。

（一）引入 RFID 技术

在智慧图书馆管理的实践中，RFID 技术的应用已经成为提升图书馆服务效率和安全性的关键。这项技术通过无线电信号传输数据，使得图书的识别、借阅和归还过程更加自动化和高效。每本图书都配备有一个 RFID 标签，这个标签相当于图书的"身份证"，存储着图书的唯一识别码和其他相关信息。当读者借阅图书时，只需将图书放置在自助借还机的感应区，机器便能自动识别图书信息，并验证读者的借阅权限，这一流程简单快捷，极大地节省了读者的时间。

RFID 技术的应用不仅限于自助借还书，它还扩展到了图书的盘点、定位和安全管理等方面。在书架上安装 RFID 读写器，可以实现对藏书的实时定位管理，方便读者快速找到所需图书，提升了检索效率。RFID 技术还为图书馆提供了丰富的数据分析功能，通过分析 RFID 数据，图书馆可以了解读者的阅读习惯、热门图书排行榜等信息，从而更好地优化馆藏资源和服务。

在安全管理方面，RFID技术通过与图书馆出入口处的天线相连接，有效防止了图书被盗取的情况发生。当读者携带未借出的图书通过出口时，系统自动检测到未借出的图书并报警,这一措施让图书馆的管理更加严密。RFID技术的应用，不仅提高了图书防丢失的准确性和效率，也大幅减轻了管理人员的工作负担。

（二）图书馆服务平台的整合

在智慧图书馆管理的创新实践中，图书馆服务平台的整合是一个关键的发展方向。通过技术手段，将原本分散的图书馆管理系统、知识服务系统和图书馆联盟的知识搜索引擎整合为一个统一的图书馆2.0系统，这个系统不仅涵盖了传统的文献服务，还整合了数字化信息服务，如数字图书馆、虚拟参考咨询等。这样的整合使得图书馆能够提供更加全面和便捷的服务，同时也为图书馆的内部业务流程和馆藏服务策略带来了显著的改善。

整合后的图书馆服务平台，基于用户的开放平台设计，便于功能扩展，能够随时根据网络技术的发展提供新的知识服务。例如，全新的WebOPAC系统不仅包括馆藏图书的检索，还整合提供数字图书、数字期刊和其他资源，方便读者检索利用。这种整合还体现在数字图书和期刊的提供上，数据库商按照图书馆元数据要求提供数据，放在统一的检索平台，使得数据库商的平台逐渐回到后台，方便读者。

基于WebOPAC系统构建的书评和读者沙龙系统，体现了图书馆的文化功能，增强了图书馆与读者之间的互动。通过这种整合，图书馆能够更好地满足智慧图书馆时代馆员与读者的应用需求，实现资源的快速整合，提升信息传播质量，提升知识服务的精准性，更好地满足读者需求。同时，智慧图书馆的资源共享化特征，使得信息资源共建共享成为可能，无论是馆员还是读者，都可以通过移动端和PC端随时随地查阅和分享文献成果及相关数据资料。

（三）智能化图书管理

智能化图书管理是智慧图书馆管理创新实践的重要组成部分，它通过集成图书的加工、采编、借阅、归还、排架和统计等多个环节，实现了图书馆管理的自动化和高效化。这种集成化的管理系统不仅减轻了馆员的工作负担，还提高了图书馆的整体运营效率，使得图书馆能够更好地发挥其知识传播和信息服务的核心价值。

馆员工作站的设计考虑到了兼容性和扩展性，可以根据图书馆的具体需求，灵活加载和运行各种应用程序，如借书、还书和标签加工等。这种灵活性使得图书馆能够快速适应新的服务需求和技术变革，保持服务的现代化和竞争力。

流通数据可视化系统的应用，使得图书馆管理者能够直观地了解图书馆的运营状况。系统自动提取并分析图书馆的各项数据，如借阅量、图书流通率、读者满意度等，并通过电子屏幕直观展示。这种数据的可视化不仅帮助管理者实时监控图书馆的运营效率，还为图书馆的长期规划和战略决策提供了有力的数据支持。

第五章　高校图书馆知识服务模式的构建

第一节　知识服务的概念与特点

一、知识服务的概念

知识服务是知识管理领域随着信息技术进步和知识经济兴起而发展起来的一个概念。它覆盖了从获取、存储到处理、传递以及应用知识的全过程，核心目标是满足用户需求，帮助他们解决问题或创造新的价值。在这一过程中，知识既包括可以明确表达的显性知识，如文档和数据库中的数据，也包括难以言传的隐性知识，比如个人经验、技能和直觉。知识服务不仅仅是提供知识产品，更强调以用户为中心，提供咨询、培训和解决方案等增值服务。其最终目的是让用户能够更高效地获取和理解知识，并将其应用于实际，以此提升决策的准确性、增强创新力和竞争力。

二、知识服务的特点

知识服务以其独特的特点在信息服务领域中占据着重要的位置。这些特点不仅定义了知识服务的本质，也指导着其发展方向和实践应用。

（一）用户导向

用户导向是知识服务的一个核心特点。在这一理念下，服务的提供不再是单向的信息推送，而是转变为以用户需求为核心的定制化服务。这意味着知识服务提供者必须深入理解用户的具体需求，包括他们的目标、挑战和偏好，然后根据这些需求来设计和提供服务。这种以用户为中心的方法使得知识服务更加贴合用户的实际应用场景，提高了服务的实用性和有效性。

（二）专业化

知识服务提供者通常拥有深厚的专业知识和技能，这使得他们能够对知识进行深度加工和有效传递。这种专业化的能力不仅涉及对信息的收集和整理，还包括对信息的分析、解释和应用。通过专业化的处理，知识服务能够提供更深入的见解和解决方案，帮助用户解决复杂的问题。

（三）互动性

在服务提供的过程中，服务提供者与用户之间需要进行频繁的互动，以确保服务的准确性和有效性。这种互动可以是多种形式的，包括咨询、反馈、讨论等，它们有助于服务提供者更好地理解用户的需求，同时也让用户能够参与服务的设计和改进中来。通过这种互动，知识服务能够实现动态调整，更好地满足用户的需求。

（四）动态更新

在信息爆炸和知识更新速度日益加快的今天，知识服务必须能够不断地更新和完善，以保持其相关性和有效性。这要求服务提供者持续跟踪最新的发展动态，及时更新知识库，并且能够快速响应用户的新需求。动态更新不仅涉及内容的更新，还包括服务方式和工具的创新。

（五）技术驱动

随着大数据分析、人工智能、云计算等先进技术的发展，知识服务的效率和质量得到了显著提升。这些技术使得知识服务能够处理和分析大量的数据，提供更精准的推荐和预测，同时也能够提供更加个性化和智能化的服务。技术的应用不仅提高了服务的效率，也扩展了服务的可能性，使得知识服务能够更好地满足用户的复杂需求。

第二节　大数据环境下的高校图书馆知识服务模式设计

大数据环境下的知识服务模式设计，是指在大数据技术的支持下，通过整合、分析和挖掘数据资源，为用户提供知识获取、知识管理和知识创新的服务模式。这种模式的核心在于数据的深度利用和智能化服务，旨在提高知识服务的效率和质量。

一、大数据环境下知识服务的特点

（一）海量数据的整合

在大数据时代，知识服务的核心挑战之一是整合来自不同渠道和格式的庞大数据量。这些数据不仅包括传统的结构化数据，如数据库中的信息，还涵盖了非结构化数据，例如社交媒体帖子、图像、视频等。数据的来源广泛，可能来自互联网、传感器、企业系统等多个方面。知识服务必须能够处理这种多样性和复杂性的数据，以确保能够从这些数据中提取出有价值的知识和信息。这种整合能力对于提供全面、准确的知识服务至关重要，它要求系统具备高效的数据处理和分析能力，以应对数据的实时流动和不断增长的数据量。

（二）实时性

在大数据环境下，知识服务的实时性意味着服务必须能够迅速捕捉并处理用户的需求，以提供即时的知识支持。随着数据的持续生成和更新，知识服务系统需要具备快速响应的能力，确保用户能够获得最新的信息和见解。这种实时性对于需要快速决策的领域尤为重要，比如金融市场分析、即时新闻报道或紧急情况下的危机管理。知识服务的实时性不仅提高了信息的时效性，还增强了用户的互动体验，使得用户能够在第一时间内获得所需的知识，从而做出更加明智的决策。实时监控和预警机制也是知识服务实时性的重要组成部分，它们能够及时发现并响应潜在的风险和问题，为用户带来更大的价值。

（三）智能化分析

在大数据环境中，智能化分析成为知识服务的关键组成部分。通过应用先进的机器学习和人工智能技术，知识服务能够深入挖掘数据，揭示隐藏的模式、趋势和关联，从而释放数据的潜在价值。这些技术使得系统能够从海量复杂的数据中自动识别和提取关键信息，提供更深层次的洞察。智能化分析不仅限于简单的数据处理，还包括预测分析、自然语言处理和模式识别等复杂任务，这些任务能够提升知识服务的智能水平，使其能够为用户提供更加精准和个性化的解决方案。智能化分析还能够帮助知识服务系统自我学习和优化，随着时间的推移，系统能够变得更加智能，提供更加高效的服务。这种分析能力是知识服务在大数据时代保持竞争力和相关性的核心。

二、知识服务模式设计的关键要素

（一）数据采集与管理

在知识服务模式设计中，数据采集与管理是基础且关键的环节。这一过程涉及将分散在不同来源的数据汇集起来，这些数据既包括规范的表格形式的结构化数据，也包括如文本、图片和视频等形式的非结构化数据。数据的整合是构建全面知识库的前提，它要求系统能够适应和处理各种格式和类型的数据。

紧接着，对采集到的原始数据进行清洗和预处理变得至关重要。这一步骤旨在净化数据，消除其中的冗余、错误和不一致性的数据，从而提升数据的准确性和可用性。通过数据清洗，可以减少后续分析中的错误和偏差，确保数据的质量。

考虑到大数据环境下数据量的庞大，采用分布式存储系统如 Hadoop 进行数据存储与管理变得必不可少。这种存储方式不仅能够应对数据量的快速增长，还能提高数据处理的效率和可靠性。

（二）知识挖掘与分析

知识挖掘与分析是知识服务模式设计中的核心环节，它涉及从大量数据中提取有价值的信息和知识。这一过程首先依赖于文本挖掘技术，通过自然语言处理技术，系统能够理解和分析文本内容，从中提取关键信息。这不仅包括关键词的识别，还涉及语义理解和情感分析，以便更深入地挖掘文本的内涵。

其次，数据挖掘算法的运用是发现数据中潜在模式和关联的关键。通过聚类分析，可以将相似的数据点分组；分类算法帮助预测数据的类别；而关联规则挖掘则揭示了不同数据项之间的关系。这些算法的应用使得从复杂数据中发现有价值的洞察成为可能。

最后，知识图谱的构建是将分散的知识元素连接起来，形成一个互联的知识网络。这种图谱不仅有助于组织和检索知识，还能促进新知识的发现和创新。知识图谱通过可视化的方式展示知识之间的关系，使得用户和系统都能更直观地理解和利用知识。

（三）知识服务与交付

知识服务与交付环节是知识服务模式设计中直接面向用户的部分，它涉及如何将挖掘和分析得到的知识以用户友好的方式呈现。个性化推荐系统是这一环节的重要组成部分，它通过分析用户的历史行为和偏好，为用户提供定制化的知识推荐。这种推荐不仅提高了信息的相关性，也增强了用户的满意度和参与度。

智能问答系统则利用自然语言理解和机器学习技术，为用户提供即时的问答服务。这种服务能够理解用户的查询意图，并提供准确的答案，使得用户能够快速获得所需的知识，提升了服务的互动性和效率。

知识推送服务通过主动向用户推送他们可能感兴趣的内容，进一步增强了服务的主动性和个性化。这种推送服务不仅基于用户的历史行为，还可能考虑当前的热点事件和趋势，确保推送内容的时效性和吸引力。

综合这些服务，知识服务与交付环节旨在通过智能化和个性化的方式，为用户提供便捷、高效和有价值的知识获取体验。

（四）用户交互与反馈

用户交互与反馈是知识服务模式设计中至关重要的组成部分，它们直接影响用户的满意度和服务质量。用户界面设计是提升用户体验的关键。一个直观且易于操作的用户界面能够让用户快速理解如何使用服务，减少操作的复杂性，从而提高用户的整体满意度。界面设计不仅要考虑美观，还要注重功能性和易用性，确保用户能够轻松地访问和检索知识。

用户行为分析涉及对用户如何与服务互动的数据进行收集和分析。通过分析这些数据，可以发现用户的需求模式，优化服务以更好地满足这些需求。这种分析有助于识别服务中的弱点和优势，为服务的持续改进提供依据。

建立有效的用户反馈机制，允许用户直接向服务提供者表达他们的意见和建议。通过收集和分析这些反馈，服务提供者可以识别问题，及时做出调整，从而不断提升服务质量。一个良好的反馈机制不仅能够增强用户的参与感，还能够促进服务的持续改进和创新。

三、知识服务模式的实施步骤

（一）需求分析

实施知识服务模式的首要步骤是进行深入的需求分析，这一过程对于确保服务能够满足目标用户群体的具体需求至关重要。需求分析涉及对用户期望的知识类型进行细致的考察，这可能包括专业领域的信息、行业动态、学术研究或市场数据等。同时，还需了解用户期望的服务形式，比如是通过在线平台、移动应用还是传统的面对面咨询。

用户偏好的分析也是需求分析的一部分，它涉及用户对信息呈现方式、交互设计和个性化服务的偏好。通过问卷调查、用户访谈、市场研究等方法，可以收集到这些关键信息。了解用户的偏好有助于设计更符合用户期望的服务，提升用户满意度和忠诚度。

（二）技术选型

在知识服务模式的实施过程中，技术选型决定了数据处理和分析的效率与效果。选择合适的大数据技术需要综合考虑业务需求、现有技术栈和团队技能水平。

数据采集技术是基础，常用的工具包括 Apache Kafka 和 Apache Flume，它们能够高效率地从各种数据源中采集数据并传输到 Hadoop HDFS 或 Kafka。对于需要实时数据采集和传输的场景，Kafka 尤其适合。

数据处理技术的选择也很关键。流处理技术（如 Apache Flink 和 Apache Spark Streaming）能够实时捕获和处理数据流，支持复杂的数据转换和分析操作。Flink 以其高性能、低延迟和易于扩展等优点，适合处理大规模实时数据流。

数据存储技术方面，分布式存储架构（如 Hadoop 和 Spark）能够支持大规模数据的存储和处理，并提供高并发访问能力。Hadoop HDFS 以其高度的可扩展性和容错性，适用于存储大规模数据集；而 Spark 则提供了高效的内存计算能力和丰富的数据处理功能。

数据仓库工具（如 Hive 和 Presto），以及实时数据分析的分布式数据存储（如 Druid），都是数据分析中的重要工具。ElasticSearch 作为分布式搜索引擎，适合全文搜索和实时数据分析。

最后，数据可视化技术（如 Tableau、Power BI 和 Grafana 等），能够帮助业务人员将数据转化为直观的图表和报表，便于决策。

（三）系统开发

在知识服务模式的实施过程中，系统开发是构建整个服务体系的技术核心。这一阶段涉及构建一个完整的系统，它能够覆盖从数据采集到用户交互的全流程。系统开发首先需要设计一个强大的数据采集模块，这个模块负责从多个数据源收集数据。

接着，数据处理和分析模块的开发是关键，它们需要能够对收集到的原始数据进行清洗、转换和分析，以提取出有价值的信息和知识。这通常涉及使用大数据技术（如 Hadoop 和 Spark）来处理和分析大规模数据集。

用户交互模块的开发同样重要，它直接影响用户的体验。这个模块需要提供直观的用户界面，让用户能够轻松地检索信息、提交查询和接收反馈。同时，它还应该包括个性化推荐和智能问答功能，以提供更加个性化的服务。

整个系统开发过程中，需要不断进行测试和优化，确保系统的稳定性和可靠性。开发团队需要密切合作，确保各个模块能够无缝集成，共同提供一个高效、可靠的知识服务系统。

（四）测试与优化

在知识服务系统的开发过程中，测试与优化是确保系统质量和性能的关键步骤。这一阶段的目标是识别并修复系统中的缺陷，同时根据测试结果对系统进行调优，以提高其效率和稳定性。

测试工作从单元测试开始，每个模块和功能都需要经过严格的测试，以确保它们能够独立正常工作。接着是集成测试，检查各个模块之间的交互是否顺畅，系统作为一个整体是否能够正常运行。性能测试也是必不可少的，它评估系统在高负载下的表现，确保能够处理大规模数据和高并发请求。

在测试过程中，需要收集详细的日志和性能指标，这些数据对于诊断问题和指导优化至关重要。一旦发现问题，开发团队需要迅速响应，修复缺陷，并重新进行测试以验证修复效果。

优化工作是持续的，它涉及对系统架构、代码和配置的调整。通过优化，可以减少系统的响应时间，提高数据处理速度，降低资源消耗。还需要关注用户体验的优化，确保用户界面直观易用，用户交互流畅自然。

（五）上线与运营

系统上线标志着知识服务模式实施的一个重要里程碑，但这只是开始，随后的持续运营和维护才是确保服务长期成功的关键。在系统投入运行后，运营团队需要密切关注系统的性能，确保其稳定可靠地为用户提供服务。这包括监控系统的日常运行，及时响应和解决可能出现的技术问题。

同时，收集和分析用户反馈是运营过程中的重要环节。用户的使用体验、满意度以及他们对服务的具体建议都是宝贵的信息源。基于这些反馈，运营团队可以识别服务中的优点和不足，进而制定相应的改进措施。

迭代更新是保持服务竞争力的必要手段。随着技术的发展和用户需求的变化，知识服务系统需要不断地进行功能升级和优化。这可能涉及引入新的数据处理技术、改进用户界面、增加新的服务功能等。通过定期的迭代更新，可以确保服务始终处于行业前沿，满足用户日益增长的需求。

第三节　高校图书馆知识服务模式的实施与评估

在信息时代背景下，高校图书馆作为知识传播和学术研究的重要场所，其服务模式的创新与实施对提升服务质量和满足用户需求具有重要意义。

一、高校图书馆知识服务模式的实施

（一）服务模式演进趋势

随着新世纪的到来，我国图书馆服务模式的研究显示出了明显的连续性和阶段性特征，内容体系和技术方法也在不断丰富和完善。图书馆服务模式的形成，是图书馆在服务用户过程中积累的经验总结，它映射了图书馆与时代发展、技术进步以及社会主体互动的综合成果。高校图书馆需要紧跟这一趋势，不断更新服务模式，以适应技术和时代的发展需求。

图书馆服务模式的演进，不仅体现在内容体系的充实和完善上，还体现在技术方法的创新上。例如，通过运用大数据、人工智能、5G、VR等现代技术，结合学校线下和MOOC的知识图谱，整合图书馆的文本、图片、音视频等多模态资源，为读者提供全流程的精准性、个性化、多模态和以人为本的沉浸式学习支持服务。这种服务模式的转变，从传统的"收藏"转变为"立体化资源创新"，利用三维数字化技术对重要文献进行处理，打造互动性强的数字化文献资源，为特殊课程的学习提供丰富的多模态资源和学习场景。

服务模式的演进还体现在从"单一"到"多模态知识精准理解"的转变。通过应用机器学习、AI大模型等技术，结合课程知识图谱，精准推荐相关的多模态资源，帮助读者从不同角度深入理解课程知识点，增强对课程内容的掌握。同时，服务模式也从"普适学习"转变为"以人为本的个性化学习"，应用AI大模型技术，根据读者的需求、兴趣、学习水平等，为其量身定制个性化学习路径，并以多模态资源支持读者在个性化学习路径上的自主学习。

最后，服务模式的演进还包括从"阅读"到"沉浸式学习体验"的转变。应用 5G、VR、视频特效等技术，结合读者的课程内容，打造沉浸式虚拟学习环境，打破传统的单一阅读模式，将画面、音乐、人物融入其中，让读者在沉浸式的环境中体验学习。

（二）智慧图书馆资源服务模式

智慧图书馆的服务模式以新资源格局为基础，通过物联网、云计算、大数据和移动互联等技术的应用，构建了一个全面感知、互联互通、智能应用的服务体系。这种模式旨在实现资源、技术和读者之间的双向多元信息传递，全面提升图书馆的资源建设、业务管理和为读者服务能力。

在这一模式下，高校图书馆通过线上线下相结合的方式，实现资源的广泛开放和深入利用。线上，图书馆通过数字图书馆、数字门户、移动图书馆和云图书馆等平台，使资源可以被广泛访问。这些平台不仅提供了传统的文献检索服务，还通过智能化的推荐系统，为读者提供个性化的阅读建议和学习资源。

线下，图书馆将资源与技术相结合，开展数字展厅、创客空间和教育讲座等活动，构建了公共服务体验空间，以满足读者的多重信息需求。这些活动不仅增强了图书馆的互动性和体验性，也促进了读者之间的交流和协作，使图书馆成为知识共享和创新的中心。

智慧图书馆的服务模式还强调了资源共享化，通过信息资源共建共享平台，使馆员和读者都能成为资源的提供者和受益者。这种模式支持读者随时随地通过移动端和 PC 端查阅和分享文献成果及相关数据资料，享有信息资源输出和输入的权利。

智慧图书馆的服务模式还包括馆藏集成化，多个图书馆可以通过信息资源共享实现跨系统馆藏集成，这不仅提高了资源的利用效率，也为读者提供了更广泛的文献资源。

（三）价值共创视角下的知识服务模式

在价值共创理念的指导下，高校图书馆的知识服务模式涵盖了参与者、服务内容、服务场景和服务工具等多个维度。这种模式突出了用户参与的重要性，通过各方在互动中共同创造价值，推动高校图书馆服务模式的构建和发展。

在这种模式下，图书馆不再是单向的知识传递者，而是变成了一个多方参与、共同创造的平台。用户、图书馆工作人员、学者和其他利益相关者都成为服务价值创造的主体。他们通过交流和合作，共同开发和利用图书馆资源，实现知识的增值和创新。

高校图书馆需要积极吸引和鼓励用户参与服务价值的创造。这不仅包括提供丰富的资源和工具，还包括创造一个支持用户参与的环境。例如，通过举办工作坊、研讨会和创新竞赛等活动，图书馆可以激发用户的创造力和参与热情，同时收集用户的反馈和建议，不断优化服务内容和方式。

高校图书馆还应引导用户参与服务内容的制定和评估，使服务更加贴合用户需求。通过建立用户反馈机制，图书馆可以及时了解用户的满意度和改进意见，从而调整服务策略，提高服务质量。

在服务场景的构建上，高校图书馆应充分利用数字技术和物理空间，为用户提供多样化的学习、研究和交流环境。这包括线上的虚拟学习社区、数字资源平台，以及线下的研讨室、阅览室和创客空间等。

服务手段的创新也是价值共创模式中的重要一环。高校图书馆可以运用最新的信息技术，如人工智能、大数据分析等，为用户提供个性化的推荐服务、智能检索和数据分析工具，提高服务的效率和质量。

二、高校图书馆知识服务模式的评估

（一）服务质量评价研究

高校图书馆创客空间的服务质量评价研究采用了 SERVQUAL 模型，该模型通过问卷调查和访谈的方法，从有形性、可靠性、响应性、保证性和同情心五个维度对服务质量进行评估。研究发现，在这些服务维度中，用户期望与实际感知之间存在差距，尤其是有形性和可靠性两个方面的差距最为显著。

为了缩小这些差距，高校图书馆需要通过平衡多源资金和空间定位，优化资源配置和空间布局，以提升服务的有形性；创新互动形式，突出空间价值，增强用户的参与感和满意度；构建内外部协作服务团队，确保图书馆员的专业能力培训，以提高服务的可靠性和响应性。

同时，加强用户需求和反馈调查，提高服务洞察力，这对于理解用户的真实需求和提升服务质量至关重要。通过这些措施，高校图书馆能够更好地满足用户的期望，提升创客空间的服务质量，进而促进图书馆服务的可持续和创新发展。

（二）价值评估与创新阶段

在价值共创理念下，高校图书馆知识服务模式的实施过程被划分为三个阶段：准备阶段、价值行动实施阶段以及价值评估与创新阶段。在最后一个阶段，即价值评估与创新阶段，图书馆的核心任务是对现有的服务模式进行全面的评估，以识别服务中的优势和存在的不足。

这一评估过程不仅涉及服务质量的量化分析，还包括对用户反馈的定性研究。通过这种综合评估，图书馆能够深入了解服务模式的实际效果，以及用户对服务的真实感受。评估结果将揭示服务模式中哪些方面表现良好，哪些方面需要改进。

基于这些评估结果，图书馆可以制定针对性的创新和改进措施。例如，如果评估显示用户对某些服务的可达性和便捷性不满意，图书馆可以探索新的技术解决方案，如移动应用或自助服务系统，以提高服务的可访问性。如果用户反馈表明对特定资源的需求未得到满足，图书馆可以调整资源采购策略，引入更多相关资源。

价值评估与创新阶段还鼓励图书馆探索新的服务模式和合作机会。这可能包括与学术部门、研究机构或其他图书馆的合作，以共享资源，从而提升服务的质量和深度。

第四节　高校图书馆知识服务模式的持续改进

高校图书馆知识服务模式的持续改进，作为模式构建闭环中的关键环节，其驱动力直接源于"实施与评估"环节所揭示的现实需求、效能短板与发展机遇。面对评估结果所指向的服务深化、效率提升、体验优化等目标，智慧图书馆理念及其相关技术应用（如数字化资源与个性化服务、智能化技术、虚拟化空间与社交互动、环保实践等）不再仅仅是可选工具，而是实现服务模式迭代升级、效能跃升的核心途径与战略支撑。这些技术的深度融入，为知识服务提供了前所未有的灵活性、精准度、覆盖面和可持续性，是模式内涵深化、边界拓展、韧性增强的关键赋能者。然而，技术的有效落地及其潜能的充分释放，高度依赖与之匹配的组织架构、业务流程等。单纯的技术堆砌难以确保服务的持续优化，必须通过系统性的业务流程优化，将先进技术无缝内嵌于知识服务的核心运行逻辑之中，从而确保技术红利真正转化为用户可感知、可持续的服务价值提升，并推动知识服务模式进入动态演进、自我完善的良性循环。

一、智慧图书馆与技术应用

（一）数字化资源与个性化服务

智慧图书馆以其丰富的数字化资源而著称，实现了图书馆服务的数字化转型。这使得图书馆能够提供广泛的电子书、学术期刊等在线资源，方便用户随时随地进行搜索和阅读。智慧图书馆的服务不仅限于提供资源，还通过个性化推荐系统，根据用户的阅读偏好和需求，提供定制化的信息服务，从而显著提升了信息检索的效率和准确性。

（二）智能化技术的应用

智慧图书馆的智能化技术应用正在重塑图书馆的服务和管理。借助人工智能和大数据分析，图书馆能够提供更加高效和精准的服务。例如，智能问答系统通过自然语言处理技术，能够理解用户的查询意图，并迅速提供准确的答案，极大地提升了用户的查询体验。这种技术的应用不仅加快了信息检索的速度，还使得服务更加贴合用户的个性化需求。

智慧图书馆通过分析用户行为和偏好，能够预测用户可能感兴趣的资源，从而实现个性化的内容推荐。这种智能化的推荐系统，使得用户能够更快地发现对自己有价值的信息，同时也提高了图书馆资源的利用率。智能化技术的应用，使得图书馆服务更加灵活和响应迅速，满足了现代用户对于便捷性和个性化的双重需求。

（三）虚拟化空间与社交化互动

智慧图书馆通过构建虚拟化空间，拓宽了服务的边界，使得用户不受地理位置的限制，能够通过现代通信技术远程访问图书馆资源。用户可以轻松地通过图书馆网站进行在线借阅和咨询，享受到便捷的数字化服务。这种虚拟化服务模式不仅提高了图书馆的可访问性，也为用户节省了时间和交通成本。

同时，智慧图书馆也重视社交化互动的构建，鼓励用户之间的交流和知识共享。通过在线论坛、社交媒体平台和协作工具，图书馆促进了用户间的互动，使得知识传播更加开放和协作。这种以用户需求为中心的社交化互动，不仅增强了用户的参与感和归属感，也为图书馆创造了一个充满活力的学术社区。

智慧图书馆的这种社交化服务模式，使得图书馆不再只是一个静态的资源库，而是一个动态的知识交流平台。用户在这里不仅可以获取信息，还可以分享见解、讨论问题，从而实现知识的共创和增值。

（四）环保与可持续发展

智慧图书馆在环保与可持续发展方面的实践，体现了图书馆行业对节约资源和保护环境的重视。这些图书馆采用绿色建筑设计和节能技术，优先选择环保材料和节能设备，以降低能源消耗和减少环境污染。

1. 绿色建筑设计

天津中医药大学新校区图书馆的建设就是一个绿色建筑设计的典型例子。该图书馆在项目选址、设计策略、技术措施等方面融入了绿色建筑设计内容，如使用高质量清水页岩陶土砖作为外立面主要材料，并采用夹心保温墙体构造形式，既保证了材料的经济性，又避免了严寒地区湿贴面砖的弊病。

2. 节能技术

高校图书馆在节能技术方面，如郑州图书馆在新馆建设过程中采用了真空玻璃和综合能耗管理系统两种新型节能技术；成都大学新图书馆的设计中，通过CFD气流模拟及自然采光分析，利用天窗及边庭开口获得自然采光与良好通风，降低使用能耗。

3. 数字化资源

高校图书馆积极推广电子书和数字化资源，减少纸质资源的浪费，降低运营成本和管理难度。剑桥大学图书馆支持数字资源的可持续访问，维护数据安全和完整，促进数字资源的整合和创新使用。

4. 自然采光与通风设计

在图书馆设计中，充分利用自然采光和通风，如成都大学新图书馆的"斗"状中庭设计，最大限度地利用自然光线，同时通过参数化的板块与釉点设计有利于遮阳并抑制眩光，达到室内光线漫射的柔和效果。

（五）ChatLib 项目：AI 赋能的智能交互知识服务平台

ChatLib 项目在高校图书馆中可以极大地提升图书馆的服务质量和效率。通过智能对话层，图书馆能够与用户进行更自然的语言交互，提供更便捷的查询服务，使得学生和教职工能够快速获得所需信息。知识服务层的向量化组织技术，使得图书馆能够更高效地管理和检索大量文献资料，实现语义搜索，帮助用户发现相关内容。知识引擎层的高维度向量存储和搜索功能，可以为用户提供更加精准的推荐服务，增强个性化体验。

在技术层面，ChatLib 项目的技术栈与高校图书馆的数字化转型需求相契合。前端技术使得图书馆网站和移动应用对用户更加友好，而后端技术则保证了服务的稳定性和可扩展性。通过集成先进的自然语言处理模型，ChatLib 项目可以帮助图书馆实现智能化的问答系统，提升用户满意度。

ChatLib 项目的知识组织组件能够辅助图书馆工作人员进行文献的分类和标引，减轻工作负担，提高工作效率。数据库和向量库的结合使用，不仅优化了数据存储，还增强了搜索功能，使得图书馆能够更好地服务于学术研究和教学活动。

二、业务流程优化

高校图书馆在提供数字学术服务的过程中，业务流程的优化是提升服务质量和用户体验的关键。

（一）架构顶层设计

高校图书馆在推进数字学术服务的过程中，必须重视顶层架构的设计工作，以确保服务的全面性和一致性。这意味着图书馆需要整合现有的数字资源和基础设施，通过集成和优化，构建一个能够提供全方位、多途径、24 小时不间断服务的数字学术平台。这样的平台能够实现资源的集中管理和服务的高效协调，提升图书馆的数字化服务能力。

在顶层设计中，图书馆应考虑如何将数字资源、用户服务、技术支持等要素有机结合，形成一个统一的、易于管理的中央化平台。这个平台不仅要能够支持传统的图书借阅服务，还要能够提供电子资源访问、在线学术咨询、远程学习支持等多元化服务。通过这样的设计，图书馆能够更好地满足现代学者和学生的需求，提高服务的响应速度和用户满意度。

顶层设计还应考虑到未来技术发展的趋势，确保平台的可扩展性和灵活性，以便能够快速适应新的技术变革和服务需求。

（二）设计服务框架

在设计高校图书馆的服务框架时，核心目标是满足用户需求并优化业务流程。这一框架应包含资源建设、公共服务、学科服务、数据分析和系统管理等多个模块，每个模块都应具备灵活性和可扩展性，以适应不同的服务需求。

服务框架的设计应以用户为中心，强调用户驱动的服务理念。这意味着资源的揭示和推荐系统需要根据用户的偏好和行为数据进行个性化定制，以提高资源的可见性和利用率。通过分析用户的搜索历史、借阅记录和阅读习惯，图书馆可以更精准地预测用户需求，从而提供更加贴心的服务。

服务框架还应包含强大的统计分析工具，以支持图书馆对服务效果进行评估和优化。通过收集和分析用户反馈、服务使用情况和资源访问数据，图书馆可以识别服务中的瓶颈和不足，及时调整服务策略，提升服务质量。

在系统管理方面，服务框架应支持图书馆对数字资源进行有效管理，包括资源的采购、编目、存储和维护。通过集成的管理系统，图书馆可以简化工作流程，提高工作效率，同时确保资源的安全性和可持续性。

（三）融入服务流程

为了确保高校图书馆服务的高效运行，将经过优化的业务流程整合到日常操作中是至关重要的。这涉及利用数据中台技术，对图书馆的各类数据进行综合管理和分析，包括资源数据、业务数据、服务数据和用户行为数据。通过数据中台，可以实现数据的整合、处理、可视化和提供服务，从而收集和转换数字学术服务所需的数据。

这种整合不仅提高了数据处理的效率，还促进了科研项目与图书馆管理之间的数据流通，实现了全域数据流的打通。通过这种方式，图书馆能够更好地理解用户需求，优化资源配置，提升服务质量。数据中台的应用使得图书馆能够快速响应外部变化，灵活调整服务策略，以满足用户不断变化的需求。

数据中台还支持图书馆对服务效果进行实时监控和评估，及时发现并解决服务中的问题。通过数据分析，图书馆能够识别服务中的瓶颈，优化业务流程，提高服务效率。这种以数据为驱动的服务流程优化，使得图书馆能够提供更加个性化和精准的服务，增强用户的满意度和忠诚度。

（四）完善运营评估机制

为了确保高校图书馆服务质量的持续提升，建立和完善运营评估机制是至关重要的。这一机制需要全面监控和评估服务流程，从而确保服务的不断改进。PPMS方法提供了一个多维度的评估框架，它从资金、人力、用户、社会和创新五个维度对数字学术服务的业务流程进行深入分析和评估。

资金维度关注图书馆的财务状况和资源配置效率，评估图书馆是否能够合理使用资金，以及资金投入是否能够带来预期的服务效果。人力维度则着眼于图书馆员工的工作效率和专业能力，以及人力资源管理的有效性。用户维度通过收集和分析用户反馈，评估服务的用户体验和满意度，确保服务能够满足用户需求。社会维度考量图书馆服务对社会的影响力和贡献，包括图书馆在促进学术交流、文化传播等方面的作用。最后，创新维度评估图书馆在服务模式、技术应用等方面的创新能力，以及图书馆对新兴技术和趋势的适应性。

通过这种全方位的评估，图书馆能够识别服务流程中的薄弱环节，及时调整和优化服务策略。例如，通过资金维度的评估，图书馆可能发现需要增加对某些关键服务的投入；而用户维度的评估可能揭示用户对某些服务的特殊需求，从而促使图书馆提供更加个性化的服务。社会维度的评估有助于图书馆更好地理解其在社会中的角色，而创新维度的评估则推动图书馆不断探索新的服务模式和技术应用。

三、资源体系完善与交流平台搭建

高校图书馆作为学术资源的重要聚集地，其资源体系的完善与交流平台的搭建对于促进学术发展、提高教育质量具有重要意义。

（一）资源体系的完善

高校图书馆的资源体系完善是提升服务能力的基础。图书馆需要对现有的馆藏资源进行全面的梳理和评估，识别出专业性强、价值高的知识资源，并对其进行数字化处理，以便于更广泛的共享和利用。数字化不仅包括文本资源，还应包括图像、音频、视频等多媒体资源，以满足不同用户的需求。

图书馆应通过技术手段对资源进行有效的标引和筛选，建立统一的资源标识体系，减少资源的交叉重复，提高资源的检索效率。这可以通过引入智能分类算法、自然语言处理技术等实现，使得资源的组织更加科学、合理。

图书馆还应加强与出版社、学术机构等的合作，引进更多的电子资源，丰富图书馆的数字资源库。同时，图书馆也应积极参与开放获取运动中，推动学术资源的开放共享，促进知识的自由流通。

（二）交流平台的搭建

高校图书馆之间的交流与合作对于打破信息孤岛、实现资源的互联共通至关重要。图书馆应建立跨馆的交流平台，通过这个平台，不同图书馆之间可以共享资源、交流经验、合作开展项目。这种平台可以是基于互联网的在线平台，也可以是定期的线下会议或研讨会。交流平台的搭建需要注意以下几个方面。

1. 平台应提供资源目录，方便用户查询和访问不同图书馆的资源。

2. 平台应设有论坛或讨论区，方便图书馆员和用户之间的交流。

3. 平台应支持图书馆之间的合作项目，如联合采购、联合举办活动等。

4. 平台应提供技术支持，如统一的认证系统、数据交换标准等。

（三）隐性知识的转移

除了显性的知识资源，高校图书馆还应重视隐性知识的转移。隐性知识是指那些难以用语言文字表达的知识，如个人经验、技能等。图书馆可以通过组织研讨会、工作坊、培训课程等活动，促进隐性知识的交流和传播。

图书馆还可以利用社交媒体、博客、视频等新媒体工具，记录和分享专家的见解和经验，使得隐性知识得以显性化，便于更广泛的传播和应用。

第六章 高校图书馆知识服务的创新实践

第一节 高校图书馆知识服务的创新路径

在数字化、网络化、智能化的背景下，高校图书馆的服务创新显得尤为重要。图书馆的主要职能是教育职能和信息服务职能。面对信息时代的挑战，高校图书馆需要以专业能力和创新思维，充分利用现代信息技术，提供优质、高效、精准的服务，推进智慧服务，提升服务效能。

一、服务创新的类型与主题

2020—2023 年，高校图书馆服务创新的类型和主题呈现出多样化和深入化的趋势。

（一）服务创新类型

2020—2023 年，高校图书馆服务创新的类型和主题表现出了明显的活跃态势。基础服务的革新性和综合型服务创新成为这一时期最为活跃的创新类型。这些创新不仅涉及图书馆基础服务的改进，也包括了更广泛的综合服务，以满足用户多样化的需求。

北京大学图书馆在服务创新方面表现突出，其服务创新案例论文成果最多，覆盖了基础服务、教学支持、科研支持、决策支持、实体空间和综合型服务等多个类型。这些案例不仅展示了图书馆在基础服务上的创新，也反映了图书馆在提供综合服务方面的努力。

在服务创新的主题层面，2020—2023 年高校图书馆共有 14 个主要的服务创新主题。阅读推广成为最热门的主题，显示出高校图书馆在提升阅读文化水平和推广阅读活动方面的重视。

这些服务创新的主题不仅反映了图书馆对传统服务的改进，也显示了图书馆在新技术应用和服务模式创新方面的积极探索。

（二）服务创新主题

2020—2023 年，高校图书馆的服务创新主题呈现出多样化的特点，其中 14 个主要的服务创新主题中，阅读推广、信息素养教育、学科服务、空间服务、知识产权信息服务和数字化服务创新等六个主题受到了持续关注。阅读推广因其在提升学生阅读兴趣和文化素养方面的重要作用而成为热门主题。信息素养教育作为高校图书馆的重点工作之一，旨在培养学生的终身学习能力和高信息素养。学科服务则依托图书馆资源、数据分析工具和馆员能力，提供课题跟踪、学科竞争力分析等信息服务。空间服务关注图书馆空间的多元化与个性化组合，以适应不同用户的需求。知识产权信息服务保障和促进成果转化，而数字化服务创新则涉及图书馆服务的数字化转型。

这些服务创新主题不仅反映了高校图书馆在支持教学和科研工作方面的专业服务能力，也体现了图书馆对新技术的引进和吸纳，以及在科学考察和试点实践下进行的创新实践。例如，一些图书馆利用微信工具开创信息素养教育新模式，探索移动学习环境下的服务方式。同时，技术和管理创新也成为图书馆服务创新的亮点，如利用移动通信技术和馆员智慧开发新软件新功能，改变管理方法，提升管理和服务能力。

随着"大众创业、万众创新"口号的提出，创新创业服务也成为图书馆创新工作的新亮点，图书馆通过打造创客空间、开展创新创业教育等方式，提升创新型人才的综合素质。这些服务创新的主题和实践表明，高校图书馆正积极适应信息时代的发展，通过提供更专业和多元化的服务来满足用户的需求。

二、服务创新的思路与实践

服务创新是高校图书馆适应时代发展、满足用户需求的重要途径。在服务创新的思路与实践方面，高校图书馆主要围绕红色资源、阅读推广、知识产权信息服务、信息素养教育与数据素养教育、未来学习中心等五大类主题进行探索和实践。

在红色资源服务创新方面，高校图书馆致力于挖掘和利用红色资源，传承红色基因。通过打造精品展陈、创新媒介方式，有效传播红色文化。例如，运用AR、VR、AI技术创建红色资源虚拟展览馆、线上体验馆，推动红色资源进驻公众媒体平台，使红色文化传播更具现代性和互动性。

在阅读推广服务创新方面，高校图书馆通过"数智"背景下的线上与线下联动，增加阅读推广的效能。图书馆利用微博、微信、抖音等社交媒体推荐优质书目，同时创新开展阅读推广活动，引领读者沉浸式阅读。这些活动不仅丰富了阅读推广的形式，也提升了读者的阅读体验。

在知识产权信息服务方面，高校图书馆加强了对知识产权信息服务的探索，以保障和促进成果转化。通过提供专业的知识产权信息服务，图书馆帮助研究人员和学生更好地理解和运用知识产权，保护创新成果。

信息素养教育与数据素养教育是高校图书馆服务创新的另一重要领域。图书馆通过信息素质教育、多元化空间服务等，推动传统服务的转型发展，同时探索学科化知识服务、数据管理服务等新型服务。这些服务不仅提升了用户的满意度，也增强了用户的参与度。

最后，未来学习中心是高校图书馆服务创新的新方向。通过利用人工智能等技术改进图书馆服务模式、优化素养教育以及推进图书馆智慧化建设。高校图书馆构建了智慧化空间服务体系架构，为图书馆空间服务智慧化转型发展提供了参考与借鉴。这些探索为学习环境的创新和学习生态的重塑提供了理论路径和方法论支持。

三、创新路径的探索

（一）从资源驱动到服务驱动，再到创新引领

高校图书馆的高质量发展需要遵循以用户需求为核心的发展路径，这一路径需要从资源驱动转变为服务驱动，并最终实现创新引领。在这一过程中，图书馆的角色从单纯的资源提供者转变为服务提供者，再进一步成为创新的引领者。图书馆不仅要为用户的科研、教学、管理、决策提供直接支持，还要实现从提供文

献和数据到提供信息和情报，最终到提供解决方案的服务升级。

图书馆的服务不再局限于传统的借阅和查询，而是要深入到用户的科研和教学活动中，提供更加个性化和精准的服务。这包括对文献和数据的深度分析，为用户提供有价值的信息和情报，以及基于这些信息和情报制定解决方案。通过这种方式，图书馆能够更好地满足用户的需求，提高服务质量和效率，同时也能够推动图书馆自身的创新发展。

在这一过程中，图书馆需要不断探索和实践新的服务模式和技术应用，以适应信息时代的变化和用户需求的多样化。这包括利用大数据、人工智能等技术提高服务的智能化水平，以及通过创新服务模式提升用户体验。

（二）开展面向知识服务的智慧空间构建研究

随着人工智能、虚拟现实（VR）、增强现实（AR）等技术的快速发展，图书馆行业正迎来智慧空间建设的新机遇。这些技术的应用使得图书馆能够构建线上虚拟空间和虚实结合的空间，从而提供更加丰富和便捷的知识服务。

智慧空间作为图书馆新型知识服务业态，其发展经历了从 RFID 化、无人化服务到时空虚拟化和服务智慧化的三个阶段。智慧空间的构建不仅需要夯实基础设施和基础数据，还需要积极引入人工智能和元宇宙技术，以应用创新和提升用户体验。人工智能技术将成为图书馆智慧空间的新质生产力，而元宇宙则可能推动图书馆智慧空间形成新生产关系。

在智慧空间的构建中，人工智能技术的应用改变了内容的生成方式，而元宇宙则让智慧空间扩展到无限时空，开启全新愿景、展现多元场域。这些技术的应用也带来了新的问题，如信息公平失衡、标准规范缺失、技术伦理困境等。因此，图书馆和集成商需要坚持以虚促实、以实为本的原则，正视问题、审慎前行，为迎接 AI 和元宇宙未来做好充分准备。

图书馆可以通过组成产学研合作联盟，共商共建图书馆智慧空间场景、总结行业现有经验，推动行业标准的形成。例如，斯坦福大学开设史上第一门完全在 VR 里进行的课程《虚拟人》，普林斯顿大学图书馆的 PUL 创客空间配备虚拟仿真设备供用户学习和探索。这些实践表明，图书馆智慧空间的构建是一个多方面、多层次的复杂过程，需要图书馆、技术提供商和用户共同参与和推动。

（三）加强适应智能知识获取的数据素养研究

数据素养不仅涉及对数据的理解和处理能力，还包括在数据驱动的决策中运用数据的能力。随着人工智能（AI）的发展，数据素养的研究和教育变得更加重要，需要深入探讨如何在 AI 视域下提升数据素养能力及进行数据素养教育。

数据素养教育应从多维度进行，包括数据的探索、整理和分析。在大数据时代背景下，数据素养教育的研究和实践正在扩展，涉及信息素养、教育大数据、科学数据素养等多个方面。这些研究不仅关注数据的统计和计算，也关注数据在科学研究和技术设计中的应用，以及如何在网络环境中管理和利用数据。

数据素养教育应采取分阶段循序渐进的方式进行，分为初级阶段、进阶阶段和高级阶段，并针对每个阶段设计相应的教学内容，以提升学员的数据素养综合能力。这种分层教育方法有助于学习者逐步建立起对数据的深入理解和应用能力。

数据素养教育应面向不同群体，包括本科生、研究生、教职员工以及科研人员。对于科研人员而言，数据素养尤为重要，因为他们在科学研究中需要处理大量的科学数据。因此，数据素养教育应特别关注科研人员的数据能力培养，以提高他们对科学数据处理的能力。

最后，数据素养教育应结合实际应用，加强科研人员及图书馆馆员的数据素养教育，完善数据素养的教育体系，加强数据素养理论教育与实践教育，并健全数据素养教学评估体系。

第二节　大数据在高校图书馆知识服务中的应用案例

一、知识组织与服务创新

在大数据环境下，知识组织系统的应用与服务成为可能。例如，通过知识图谱的应用与服务，图书馆可以构建用户画像，更好地理解用户需求，从而提供定制化的知识服务。知识图谱作为一种结构化的语义知识库，能够将分散的信息点连接起来，形成知识网络，为用户提供更加丰富和深入的知识服务。

关联数据的应用也是大数据环境下知识组织的一个重要方面。通过将数据关联起来，可以提高数据的可发现性和可互操作性，用户能够更容易地找到和利用信息资源。例如，Europeana 平台采用 RDF 数据格式描述数据资源，将对象描述链接到知识组织系统的核心词汇表，通过资源间建立链接来获得更多的相关数据，并将多个知识组织系统链接起来，丰富对象描述元数据。

大数据环境下的知识服务创新还包括了面向社会化问答服务的用户画像构建。用户画像的构建可以帮助图书馆更好地理解用户的行为和偏好，从而提供更加个性化的服务。通过分析用户的行为数据，图书馆可以识别出用户的兴趣点和需求，进而提供更加精准的知识推送和信息服务。

二、Yewno知识发现平台

Yewno 知识发现平台是一个基于人工智能驱动的平台，它通过构建庞大且不断发展的推理知识库，使用户能够跨多个主题导出推论，从而从多种数据源分析复杂问题，并更快地获得更好的决策建议。该平台汇集了多种来源和多种语言的数十亿文档，利用其推理引擎和计算语言学技术，将非结构化数据整合为知识。Yewno 使用复杂网络分析、知识图谱等技术工具，通过可视化手段提供知识图谱，帮助用户发现不同概念之间的联系。

Yewno 的技术核心在于从多源异构数据源提取、处理、关联和表示知识单位。

它通过深度学习网络、持续学习高质量资源，并用知识单元使用相似性度量将相关概念沿着不同的维度（语义、句法等）分组在一起进行空间化展示。这种技术的应用，使得 Yewno 不仅能够搜索关键词，还能允许用户探索概念，揭示"如果"的可能性，并发现以前未知的联系。

Yewno Discover 的设计区别于传统的发现产品，它通过视觉探索设计和最新的人工智能发展，提供了一种全新的获取知识和信息的方法。Yewno Discover 不搜索关键词，而是允许探索概念，使个体能够解决"如果"的可能性，并揭示以前未知的联系。这种下一代的发现工具，通过连接不同但相关的概念，通过语义关系构建人类的推理引擎，结合了计算语言学、神经网络和数据可视化的强大组件，旨在引领一个新时代的启蒙知识发现。

Yewno Discover 的搜索结果本身形成了一个视觉浏览体验。概念通过交互网络连接到其他相关概念。这种视觉地图显示了人、事件和概念之间的关系和联系，使用户能够看到概念之间的密切程度，以及通过链接到其他项目的频率来了解相关概念的频率。图中的所有元素都可以点击，点击任何概念都可以直接访问包含该概念的文档。

与 Yewno 平台合作的高校图书馆包括了一些世界知名的学术机构。例如，哈佛大学图书馆、麻省理工学院图书馆、斯坦福大学图书馆都已接入 Yewno 平台。这些高校图书馆的加入，不仅为 Yewno 平台提供了丰富的学术资源，也为全球的研究者提供了更广泛的知识探索空间。

Yewno Discover 现在包含超过 1.2 亿个来自 500 个学术和非学术来源的项目，以确保 Yewno 知识集尽可能权威和全面。Yewno Discover 作为一个软件即服务解决方案，几乎不对图书馆 IT 基础设施造成负担，易于安装和使用，适用于各种规模的图书馆。

三、拟南芥信息资源(TAIR)服务平台

拟南芥信息资源服务平台作为国际上目前最权威的拟南芥基因组数据库和拟南芥基因组注释系统，自 1999 年成立以来，已经成为植物分子遗传学研究领域内不可或缺的重要数据库之一。TAIR 不仅提供关于拟南芥基因组的综合数据和

分析工具，还整合了来自同行评审文献的实验基因功能信息，并将其编纂为控制词汇注释，旨在创建一个反映拟南芥基因组当前知识状态的"黄金标准"功能注释集。

TAIR 的数据包括完整的基因组序列以及基因结构、基因产物信息、基因表达、DNA 和种子库、基因组图谱、遗传和物理标记、出版物和有关拟南芥研究社区的信息。基因产品功能数据每周根据最新发表的研究文献和社区数据提交进行更新，确保了数据的时效性和准确性。

TAIR 的成功不仅在于其丰富的数据资源，还在于其提供的多种生物信息学工具，这些工具支持用户对数据进行分析和处理。TAIR 与俄亥俄州立大学的拟南芥生物资源中心合作，为全球用户提供 DNA 和突变体种子等研究材料，实现了数据、工具和研究材料的整合，成为植物研究的"一站式"信息枢纽。

TAIR 已经成为多个高校图书馆的重要资源。例如，复旦大学图书馆提供了 TAIR 的访问方式：校园网用户直接访问或设置代理服务器，学生公寓用户需设置代理服务器。浙江大学图书馆也提供了 TAIR 的校内访问方式：IP 认证；校外访问方式：WebVPN、RVPN。中国海洋大学图书馆提供了 TAIR 的数据库链接和简介，说明该图书馆也接入了 TAIR 服务。此外，喀什大学图书馆也提供了 TAIR 的访问地址，表明该图书馆同样接入了 TAIR 平台。

这些高校图书馆的接入，不仅为校内的科研人员和学生提供了宝贵的科研资源，也促进了植物学及相关领域的研究发展。通过这些图书馆的接入，可以看出 TAIR 在全球科研和教育领域中的重要性和影响力。TAIR 的接入，为高校图书馆提供了一个强大的科研支持工具，同时也为图书馆在信息管理中的角色带来了转变。从线性管理信息到创造性的横向思维，这对于追求知识至关重要。

四、慧科研——智能知识服务生态体系

慧科研是一个基于科技大数据计算的智能知识服务平台，它致力于构建一个智慧型开放学术生态特征的智慧知识服务产品。该平台突破了传统被动服务模式，转变为主动服务，同时从封闭科研向开放科研转型，为科研人员提供了一个全新

的学术服务模式。

慧科研通过构建科技大数据资源体系和智能知识服务生态架构，提供了面向不同应用场景的并基于微服务的智慧知识服务平台。这一平台能够实现知识成果的主动精准分发、精准机构画像、实时机构情报分析等功能。它通过数据与服务场景驱动的智慧服务设计理念，主要面向四类用户角色，提供四大应用场景，包括知识管理的 AI 数据服务、知识发现的 AI 集成服务、情报分析的 AI 分析服务以及科技决策的领导驾驶舱。

在知识发现方面，慧科研提供了基于科技大数据中心数十亿级的科研学术数据构建的学术知识图谱，提供论文、专利、标准、项目、期刊、会议、学者、资讯、报告、机构等十类科研实体的检索。这一多维度立体检索发现服务模式，打破了基于关键词的文献获取单一模式，通过揭示深层数据关联，打破数据信息孤岛，有效支撑知识探索与价值挖掘。

慧科研还提供了学术名片功能，利用用户画像与 AI 技术，实现学者与成果的精准匹配，自动创建学者学术名片、个人学术成果校验与管理功能。此外，平台还提供了精准推荐服务，基于学者科研成果与行为交互大数据，智能分析用户多方位兴趣维度，并支持画像标签灵活定制，为用户推荐高价值知识。

数据共享是慧科研的另一大特色，平台鼓励科研学者进行学术成果开放共享，扩大学者个人影响力，提高研究数据利用效率，实现权威科技思想碰撞传播。创新社区功能则旨在开展基于"大数据 +AI+ 群体智能"的开放式创新服务，创建一个开放的智慧与思想火花碰撞的智汇平台。

在实际应用中，慧科研平台已经在一些高校图书馆中得到应用，例如南京大学图书馆提供的 Find 知识发现服务，它支持数百个数据库的领先同业的全文检索功能，并提供高级检索功能，帮助用户快速命中目标。国防科技大学智慧图书馆建设项目中，分期软硬件投入数万元用于建设智慧图书馆项目，包括智慧图书馆综合管理平台、电子资源管理分析系统、图书馆智慧门户管理系统等。南华大学智慧图书馆建设投入千万用于新馆智慧图书馆信息化建设，包括 RFID 系统、图书馆门禁管理系统、电子资源校外共享平台等。这些案例展示了慧科研平台在高校图书馆中的实践和成效，为学术界提供了更加智能化和个性化的服务。

第三节　高校图书馆知识服务创新的效果分析

一、用户体验的多维度评估

在数字化时代，图书馆服务的创新为用户体验带来了前所未有的变革机遇。图书馆可以通过移动服务、虚拟服务、联合服务、个性化服务等多种方式进行数字创新，这些创新极大地拓展了服务场景，提升了服务获得感。

（一）用户满意度评估

用户满意度是衡量图书馆数字创新服务效果的直接指标。通过问卷调查法，设计涵盖各项数字创新服务的用户满意度量表，可以包含服务流程的便捷顺畅性、服务效果的获得感、虚拟场景的沉浸感等具体评估指标。常用的李克特五点量表可以用来量化用户的满意度，从 1 到 5 代表从完全不满意到非常满意的程度。通过统计所有用户的评分结果，计算出每个创新服务项目的整体满意度指数，以此来判断服务方案是否获得较好的用户体验。

（二）服务便利性评估

服务便利性评估关注的是用户在使用图书馆服务时的便捷程度，包括服务的可访问性、操作的简便性以及服务的响应速度。通过评估用户获取电子资源、数字文献和其他信息服务的难易程度。检查图书馆是否提供有效的技术支持和帮助，以解决用户在使用过程中可能遇到的问题。

（三）知识获益程度评估

知识获益程度评估可以判断数字创新服务对用户需求获得感的满足情况，发现服务质量中的不足。这一评估需要采取问卷调查法，设计涵盖知识获益程度的用户满意度量表。量表可以包含多项具体的评估指标，例如用户通过服务获得的信息量、信息的准确性和及时性等。

（四）持续使用意愿评估

持续使用意愿评估是基于用户体验视角进行数字服务创新评估中的重要一

环。它关注的是用户对服务的依赖性和忠诚度，即用户是否会持续使用图书馆的数字服务。通过定期重复定量统计与定性调研，可以观察用户黏性的变化趋势，这有助于及时发现用户行为变化的原因，并针对性地改进创新服务。

二、效果分析的方法体系与多元数据融合

高校图书馆知识服务创新的效果评估，需构建多维度、立体化的方法体系，实现定量精确刻画与定性深度洞察的有机统一。

在定量分析层面，核心依赖图书馆多源异构大数据的系统性采集与挖掘。业务系统数据（如集成管理系统的借阅流水、预约记录、资源拒借日志）揭示资源流转效率；数字资源平台的访问量、下载量、并发用户数、检索关键词分布等指标量化资源利用热度与知识获取路径；智能服务后台数据（如个性化推荐引擎的点击转化率、智能咨询机器人的问题解决率与平均响应时长、用户行为轨迹的热力图分析）客观反映技术赋能的精准度与时效性；用户端交互数据（移动端 App 活跃度、虚拟空间访问时长、社交媒体评论/转发量）映射服务覆盖广度与用户参与深度；结构化调查数据（基于 Likert 量表的满意度评分、NPS 净推荐值）提供可量化的体验反馈。

定性分析则致力于捕捉数据背后的深层逻辑与用户主观感知。通过深度访谈（面向重点学者、科研团队、教学管理者）挖掘嵌入科研全流程的知识服务价值；利用焦点小组探讨虚拟社区互动中的情感联结与协作效能；对开放式用户反馈（咨询记录、邮件、社交媒体评论）进行文本情感分析与主题建模，识别隐性需求与服务痛点；开展服务案例的民族志研究（如跟踪一个学科团队从选题到成果产出的全周期服务支持），剖析创新模式在具体场景中的价值创造机制；辅以参与式观察记录用户与智能系统的真实交互行为，验证设计假设与实际体验的差距。

为强化分析的解释力与预见性，需引入对比分析法。纵向对比服务升级前后关键指标的跃迁幅度，横向对比不同用户群体的服务成效差异，并与行业标杆图书馆进行基准对标，定位自身创新实践的相对优势与提升空间。最终，依托大数据分析技术（如关联规则挖掘、聚类分析、预测建模）构建"用户－服务－效果"

的关联网络，从海量交互数据中提炼行为模式、预测服务趋势，驱动评估从静态描述向动态预测演进。

三、效果结论的立体化呈现与归因深化

效果分析的结论输出需超越简单的绩效罗列，构建"成效 – 问题 – 归因"三位一体的解读框架。

显性成效通常表现为服务效能的显著提升（如资源发现效率、服务响应速度的优化）、用户满意度的进阶（如个性化服务认可度、净推荐值的增长）、知识服务深度的拓展（如学科导航覆盖范围、科研支持能力的增强）、馆员能力的升级（如技术应用水平、跨学科服务素养的提升）及影响力的辐射扩展（如服务模式的行业认可、社会曝光度的增加）。

潜在问题诊断则需秉持批判性视角，既要揭示技术应用中的功能失灵（如个性化推荐算法在跨学科场景中的准确率不足 60%）、体验断点（老年教师对移动端服务的抵触率达 45%），也要剖析系统性瓶颈——包括技术层面（多源数据融合障碍、算法黑箱导致的信任危机）、资源层面（高成本智能设备利用率不足、可持续运维资金缺口）、组织层面（馆员技能转型滞后、跨部门协作壁垒）、伦理层面（用户数据隐私泄露风险、算法偏见引发的服务公平性质疑）。

归因分析是结论深化的核心，需运用根因分析工具链（如鱼骨图、5Why 分析法）追溯问题本源。例如，若发现学科知识图谱使用率低迷，需辨析是源于技术缺陷（响应延迟高）、推广不足（90% 用户未感知该功能）、还是需求错配（内容未契合科研实际场景）。同时，对成功实践的关键驱动因素（如"精准采购模型"的成功依赖用户行为数据与学术出版趋势的跨域关联分析）进行模式提炼，形成可复用的"创新基因"。有条件时可开展投入产出模型测算，量化评估技术升级的边际效益（如每万元智能设备投入对应服务效率提升百分比），为资源优化配置提供经济学依据。

四、效果分析的价值升华与战略传导

高校图书馆知识服务创新的效果分析，本质是连接"实践探索"与"持续进

化"的价值中枢，其战略意义体现于四重维度。

创新验证与范式校准。通过数据实证解构"技术神话"，验证大数据驱动的知识服务在提升资源利用率、强化学术支撑力、优化用户体验等方面的真实效力，为行业从"经验驱动"向"证据驱动"转型提供范本，同时校准过度技术化倾向，重申"以人为中心"的服务本质。

持续改进的导航仪。效果结论直接转化为优化路线图——如"学科数据服务响应滞后"触发分析引擎升级。这种基于证据的迭代机制，确保服务模式始终动态贴合用户需求与技术演进曲线。

组织能力建设的指南针。分析揭示的馆员能力短板（如数据素养缺失）倒逼培训体系重构；资源错配问题推动建立"用户行为－资源采购"智能决策链；跨部门协作障碍催生矩阵式项目管理机制。效果分析由此成为图书馆数字化转型的基因重组蓝图。

价值外溢与生态共建。对内，成效数据（如学科服务支撑的科研项目增量）是向校方争取预算的关键筹码，提升图书馆在学术生态中的战略位势；对外，通过发布效果白皮书、参与行业标准制定，将实践智慧转化为公共知识资产，推动图书馆从"知识仓库"向"知识创新共同体节点"跃迁，最终在"教育数字化"国家战略框架下彰显高校图书馆的现代使命。

第四节　高校图书馆知识服务创新的挑战与对策

一、高校图书馆知识服务创新的挑战

高校图书馆在数字化时代面临着多重挑战，这些挑战不仅影响了图书馆的传统功能，也对其未来的发展方向提出了新的要求。

（一）免费电子资源的冲击

数字化技术的迅猛发展极大地丰富了免费电子资源，这对高校图书馆构成了显著挑战。免费资源的广泛可用性使得师生能够轻松地通过互联网获取大量学术资料和文献，减少了对图书馆实体藏书的依赖。这种趋势导致图书馆的到馆人数和图书借阅率下降，进而影响了图书馆资源的利用效率。面对这一变化，图书馆必须重新审视自身的角色和价值，探索如何利用其独特优势，提供更具特色和价值的服务。图书馆需要转型，从传统的资源提供者转变为知识服务的创新者，通过提供个性化、高质量的信息服务来吸引和留住用户。这可能包括增强数字资源的整合能力、提供研究支持和学术交流平台，以及开发新的用户参与和互动方式。

（二）馆员素质有待提高

高校图书馆服务的质量与馆员的专业素质紧密相关。当前，许多图书馆在图书信息情报领域的高学历人才储备不足，部分馆员在知识水平和信息技术应用方面未能与信息技术的快速进步同步，这严重制约了图书馆服务水平的提升。在数字化和网络化的知识服务背景下，馆员不仅需要掌握信息检索和数据分析等基本技能，还应具备良好的用户服务能力。为了适应数字化时代的需求，图书馆迫切需要提升馆员的整体素质，培养一支能够熟练运用现代信息技术、高效提供知识服务的专业团队。这涉及对馆员进行持续的专业培训和教育，以确保他们能够跟上技术发展的步伐，并能够提供更高质量的服务。

（三）资源配置机制不健全

高校图书馆在资源配置方面面临着诸多挑战，这些挑战主要体现在资源配置的灵活性和针对性不足，导致资源利用率低下和阅读环境缺乏吸引力。为了提升资源配置的效率和效果，图书馆需要采取一系列措施来优化资源配置机制。

图书馆应以学科文献资源建设为重点，实现文献资源采选的精准化。在采购文献前，应多维度评估已有资源并充分调研所需资源，对照馆藏实际情况和学科发展调整采访策略。例如，可以将本校最新学科评估结果中学科排名作为调整馆藏采购的依据；与国内同类型院校的学科馆藏数据和采访数据进行比对分析，找出同类学科馆藏总量和质量与目标院校的差距，为文献资源订购提供数据决策支持。

图书馆需要对现有的管理规章制度进行梳理，改进服务方法，培养读者信息知识获取能力。通过举办检索知识、阅读素养养成、数据库使用的各种培训工作，充分发挥图书馆文献情报中心的作用，实现馆藏文献的最大价值。

解决图书馆经费短缺问题，完善基础设施也是提升资源配置效率的关键。图书馆应争取学校的支持，把图书馆建设经费列入学校预算，并根据图书馆事业发展需要逐年增加。同时，促进资源共建共享，加入全国性的图书馆联盟或区域性的图书馆联盟，开展文献传递、馆际互借和集体采购等活动。

最后，馆藏资源数字化是节约资源购置经费、节省馆藏空间、提高读者借阅效率的有效途径。数字化资源使得读者可以不受纸质文献资源复本和借阅时间的限制，通过网络随时借阅、查询。

（四）经费投入有限

经费短缺是高校图书馆发展的一大瓶颈，尤其在服务创新和数字化转型的关键时期。图书馆的硬件设施升级、智能化建设以及人员的专业培训等，无不需要充足的资金作为支撑。然而，现实情况是，许多图书馆在这方面的投入严重不足，导致服务环境和设施难以满足现代用户的需求。技术更新滞后，人员培训不足，这些都直接影响了图书馆服务的质量和效率。

为了突破这一瓶颈，图书馆需要积极寻求多元化的资金来源。一方面，可以通过与校友、企业等社会力量合作，探索图书馆发展的新模式；另一方面，图书馆也应加强与学校的沟通，争取更多的校内资金支持。同时，图书馆需要在有限的经费下，进行合理规划和分配，优先投入最迫切需要改进的领域，如数字化资源的采购、智能化服务系统的建设等，以实现资源的最大化利用。

图书馆还应探索通过提供增值服务来增加收入，比如开展专业培训、信息服务咨询等，以此来反哺图书馆的建设和发展。

二、高校图书馆知识服务创新的对策

在数字化时代,高校图书馆同时也拥有巨大的发展机遇。为了适应这一变化，图书馆需要在服务内容、技术应用以及理论研究等多个方面进行创新和探索。

（一）服务内容创新

图书馆的传统服务模式已经难以满足现代用户的需求，因此，服务内容的创新显得尤为重要。首先，建立特色馆藏是提升图书馆竞争力的关键。通过深入挖掘和整合特定领域的资源,图书馆可以为用户提供独特且深入的知识服务。例如，可以围绕学校的优势学科或特色学科，建立专题数据库，提供专业性强、覆盖面广的文献资源。

开展学科服务也是图书馆服务内容创新的重要方向。通过与各个学科的教师和研究人员合作，图书馆可以提供更加精准和专业的信息服务，如文献检索、学术分析、研究支持等。这不仅能够提升图书馆的服务水平，还能够加强图书馆与学科之间的联系，促进学术研究的发展。

提供社会阅读服务也是图书馆服务内容创新的一个重要方面。通过开展各类阅读推广活动，如读书会、讲座、展览等，图书馆可以吸引更多的社会公众参与，提高图书馆的社会影响力。同时，建立图书馆区域联盟，实现资源共享和优势互补，也是满足不同用户群体需求的有效途径。

（二）深化以 AI 驱动的智慧知识服务研究

随着人工智能技术的发展，AI 驱动的智慧知识服务已经成为图书馆服务创新的重要方向。研究者需要针对不同的知识服务场景，探索如何利用 AI 技术提高知识服务的感知能力、认知决策能力以及支持 AI for Science 的能力。例如，通过自然语言处理技术，图书馆可以为用户提供更加智能的检索服务，通过机器学习技术，图书馆可以对用户行为进行分析，提供个性化的推荐服务。

同时，图书馆还需要探索如何利用 AI 技术改造和发挥传统的文献资源能力。通过数字化和智能化的处理，图书馆可以将传统的纸质文献资源转化为数字化资源，提供更加便捷的访问和利用方式。图书馆还可以利用 AI 技术对文献资源进行深度分析和挖掘，发现新的知识和信息，为用户提供更加深入和全面的服务。

（三）探索融合新技术的知识服务

在新技术的推动下，图书馆服务的形态和模式正在发生深刻的变化。图书馆需要关注新路径、新用户、新需求，注重人、技术、智慧空间三方面的互相融合，积极拓展理论研究的广度和深度，开展广泛的实践研究。

例如，通过虚拟现实和增强现实技术，图书馆可以为用户提供沉浸式的阅读体验；通过大数据分析技术，图书馆可以对用户行为进行深入分析，提供更加精准的服务。同时，图书馆还需要关注物联网、云计算等技术的发展，探索如何利用这些技术提升图书馆的服务能力和效率。

第七章　高校图书馆用户行为分析与服务优化

第一节　高校图书馆用户行为数据的收集与分析

随着信息技术的快速发展,高校图书馆作为知识传播和学术研究的重要场所,其服务模式和用户行为也在不断变化。为了更好地满足用户需求,提高服务质量,高校图书馆对用户行为数据的收集与分析显得尤为重要。

一、用户行为数据收集

（一）数据来源

高校图书馆用户行为数据的来源主要有以下 5 个方面。

1. 借阅系统数据

借阅系统数据为图书馆提供了直接的用户阅读偏好和行为信息。通过这一系统,图书馆能够追踪用户的借阅历史,包括他们借阅的频率和偏好的图书类别。这些信息对于识别图书馆内哪些图书受到更多读者的青睐至关重要。此外,通过分析借阅数据随时间的变化,图书馆可以洞察读者的借阅习惯如何演变,这对于预测未来趋势和调整藏书策略具有重要意义。

2. 门禁系统数据

门禁系统为图书馆提供了关于用户进出图书馆的时间和频率的宝贵数据。这些信息对于识别图书馆的高峰时段和人流分布模式至关重要,有助于图书馆管理层做出更合理的资源分配和空间规划决策。利用门禁系统数据,图书馆能够识别出哪些时间段用户访问量最大,从而调整工作人员的工作时间,确保在高峰时段有足够的人手来提供服务。同时,这些数据还能帮助图书馆优化座位安排和空间利用，比如在人流密集区域增加座位或设置更多的学习区域，以满足用户的需求。

3. 电子资源使用数据

随着数字化资源的普及，图书馆用户对电子书、期刊和数据库的使用情况成了重要的数据来源。这些数据不仅包括用户访问的频率和下载量，还涵盖了用户在平台上的停留时间等信息。通过分析这些数据，图书馆能够深入了解电子资源的使用情况，识别出哪些资源更受用户欢迎，以及用户在使用这些资源时的行为模式。例如，通过 COUNTER 数据库报告，图书馆可以详细地了解用户如何导航和访问特定的在线数据库，包括搜索总数、结果点击次数以及记录查看次数。这些指标不仅能帮助图书馆评估资源的利用效率，还能揭示用户对特定内容的需求和偏好。

4. 调查问卷和访谈

与用户进行直接交流是获取他们使用习惯和偏好的直接途径。通过精心设计的问卷调查和深入的访谈，图书馆能够收集到用户对服务的直接反馈，包括他们对图书馆服务的满意度和对服务改进的具体建议。这种方法能够揭示用户的真实体验，帮助图书馆发现服务中可能存在的问题和不足之处。用户的反馈对于图书馆来说是一种宝贵的资源，它不仅能够指导图书馆改进现有的服务，还能够激发创新的服务。

5. 社交媒体和论坛

用户在社交媒体和论坛上的互动和反馈，为图书馆提供了宝贵的数据资源。这些在线交流平台不仅反映了用户对图书馆服务的即时看法，还揭示了他们对图书馆活动的兴趣和参与程度。通过分析社交媒体上的讨论，图书馆能够洞察用户的真实感受和需求，从而及时调整服务策略。例如，通过社交媒体数据分析，图书馆可以运用关联规则挖掘技术，识别用户行为模式，如通过支持度和信息增益，以及聚类分析中的欧氏距离和余弦相似度等数学模型，来深入了解用户群体的特征。此外，社交网络分析中的页面排名算法也能帮助图书馆识别影响力较大的用户或话题，进而优化推广策略。这些数据的收集和分析，使图书馆能够更精准地推送活动信息，提高用户参与度，同时也加强了图书馆与用户之间的沟通和交流。

（二）数据收集方法

在高校图书馆用户行为数据的收集过程中，可以采用多种方法来获取全面而准确的信息。

1. 自动化技术

图书馆管理系统（LMS）作为自动化技术的核心，极大地提升了图书馆管理的效率和质量。它能够自动记录用户的借阅历史、借阅频率以及进出图书馆的时间，这些数据对于理解用户行为至关重要。自动化技术的优势在于其高效率和准确性，它能够实时更新数据，减少人为错误的可能性，确保数据的准确性和可靠性。自动化技术节省了大量时间，使员工能够专注于更关键和增值的活动，如战略规划和客户服务。通过自动化借还书流程和预约服务，图书馆能够提高服务效率，优化用户体验。自动化技术还有助于减少人为错误，提高数据的一致性和准确性。

2. 手动收集

图书馆通过问卷调查和访谈的方式，直接从用户那里收集反馈，这种方法能够获取用户对图书馆服务的直接感受和具体需求。通过这种方式，图书馆能够深入了解用户的满意度、偏好和对服务改进的建议，这些定性数据对于把握用户的真实体验和需求至关重要。尽管手动收集数据的过程较为耗时，但它能够提供深入的用户见解，帮助图书馆更精准地识别服务中的优势和不足。这种直接的用户交流方式，虽然不如自动化技术那样快速，但它能够揭示用户对图书馆服务深层次的看法和感受，为图书馆的个性化服务提供了宝贵的信息。

3. 网络爬虫

网络爬虫技术是一种高效的数据采集方法，它允许图书馆从社交媒体和论坛等在线平台自动收集用户讨论和反馈。这种技术能够自动化地浏览网页，抓取用户发布的信息、评论和趋势，为图书馆提供了一种快速获取用户观点和行为模式的手段。网络爬虫通过提取网页的 HTML 代码以及存储在数据库中的数据，使得图书馆能够分析用户对服务的看法以及他们对图书馆活动的兴趣和参与度。

在使用网络爬虫时，图书馆需要遵守网站的使用政策和法律法规，确保数据收集过程合法合规，避免对网站造成不必要的负担。此外，网络爬虫工具的选择也很重要，市面上有多种自动化爬虫工具，如八爪鱼、亮数据、Web Scraper 等，它们提供了可视化操作界面，使得即使是没有编程基础的用户也能轻松上手。这些工具支持多种类型的数据采集，包括文本、图片、表格等，并能够将采集到的数据导出为多种格式，方便后续的分析处理。

通过这种方式，图书馆可以及时了解用户的最新动态和需求，从而优化推广策略和活动规划，提高服务的针对性和有效性。

综合运用这三种方法，图书馆可以全面地收集用户行为数据，为服务优化和决策提供坚实的数据支持。

二、用户行为数据分析

（一）数据预处理

用户行为数据分析的第一步是数据预处理，这是一个至关重要的步骤，它直接影响到分析结果的准确性和可靠性。数据预处理包括多个环节，首先是数据清洗，这一过程涉及识别并去除数据中的异常值和错误。例如，如果借阅系统中存在错误的借阅记录或者门禁系统中有错误的进出记录，这些都需要被识别并清除，以保证数据的准确性。

接着是填补缺失值，由于各种情况，收集到的数据中可能会存在缺失值。这些缺失值可能是用户未完成的问卷调查，或者是系统未能记录的借阅行为。对于这些缺失值，需要根据数据的具体情况采取不同的策略进行处理，比如使用平均值、中位数、众数或者更复杂的插值方法来填补。

数据格式的转换也是预处理的一部分。由于数据来源多样，格式可能各不相同，需要将这些数据统一转换成适合分析的格式。例如，将时间戳转换为统一的时间格式，或者将分类数据编码成数值型数据，以便进行统计分析。

数据预处理还包括数据整合，即将来自不同来源的数据合并到一起，形成完整的数据集。这一步骤需要解决数据不一致性的问题，确保合并后的数据集能够准确反映用户的完整行为轨迹。

最后，数据预处理还需要进行数据规范化，特别是对于量纲不一的数据，需要进行标准化处理，使得不同指标之间可以进行比较。这一步骤对于后续的机器学习模型训练尤为重要，因为很多算法对数据的尺度非常敏感。

（二）描述性统计分析

描述性统计分析是用户行为数据分析中的基础环节，它为我们提供了用户行为数据的初步概览。这种分析方法通过计算和总结数据集中的关键统计量，帮助我们揭示用户行为的普遍模式和趋势。例如，通过计算平均借阅量，我们可以了解用户在一定时期内的平均借阅行为，这有助于图书馆评估藏书的流通率和用户的阅读活跃度。

描述性统计分析还包括对数据的集中趋势和离散程度的度量。集中趋势的度量，如平均数、中位数和众数，能够告诉我们数据的中心位置，即大多数用户的行为倾向。而离散程度的度量，如方差、标准差和极差，则揭示了用户行为的多样性和变化范围。例如，通过分析借阅时间的分布，我们可以识别出用户访问图书馆的高峰时段，这对于图书馆的资源分配和人员安排至关重要。

描述性统计分析还涉及数据的频率分布分析，通过构建频率分布表或绘制直方图，我们可以直观地看到不同借阅量或访问时间段的用户分布情况。这种视觉化的展示有助于我们快速识别数据的分布特征，比如是否呈现正态分布、偏态分布或其他特定模式。

描述性统计分析还可以用来识别异常值，这些异常值可能是由于数据录入错误、系统故障或其他非正常因素造成的。通过识别和处理这些异常值，我们可以提高数据的质量和分析结果的可靠性。

最后，描述性统计分析的结果可以为进一步地深入分析提供基础。例如，通过了解用户行为的基本特征，我们可以为后续的聚类分析、关联规则挖掘和预测分析等提供起点，从而更深入地挖掘用户行为的潜在模式和关联性。

（三）聚类分析

聚类分析是一种将数据集中的对象分组的统计方法，目的是使得同一组内的对象之间的相似度尽可能高，而不同组之间的对象相似度尽可能低。在高校图书馆用户行为数据分析中，聚类分析的应用可以帮助识别出具有相似借阅习惯、访问频率和偏好的用户群体，这对于提供个性化服务和优化资源配置具有重要意义。

通过聚类分析，图书馆可以将用户分为不同的类别，例如，频繁借阅学术书籍的用户群体、偏好电子资源的用户群体、经常参与图书馆活动的积极分子等。这种分类不仅基于用户的借阅行为，还可以结合用户在社交媒体上的互动、参与活动的情况以及对图书馆服务的反馈等多个维度的数据。

聚类分析的结果可以帮助图书馆更精准地定位不同用户群体的需求，从而设计和实施针对性的服务策略。例如，对于偏好电子资源的用户，图书馆可以增加电子书和数据库的采购，优化电子资源的访问体验；对于积极参与活动的群体，可以设计更多互动性强、内容丰富的活动，以提高用户的参与度和满意度。

聚类分析还可以揭示用户行为中的潜在模式和趋势。例如，通过分析不同用户群体的借阅周期和偏好变化，图书馆可以预测未来的借阅趋势，提前做好资源准备。同时，聚类分析还可以帮助图书馆识别那些尚未被充分服务的用户群体，为图书馆提供服务创新的机会。

在实施聚类分析时，图书馆需要选择合适的聚类算法，如 K-means、层次聚类或 DBSCAN 等，这些算法各有优势和适用场景。同时，图书馆还需要确定合适的聚类数量，这通常需要结合业务知识和数据特征来决定。聚类分析的结果需要进行解释和验证，以确保聚类结果的合理性和有效性。

（四）关联规则挖掘

关联规则挖掘是一种数据挖掘技术，它用于发现大型数据集中变量之间的有趣关系，特别是变量之间的频繁模式、关联、相关性或因果结构。在高校图书馆用户行为数据分析的背景下，这种技术能够揭示用户行为之间的内在联系，比如用户在借阅某类图书的同时，可能还会访问特定的电子资源或参加某些活动。

通过应用关联规则挖掘，图书馆能够识别出用户行为中的模式，例如，某些用户在借阅历史图书的同时，可能更倾向于使用特定的历史数据库。这种模式的发现可以帮助图书馆优化资源配置，例如，将相关的图书和电子资源放置在相邻的位置，或者在用户借阅某类图书时，推荐相关的电子资源。

关联规则挖掘还可以帮助图书馆发现用户行为的序列模式，比如用户在进行某项学术研究时，可能会按照一定的顺序访问不同类型的资源。这种信息对于图书馆设计服务流程和改进用户体验至关重要。

在实施关联规则挖掘时，常用的算法包括 Apriori 算法和 FP-Growth 算法。

这些算法能够高效地处理大量数据，并找出强关联规则。例如，Apriori 算法通过迭代的方式找出所有频繁项集，然后生成关联规则；而 FP-Growth 算法则通过构建一个紧凑的数据结构来高效地挖掘频繁项集。

关联规则挖掘的结果需要仔细分析和解释，以确保发现的模式是有意义的，并能够转化为实际的图书馆服务改进措施。例如，如果发现某个用户群体在借阅科学图书时经常访问特定的科学数据库，图书馆可以针对这一群体提供定制化的服务，如推送相关数据库的更新信息，或者举办相关的科学主题讲座。

（五）预测分析

预测分析是一种强大的数据分析技术，它利用历史数据来预测未来的趋势和行为。在高校图书馆的背景下，这种分析可以帮助图书馆管理者预测用户的借阅趋势、资源需求以及其他相关行为，从而做出以数据驱动的决策。

通过建立预测模型，图书馆可以预测哪些图书或资源可能会在未来受到欢迎，哪些时间段图书馆的访问量可能会增加，甚至可以预测特定用户群体的借阅偏好。这些预测可以帮助图书馆提前规划，比如在高需求时期增加工作人员，或者在流行趋势出现之前采购相关图书和资源。

预测分析的关键在于选择合适的模型和算法。常用的预测模型包括线性回归、时间序列分析、决策树和随机森林等。这些模型能够处理不同的数据类型和预测问题。例如，时间序列分析适合预测随时间变化的数据，如季节性的借阅模式；而随机森林等集成学习方法则可以处理更复杂的非线性关系。

在建立预测模型时，图书馆需要考虑数据的质量和完整性。不完整的数据或异常值可能会影响预测的准确性。因此，在进行预测分析之前，数据预处理和清洗是非常重要的步骤。此外，模型的训练和验证也是预测分析的关键环节，需要使用适当的数据集来训练模型，并在独立的测试集上验证模型的预测能力。

预测分析的结果可以为图书馆的运营和管理提供指导。例如，通过预测分析，图书馆可以了解到哪些电子资源的使用量可能会增加，从而提前进行技术升级和维护。同时，预测分析还可以帮助图书馆识别潜在的服务改进点，如通过预测用户对特定活动的兴趣来优化活动安排。

第二节 高校图书馆用户行为模式与需求预测

一、高校图书馆用户行为模式分析

（一）用户群体特征

高校图书馆作为知识获取和学术研究的重要场所，其用户群体主要由教师、学生和研究人员构成。这些用户因其学术背景和研究需求，展现出较高的信息检索能力和知识需求。他们的行为模式受到多种因素的影响，包括学术研究、课程学习以及个人兴趣等。教师和研究人员在图书馆中的行为往往与他们的研究项目紧密相关，他们需要获取大量的文献资料以支持其学术工作。学生则更多地利用图书馆资源来辅助课程学习和准备考试，他们的行为模式可能更受学期安排和考试周期的影响。此外，个人兴趣也驱动着用户在图书馆中的行为，无论是为了深入探索某一领域的知识，还是为了满足个人的阅读爱好，图书馆都提供了丰富的资源以满足这些需求。

（二）信息检索行为

在高校图书馆中，用户展现出多样化的信息检索行为，这些行为涵盖了从在线数据库的查询到实体书的借阅，再到电子资源的下载等多个方面。用户对资源的需求和偏好在这些行为中得到了体现。例如，一些用户可能更倾向于通过在线数据库获取最新的学术文章和研究资料，以保持对学科前沿的了解。而另一些用户则可能更偏好于借阅实体书，享受翻阅纸质书页的体验，或是需要实体书以进行深入研究和长期参考。

电子资源的下载也是用户信息检索行为的一个重要组成部分，尤其是对于那些需要在移动设备上阅读或需要频繁访问特定资料的用户来说。这种灵活性和便捷性是电子资源受到青睐的原因之一。用户在信息检索时的选择不仅反映了他们对资源形式的偏好，也揭示了他们对信息获取效率和便捷性的追求。在数字化时代，用户对信息的即时性和可访问性有着更高的期待，这促使图书馆不断更新和扩展其电子资源库,以满足用户日益增长的需求。

(三)空间使用行为

图书馆在高校中不仅是一个信息资源的宝库,也是一个促进学习和交流的重要平台。用户在图书馆的空间使用行为多种多样,从独自自习到参与小组讨论,再到出席各类讲座和研讨会,这些活动都凸显了图书馆作为学术和社交空间的多功能性。

自习是图书馆最常见的使用方式之一,许多学生选择在这里安静地阅读、写作或复习,因为图书馆提供了一个远离日常干扰、有利于集中精力的环境。小组讨论区也是图书馆内活跃的区域,学生在这里合作完成项目、讨论课程内容,这种互动式学习方式能够促进知识的交流和思维的碰撞。图书馆还经常举办各种讲座和研讨会,吸引着教师、学生和研究人员参与,这些活动不仅传播知识,也是学术界人士交流思想、分享研究成果的平台。

这些空间使用行为不仅展示了图书馆作为学习空间的功能性,也反映了用户对于不同学习环境的需求。图书馆的设计和布局需要考虑到这些多样化的使用需求,以创造一个既适合个人学习也适合团队合作的环境。

(四)服务利用行为

高校图书馆的服务范围广泛,从基础的借阅服务到专业的参考咨询,再到提升信息素养的教育活动,这些服务构成了图书馆与用户互动的核心。用户对这些服务的利用情况,不仅揭示了他们对图书馆服务的依赖性,也是衡量服务满意度的重要指标。

借阅服务是图书馆最基础也最频繁的服务之一,用户通过借阅可以获取所需的图书,满足个人学习和研究的需求。参考咨询服务则为用户提供了与图书馆员一对一交流的机会,帮助他们解决在信息检索、文献查找等方面遇到的问题。信息素养教育则包括各种培训和工作坊,旨在提高用户的信息检索能力、批判性思维和数字资源的使用技能。

用户对这些服务的利用频率和反馈,为图书馆提供了宝贵的数据,帮助图书馆评估和优化服务。例如,如果借阅服务的使用率很高,图书馆可能需要增加热门图书的库存或更新过时的资料。如果参考咨询服务受到用户的好评,图书馆可能会增加咨询人员的配置或延长服务时间。信息素养教育的参与度则反映了用户对于提升自身信息处理能力的需求，图书馆可以根据这些需求调整教育计划和内容。

二、用户需求预测

（一）数字化资源需求增长

随着信息技术的飞速发展，高校图书馆用户对数字化资源的需求呈现出显著增长的趋势。这种增长不仅体现在用户对电子书、在线数据库和开放获取资源的直接需求上，还反映在他们对信息获取方式的期待中。如自动化借还书系统、智能检索和推荐系统等，这些系统不仅提高了图书馆服务的效率，也增强了用户的服务体验。

在大数据时代，数字信息的容量呈指数级增长，图书馆需要存储的不仅是书目信息，还包括文献的内部内容，数据量从 MB 增加到 TB，甚至 PB 级别。这要求图书馆必须解决如何高效准确地获取和管理庞大的数据资源的问题。同时，图书馆还需要存储大量的用户个人行为信息以满足用户的特定需求，这涉及数据结构问题和大数据时代的数据管理问题。

数字化资源的增长也带来了对图书馆服务内容和手段的拓展与改善。电子信息资源的涌现，大幅丰富了图书馆读者服务的内容，而机检方式和光盘检索成为可能，提高了服务效率。图书馆通过建立电子导航系统和电子信息查询系统，可以随时随地查询读者的借阅情况，为他们提供更有针对性的服务。

（二）学习空间的多样化

在高校图书馆中，用户对学习空间的需求呈现出多样化的特点，这要求图书馆在空间布局和服务提供上做出相应的调整和优化。用户不再满足于单一的学习环境，而是期待图书馆能够提供多种功能的学习空间，以适应不同的学习习惯和需求。

为了满足这种多样化的需求，图书馆开始设计和规划包括静音区、讨论区、休闲阅读区在内的多种学习空间。静音区为需要安静环境进行深度学习或研究的用户提供了一个无干扰的环境，这里的设计注重隔音和隐私，确保用户可以集中精力进行学术工作。讨论区则为小组合作和讨论提供了空间，这里的布局更加开放，配备了白板、投影仪等设备，以支持互动式学习和交流。休闲阅读区则为用户提供了一个放松的环境，这里的座位更加舒适，有时还会提供咖啡和茶点服务，鼓励用户在轻松的氛围中阅读和思考。

图书馆还可以考虑设置专门的技术区，配备先进的计算机和软件，以支持需要进行编程、设计或其他技术工作的用户的需要。还有一些图书馆开始引入创客空间，提供 3D 打印机、激光切割机等工具，以激发用户的创新和创造力。

通过提供这些多样化的学习空间，图书馆不仅能够满足用户的当前需求，还能够促进学术合作、激发创新思维，从而提升整个学术社区的活力和效率。

（三）信息素养教育需求

在信息爆炸的时代背景下，用户对信息素养教育的需求日益增长。这种需求不仅涉及基本的检索技能，还包括批判性思维、创造力以及信息伦理意识的培养。图书馆作为信息和知识服务的重要部门，可以通过举办工作坊、讲座等形式，提升用户的这些能力。

图书馆的信息素养教育可以帮助用户识别信息需求、获取信息、评价信息、管理信息以及应用信息。这些技能对于用户的终身学习至关重要，尤其是在数字化和智能化时代背景下，信息素养教育已经从单纯的学术检索能力扩展到终身学习所需的广泛技能。图书馆通过信息素养教育，不仅提升了用户的检索能力，还强化了用户的探究精神和批判性思维，这对于用户的全面发展具有重要意义。

图书馆的信息素养教育还涉及信息伦理的培养。在信息需求、信息获取、信息利用、信息评价等方面引导学生树立信息伦理意识。这包括对信息的合理使用、尊重知识产权、保护个人隐私等方面的认知和实践。

第三节 高校图书馆基于用户行为的服务优化策略

一、空间优化

高校图书馆的空间优化是提升用户体验和满足多样化需求的关键。通过细致分析用户行为，图书馆能够设计出更符合用户需求的空间布局和环境，从而提高用户满意度和学习效率。

（一）灵活的空间布局

图书馆的空间布局应根据用户的活动模式和行为习惯进行设计，以满足不同用户群体的需求。

1. 安静的阅读区

为了满足用户集中精力阅读和研究的需求，图书馆应特别规划出安静的阅读区域。这些区域的设计旨在降低噪声干扰，提供一个宁静的环境，让用户能够沉浸在图书和学术研究中。通过设置隔音材料、规定静音规则以及合理布局，图书馆能够确保这些区域的安静氛围。

2. 小组讨论区

图书馆内应设有专门的小组讨论区，以适应团队合作和协作学习的需求。这些区域配备了完善的讨论设施，如白板、投影仪和舒适的座椅，使小组能够方便地交流想法和展示研究成果。讨论区的设计考虑到了声音的隔离，以减少对其他区域的干扰，同时确保小组讨论的私密性和集中度。这些空间通常位于图书馆内便于访问的位置，方便学生和研究人员快速聚集和解散。

3. 多媒体学习区

图书馆内特设的多媒体学习区，专为那些需要利用多媒体资源进行学习的用户提供服务。这个区域配备了先进的电脑、耳机和投影仪等设备，以支持视频学习、音频资料研究和在线课程等多媒体内容的访问和使用。多媒体学习区的设计注重技术集成和用户便利性，确保用户能够轻松获取和操作这些资源。此外，该区域还提供了高速的网络连接，以满足大流量数据传输的需求，如高清视频流和大型数据库的访问。

4. 休闲阅读区

图书馆内特别规划的休闲阅读区，旨在为寻求轻松阅读体验的用户提供一个放松的空间。这个区域配备了柔软舒适的座椅和充足的阅读灯，营造出一种温馨而宁静的氛围。休闲阅读区精选了一系列轻松的阅读材料，包括小说、杂志、漫画和报纸等，以满足不同读者的休闲阅读需求。这些材料的选取旨在帮助用户从繁重的学术研究中暂时抽离，享受阅读的乐趣，同时也能够拓宽知识视野和提升文化素养。休闲阅读区的设计考虑到了用户的舒适和放松，座椅的布局既保证了个人空间，也便于读者之间的交流。

5. 个人研习室

图书馆为那些需要独立工作或进行深度研究的用户提供个人研习室，这些空间设计注重隐私和专注度。个人研习室配备了必要的办公设施，如书桌、舒适的椅子和充足的照明，以支持长时间的学习和研究活动。这些研习室通常隔音效果良好，减少了外界噪声的干扰，为用户提供了一个静谧的环境，有利于集中精力进行学术研究或完成复杂的项目。研习室内还可能提供电源插座和网络连接，方便用户使用笔记本电脑和其他电子设备。

通过这样的空间布局，图书馆能够为不同需求的用户提供适宜的环境，从而提升整体服务水平。

（二）舒适的环境设计

除了空间布局，图书馆的环境设计也是提升用户体验的重要因素。以下是一些关键的环境设计要素。

1. 照明优化

图书馆的环境设计中，照明直接影响用户的视力健康和学习体验。为了营造一个既舒适又有利于集中注意力的环境，图书馆应综合利用自然光和人工照明。自然光的引入不仅能够减少电力消耗，还能提升空间的活力和舒适度，用户在自然光下阅读和工作，心情往往更为愉悦。同时，人工照明的补充确保了在任何天气条件下都能提供均匀、柔和的光线，减少眼睛疲劳。精心设计的照明系统能够适应不同的阅读和工作需求，比如在阅读区提供足够的亮度，在休息区则提供更加温和的光线。

2. 噪声控制

为了营造一个宁静的学习环境，图书馆需要采取有效的噪声控制措施。这包括在建筑结构中使用隔音材料，以减少外部噪声的干扰，同时在图书馆内部设置静音区域，确保这些区域的安静。静音区域的设计旨在为需要高度集中精神的用户，如研究者和准备考试的学生，提供一个无干扰的环境。图书馆还可以通过制定明确的静音政策，比如禁止大声交谈和手机铃声的使用，来维护图书馆内的安静氛围。在一些区域，图书馆还可以设置专门的白噪声设备，以掩盖背景噪声，帮助用户更好地集中注意力。

3. 室内温度和湿度

图书馆内部环境的舒适度对于提升用户体验至关重要，其中室内温度和湿度的控制是关键因素。为了确保用户在任何季节都能享受到舒适的阅读和学习环境，图书馆需要配备高效的空调和通风系统。这些系统不仅能够调节室内温度，避免过热或过冷，还能有效控制湿度，防止空气过于干燥或潮湿，从而为用户提供一个健康舒适的环境。适宜的温湿度还能保护图书馆的藏书，延长书的保存寿命。

4. 空气质量

良好的空气质量有助于用户保持清醒和健康。图书馆应采取多种措施来确保室内空气的清新和洁净。定期开窗通风是一个简单而有效的方法，可以引入新鲜空气，降低室内二氧化碳浓度，改善空气流通。图书馆还应配备高效的空气净化器，过滤掉空气中的灰尘、花粉和其他污染物，从而减少过敏原和有害物质的存在。定期维护和更换空气净化器的滤网也是确保其有效性的关键。为了进一步提升空气质量，图书馆还可以考虑使用植物来改善室内环境，某些植物具有净化空气的能力，能够吸收有害气体并释放氧气。

5. 色彩和装饰

色彩和装饰能够影响人的情绪和行为。选择温暖而宁静的色彩，如柔和的蓝色、绿色或米色，可以让人感到放松和舒适，有助于减少压力，提高学习效率。这些色彩能够激发积极的情绪，促进思维的清晰和集中。在装饰方面，图书馆可以巧妙地使用艺术品、壁画或摄影作品来增添文化氛围，同时避免过度装饰，以免分散用户的注意力。适当的绿色植物也能为图书馆增添生机，提升空间的活力，同时绿色植物还有助于净化空气，增加室内的舒适度。

6. 无障碍设施

图书馆在提供服务时，确保所有用户都能平等地使用资源是非常重要的。为此，图书馆应实施一系列无障碍措施，以方便残障人士和其他有特殊需求的用户。这些措施包括设置无障碍通道，如坡道和自动门，以便轮椅使用者和行动不便者能够轻松进入图书馆。专用卫生间的配备也是关键，它们应符合无障碍标准，确保残障人士能够安全、舒适地使用。此外，图书馆应提供盲文标识和触觉地图，帮助视障用户导航图书馆并使用资源。这些无障碍设施的设置不仅体现了图书馆对残障人士的尊重和关怀，也是对所有读者便利和舒适保障的体现。

通过这些环境设计措施，图书馆能够为用户创造一个舒适、健康、高效的学习环境，从而提升用户的满意度和学习效率。

二、技术应用

通过引入先进的技术，图书馆能够提供更加便捷、高效的服务，满足用户日益增长的需求。

（一）移动图书馆服务

移动图书馆服务的开发，使得用户可以随时随地通过智能手机或平板电脑访问图书馆资源。这种服务的实现，不仅提高了图书馆资源的可访问性，也极大地方便了用户的日常学习和研究活动。

1. 资源访问与借阅

移动图书馆服务通过其应用程序为用户提供了便捷的资源访问和借阅体验。用户可以轻松地通过手机或平板电脑搜索图书馆的实体藏书和丰富的电子资源库，实现在线借阅和续借服务。这种服务极大地简化了传统的借阅流程，使得用户无须亲自到图书馆即可完成借阅操作。应用还提供借阅历史查询功能，方便用户追踪自己的借阅记录，以及图书预约服务，让用户能够提前锁定想要的书。到期提醒功能则确保用户不会错过归还期限，避免逾期罚款。

2. 座位预约与管理

移动图书馆服务中的座位预约功能极大地提升了用户在图书馆的体验。通过这一功能，用户能够远程查看图书馆内的座位使用情况，并根据自己的需求提前预约特定的座位或工作站。这种预约系统不仅减少了用户到达图书馆后寻找座位的时间，也避免了因座位紧张而产生的排队等候，使得用户能够更加专注于学习和研究。预约系统还能有效管理图书馆的座位资源，确保座位的合理分配和使用，提高图书馆空间的利用率。用户通过移动应用预约后，可以直接前往预约的座位，这种无缝衔接的体验显著提高了用户的学习效率和满意度。

3. 活动与通知

移动图书馆应用作为一个信息发布的平台，能够让用户实时掌握图书馆的最新活动和通知。通过这个应用，图书馆能够向用户推送即将举行的活动信息，包括学术讲座、研讨会、展览以及其他文化活动，确保用户不会错过任何有价值的学术机会。同时，应用还能提供图书馆资源的最新动态，如新书上架、数据库更新等，帮助用户及时获取最新的学术资源。这种即时通信机制不仅增强了图书馆与用户之间的互动，也提高了用户对图书馆服务的感知度和参与度。用户可以根据自己的兴趣和需求，选择参加不同的活动，或利用新上架的资源，从而提升个人学术研究和学习的效果。

（二）自助服务系统

自助服务系统的引入，旨在减少用户在借还书过程中的等待时间，提高图书馆的服务效率。

1. 自助借还书机

自助借还书机是图书馆提高服务效率的重要工具。这种设备使得用户能够独立进行借书和还书操作，无须图书馆工作人员的介入，大幅缩短了处理时间。用户只需将书和校园卡放置在扫描区域，按照屏幕上的指示操作，即可轻松完成借阅或归还流程。这种自助服务不仅减少了排队等候的时间，也提高了图书馆的整体运营效率。自助借还书机的界面设计直观易懂，即使是首次使用的用户也能快速上手。通过这种技术的应用，图书馆能够更好地满足用户的需求，提供更加便捷和快速的服务，同时也减轻了工作人员的压力，使他们能够将更多的时间和精力投入其他服务和管理工作中。

2. 自助打印复印机

图书馆配备的自助打印复印机极大地方便了用户的文档处理需求。这些设备允许用户快速打印和复印学习资料，操作流程简单快捷。用户只需将文档上传至机器，选择打印选项，并通过校园卡或移动支付方式轻松支付所需费用。这种自助服务减少了对图书馆工作人员的依赖，提高了处理速度，同时也为用户提供了灵活的支付选择。自助打印复印机的存在，不仅节省了用户的时间，还提高了图书馆服务的便利性和效率。这些设备通常具备用户友好的界面，即使是技术不熟练的用户也能轻松使用。

3. 电子标签系统

电子标签系统在图书馆的应用极大地提升了图书馆管理和服务的效率。这种系统利用 RFID 技术，使得图书馆能够自动化处理借还书的过程。电子标签被粘贴在图书的背面，通过与 RFID 阅读器的无线通信，实现对图书的快速识别和追踪。这样的技术不仅提高了图书借阅和归还的便捷性，也减轻了图书馆工作人员的工作负担。

电子标签系统的主要优势在于其自动化和实时性。系统可以实时更新图书的位置和状态信息，帮助用户快速找到所需图书。图书管理员可以通过读写器对所有的标签进行盘点，检查是否有书被遗失或损坏，从而减少管理工作量。在智能图书馆中，电子标签系统还能提供基于位置的服务，系统会根据图书所应上架的位置，寻找一个最优上架次序，并在地图上画出最优路径，显示在显示器上。这种系统的应用，无疑对提高图书馆的信息化程度，实现图书自动盘点、图书自助借还、图书区域定位、图书自动分拣等功能都有很大的贡献，让读者体验智慧阅读，同时提升图书管理人员的工作效率。

4. 智能书架

智能书架系统通过集成传感器和指示灯技术，优化了用户在图书馆寻找图书的体验。这些书架能够通过电子方式识别每本书的位置，并在用户靠近时通过指示灯直观地显示图书的具体位置。当用户通过图书馆的检索系统找到所需图书的索书号后，智能书架上的指示灯会引导他们直接到达图书所在的精确位置。

这种智能化的寻书方式显著提高了检索效率，减少了用户在书架间来回寻找的时间。智能书架系统还能实时更新图书的位置信息，即使图书被放回错误的位置，系统也能迅速识别并指引用户找到图书。智能书架还能帮助图书馆工作人员快速整理和归位图书，确保书架的整洁和有序。

通过这些技术的应用，图书馆能够提供更加现代化、高效率的服务，满足用户对便捷性的追求。同时，技术的应用也使得图书馆能够更好地管理和利用资源，提高运营效率。

三、信息检索优化

（一）智能检索系统

信息检索优化是图书馆服务中的关键环节，而智能检索系统在此过程中扮演着重要角色。通过整合人工智能技术，包括机器学习、深度学习和自然语言处理，图书馆能够提升检索系统的性能，使其更加智能和用户友好。这些技术使得系统能够自动对文本数据进行标注和扩展，提高了数据的质量和覆盖范围，同时提升了系统对语义的理解和推理能力。这样的进步意味着系统能够更准确地捕捉到用户的查询意图，并提供更为精确的搜索结果。

智能检索系统的优势还体现在其个性化服务上。系统能够根据用户的搜索历史和偏好，自动调整搜索结果的排序，以提高搜索的相关性和用户满意度。通过深入分析用户的检索行为，系统能够构建用户偏好模型，从而实现从传统的被动检索服务向主动推荐服务的转变。这种转变不仅提高了检索效率，也使得用户能够更快捷地找到所需信息，满足了用户的个性化需求。

（二）多语言支持

随着国际化趋势的不断加强，图书馆的检索系统需要具备多语言支持，以便更好地服务于国际学生和研究人员。这种多语言支持不仅能够提升图书馆服务的全球可达性，还能促进跨文化交流和学术合作。通过提供多语言界面和检索选项，图书馆能够吸引并服务更广泛的用户群体，增强其作为知识共享平台的角色功能。

多语言支持使得来自不同国家和地区的用户能够以自己熟悉的语言进行信息

检索，消除了语言障碍。这对于国际学生尤其重要，他们在适应新环境的同时，需要快速获取学术资源和信息。通过多语言界面，用户可以更轻松地浏览图书馆的资源，进行有效的检索，进而提高学习和研究的效率。

图书馆的多语言检索系统能够支持多种字符集和语言格式，确保用户在检索时能够正确显示和处理不同语言的内容。这包括对特殊字符和 Unicode 编码的支持，使得系统能够处理多种语言的文献和资料，确保信息的准确性和完整性。同时，图书馆还应准备本地化资源文件，以便进行翻译，确保所有用户都能获得一致的使用体验。

多语言支持还可以促进图书馆与国际学术界的交流与合作。通过提供多语言的检索功能，图书馆能够吸引更多的国际研究人员和学者，参与到学术活动和资源共享中。这种跨文化的合作不仅丰富了图书馆的资源，也增强了其在全球学术界的影响力。

随着技术的进步，图书馆可以利用先进的翻译管理工具和动态翻译技术，实时更新和维护多语言支持。这种灵活性使得图书馆能够快速响应用户需求，提供更为个性化的服务，进一步提升用户体验。

第八章　高校图书馆信息素养教育与培训

第一节　信息素养教育的意义与目标

高校图书馆信息素养教育的意义重大且目标深远。信息素养是指个体在信息社会中获取、识别、评估、使用和管理信息的能力，它对于个人的发展和社会的进步都具有重要意义。在高校图书馆中开展信息素养教育，不仅能够提升学生的信息处理能力，还能促进学术研究和知识创新。

一、信息素养教育的意义

（一）适应信息社会的需求

信息素养在信息爆炸的时代显得尤为重要，它已成为现代社会成员不可或缺的基本素质。高校图书馆，作为信息资源的集散地，承担着培养学生适应信息社会需求的重任。通过信息素养教育，图书馆不仅帮助学生掌握有效处理信息的能力，而且塑造他们成为能够适应快速变化信息环境的现代公民。这种教育使学生能够识别、获取、评估、使用和管理信息，从而在学术研究和日常生活中更加得心应手。信息素养教育的实施，对于学生未来在知识经济中的竞争力和创新能力的提升具有深远影响，它关系到学生能否在信息社会中立足，以及他们能否有效地利用信息资源来推动个人和社会的发展。

（二）提升学术研究能力

高校图书馆提升学生学术研究能力是通过系统地教授文献检索和资料分析等关键技能来实现的。这些技能使学生能够快速定位到高质量的学术资源，深入分析和综合不同来源的信息，从而在学术研究中形成独到的见解和理论。信息素养教育不仅提高了学生的研究效率，还增强了他们对学术诚信和知识产权的认识，这对于维护学术界的健康发展至关重要。这种教育还鼓励学生采用跨学科的方法来解决问题，促进了不同领域知识的融合与创新。

（三）培养终身学习能力

信息素养教育超越了单纯的学术训练，它对学生的终身学习有着深远的影响。在当今这个信息快速更迭的时代，具备信息素养的个体能够不断地吸收新知识，适应环境的变化。这种教育使学生学会了如何响应信息需求、检索和评估信息资源，以及如何有效地整合和应用这些信息。这些技能不仅在学术研究中至关重要，也是个人在职业生涯和日常生活中不断学习和成长的关键。信息素养教育教会学生如何独立思考，批判性地分析信息，以及如何利用技术工具来支持学习。这种能力使学生能够在信息泛滥的世界中保持清晰的判断力，选择最有价值的信息来支持决策和问题解决。

（四）促进知识创新

信息素养教育在激发学生创新思维方面教会学生如何获取和处理信息，还鼓励他们以创新的方式利用这些信息资源。在这一过程中，学生被引导去跨越学科界限，进行综合性的学习和研究，这为新知识的产生提供了肥沃的土壤。通过信息素养教育，学生学会了如何从不同角度审视问题，整合来自不同领域的知识，从而在学术和实践中实现创新。这种教育模式培养了学生的解决问题能力，使他们能够面对复杂问题时提出创造性的解决方案。

二、信息素养教育的目标

（一）培养信息意识

信息素养教育的核心目标之一是培养学生的信息意识，即对信息的敏感度和好奇心。这种意识使学生能够主动地识别和寻找信息资源，以满足他们的学术和个人需求。通过培养这种意识，学生不仅能够迅速响应信息需求，还能够积极地探索未知领域，激发他们的学习热情和研究兴趣。

信息意识的培养涉及对信息价值的认识和对信息需求的自我意识。学生需要学会如何评估信息的相关性和准确性，以及如何根据这些评估来做出明智的决策。

这种能力对于学生在学术研究和日常生活中的信息选择和利用至关重要。

信息意识还包括对信息来源的批判性思考。学生需要学会识别信息的偏见和局限性，以及如何从多个角度审视信息。这种批判性思维能力有助于学生形成独立的观点，并在信息过载的环境中保持清晰的判断力。

（二）提高信息获取能力

信息素养教育致力于提升学生的信息获取能力，即他们利用各种信息工具和数据库高效检索和获取所需信息的技能。这种能力要求学生不仅要熟悉不同的信息资源，还要掌握如何操作这些资源以快速定位到准确的信息。通过训练，学生能够熟练运用搜索引擎、学术数据库、图书馆目录和其他在线资源，以满足他们的学术研究和知识探索需求。

在这一过程中，学生学习如何构建有效的搜索策略，使用高级搜索技巧来缩小搜索范围，提高检索的精确度。他们还学习如何评估搜索结果，识别权威和可靠的信息源，这对于学术诚信和研究质量至关重要。学生也被教会如何使用各种软件和应用程序来管理和组织信息，以便后续的分析和使用。

提高信息获取能力不仅涉及技术操作层面，还包括对信息的理解和应用。学生需要学会如何将获取的信息转化为知识，并将这些知识应用于解决实际问题。

（三）加强信息识别与评估能力

信息素养教育强调加强学生的信息识别与评估能力，即培养学生辨别信息真伪和价值、评估信息来源的可靠性与权威性的能力。这种能力对于学生在信息泛滥的环境中做出明智决策至关重要。学生需要学会如何通过检查信息的来源、作者的资质、发布机构的信誉以及信息的时效性等因素来评估信息的可信度。

在这一过程中，学生被教导如何识别潜在的偏见和错误信息，以及如何通过交叉验证不同来源的信息来确认其准确性。这种批判性思维的培养有助于学生形成独立判断，避免盲目接受未经证实的信息。学生还需要学会如何评估信息的相关性，即信息是否与他们的研究或问题解决直接相关，这对于有效利用信息资源至关重要。

（四）提升信息处理与应用能力

信息素养教育致力于提升学生处理和应用信息的能力，这包括对收集到的信息进行整合、分析和有效利用，以促进学习和研究。学生被教导如何从海量数据中筛选出有价值的信息，并将这些信息组织成有逻辑的结构，以便进行深入分析。这种能力要求学生不仅要理解信息的内容，还要能够识别信息之间的联系，从而构建出更全面的知识体系。

在信息处理的过程中，学生学习如何使用各种工具和技术来辅助分析，比如数据可视化软件、统计分析工具和文献管理软件。这些工具帮助学生更直观地理解数据，发现数据中的模式和趋势，以及更高效地管理参考文献。学生还被鼓励将分析结果应用于实际问题解决中，无论是在学术写作、项目设计还是决策制定中，都能够体现出信息的应用价值。

（五）培养信息伦理与法律意识

在数字化时代，信息的复制和传播变得异常容易，但这也带来了对版权和知识产权的挑战。学生需要了解，即使是在网络空间，使用他人的作品也必须得到授权，并且要正确引用。

教育过程中，学生被引导去识别哪些行为构成侵权，例如未经授权的复制、分发或修改受版权保护的材料。同时，他们也被教育如何合法地使用信息资源，包括合理使用、版权许可和公开获取等概念。这种教育不仅有助于保护创作者的权益，也维护了学术诚信和研究的可靠性。

良好的信息伦理还包括对个人隐私的尊重和保护。学生需要学会在收集、处理和分享信息时，遵守相关的隐私保护原则和法规。这不仅涉及保护个人信息不被滥用，也包括在研究中对参与者隐私的尊重。

（六）增强信息安全技能

在信息素养教育中，增强学生的信息安全技能既涉及保护个人信息不被泄露或滥用，还包括识别和防范各种网络威胁。随着网络技术的快速发展，个人信息安全问题日益突出，学生需要掌握必要的技能来应对这些挑战。

教育学生如何安全地使用互联网和各种在线服务，包括设置强密码、识别钓鱼邮件、保护个人账户安全等。这些技能有助于学生在享受数字便利的同时，避免个人信息落入不法分子之手。学生还需学会如何识别和防范网络诈骗、恶意软件和黑客攻击等网络威胁，这对于保护个人设备和数据安全至关重要。

信息安全教育还包括教育学生如何负责任地分享信息，避免无意中泄露敏感数据。这不仅涉及个人隐私的保护，也关系到社会安全和国家安全。通过这些教育，学生能够更加明智地处理信息，减少信息安全风险。

（七）促进信息交流与合作

信息素养教育强调培养学生在信息交流中的沟通能力，以及在团队合作中共享信息资源的能力。在当今这个高度互联的世界，有效的沟通和协作是成功的关键。学生需要学会如何在多元化的团队中交流思想，以及如何利用信息资源来支持集体工作。

教育过程中，学生被鼓励参与小组讨论、项目合作和在线协作平台的使用，这些活动有助于他们学习如何有效地表达观点、倾听他人意见，并在此基础上进行建设性的对话。通过这些实践，学生能够理解不同的观点和文化背景，培养跨文化交流的能力。

信息共享被视为团队合作中的一个重要组成部分。学生需要学会如何识别和利用各种信息资源，并将这些资源与团队成员共享，以促进知识的传播和创新思维的激发。这种共享不仅包括数据和文献，也包括技能和经验。

第二节　大数据环境下的信息素养教育内容

一、信息素养教育的拓展内容

（一）数据素养的引入

在大数据时代，信息素养教育的范畴已经超越了传统的信息检索和利用，开始更多地关注数据的生产、保存和管理等更为技术性的方面。数据素养的引入使得信息素养教育的外延得到了扩展，它不仅涵盖了信息的可获取性和可用性，还涉及对数据结果的评价，包括数据的准确性、处理和长期保存。这种转变意味着信息素养教育内容需要包括如何有效地评估和处理数据，以及如何确保数据的可靠性和安全性。数据素养的培养要求学生不仅要能够理解和使用数据，还要能够批判性地分析数据，并在此基础上做出明智的决策。

（二）媒介与信息素养教育的融合

信息素养教育正在向更广泛的领域扩展，融合了媒介素养和视觉素养等新元素。这种融合是必要的，因为传统的信息素养概念已经不足以覆盖当前社会对个体素养的全面要求，特别是在媒体和视觉信息日益丰富的背景下。为了适应这一变化，学者们提出了"元素养"的新概念，强调在信息素养教育中加入对媒介和视觉信息的理解和批判能力。

在这种融合中，媒介素养教育帮助学生识别、分析和评估各种媒介信息，培养他们对媒体内容的批判性思维，以及在不同媒介环境中有效沟通的能力。视觉素养则侧重于提高学生对视觉信息的解读能力，包括图像、图表和视频等，使他们能够理解和创造视觉表达，以及评估视觉信息的真实性和影响力。

这种教育内容的融合不仅要求学生掌握信息的检索和处理技能，还要求他们具备在多样化媒介环境中的适应能力，能够在视觉和文本信息的交织中做出明智的判断和选择。

（三）技术应用与学科方法

信息素养教育正经历着从单纯强调工具操作技能向培养学生运用学科方法解决问题的能力转变。这种转变意味着教育不再仅仅关注学生如何使用特定的技术工具，而是更加注重他们如何将信息技术与学科知识相结合，以解决实际问题。教育者鼓励学生从数字化、网络化和智能化的角度全面思考信息技术如何深刻影响着我们的生活和工作方式，并教会他们如何根据不同的问题选择合适的技术工具和方法。

在这种教育模式下，学生被引导去探索和理解信息技术如何与他们的学科领域相结合，以及如何利用这些技术来增强学习效果和解决学科问题。例如，学生可能会学习如何使用数据库管理软件来组织和分析研究数据，或者学习如何运用统计软件来处理实验结果。这种教育不仅提高了学生对技术工具使用的熟练度，更重要的是培养了他们解决问题的能力。他们能够在面对复杂问题时，运用跨学科的知识和技能，提出创新的解决方案。

（四）"信息技术 +"的学习模式

信息素养教育正逐渐演变为一种"信息技术 +"的学习模式，这种模式强调学生不仅要理解数据层面的信息，还要能够基于证据做出决策。教育的重点转向培养学生成为技术的创造者和创新者，而不仅仅是消费者。通过引入创客教育和STEM（科学、技术、工程和数学）课程，学生被鼓励利用技术来改进他们的学习和日常生活。

在这种教育模式下，学生学习如何从数据中提取洞见，并将其应用于实际问题的解决中。他们被教导如何使用编程、数据分析和数字制造等技术工具，以创造新的解决方案和产品。这种学习方式不仅增强了学生对信息技术的理解，还激发了他们的创造力和解决问题的能力。

二、数据素养教育的分阶段教学

数据素养教育应采取分阶段的教学方式，分为"初级阶段""进阶阶段"以及"高级阶段"。每个阶段的教学内容都旨在提升学员的数据素养综合能力。

（一）初级阶段

数据素养教育的初级阶段着重于培养学生对数据的基本识别和理解能力。在这一阶段，学生将学习如何区分数据的不同类型，包括定性数据和定量数据，以及它们各自的特征和用途。教育的目标是让学生能够理解数据的基本属性，比如数据的来源、结构和可靠性，这对于后续的数据分析和决策至关重要。

学生还将被引导去学习如何从数据中提取有价值的信息。这涉及数据的初步处理，比如数据清洗、整理和分类，以及如何使用简单的统计方法来分析数据。通过这些基础技能的学习，学生能够开始理解数据背后的含义，并为进一步的数据分析打下坚实的基础。

在初级阶段，教育内容的设计旨在让学生建立起对数据的基本认识，培养他们对数据的敏感性和好奇心。

（二）进阶阶段

在数据素养教育的进阶阶段，重点转向深化学生的数据分析和解释能力。学生将学习如何运用统计分析等更高级的技术来处理和分析数据，这包括描述性统计、推断性统计以及可能的预测分析。这些技能使学生能够从数据中发现模式、趋势和关联性，为决策提供科学依据。

数据可视化技能的培养也是这一阶段的关键部分。学生将学习如何将复杂的数据集转化为直观的图表和图形，这不仅有助于更好地理解数据，还能有效地传达数据分析的结果。数据可视化工具和技术，如条形图、折线图、散点图和热力图等，都是学生需要掌握的重要工具。

在这一阶段，学生不仅要能够进行数据分析，还要能够对分析结果进行合理的解释。这意味着他们需要理解数据背后的假设和局限性，并能够将分析结果与实际问题联系起来。

（三）高级阶段

在数据素养教育的高级阶段，重点转移到数据的应用和创新上。学生在此阶段将学习如何将数据分析技能应用于解决实际问题，并在此基础上进行数据驱动的创新。这要求学生不仅要掌握数据分析的高级技术，还要能够理解数据在不同领域中的应用，以及如何利用数据来推动和改进决策。

学生将深入学习如何构建复杂的数据模型，进行高级的统计测试，并运用机器学习等前沿技术来处理大数据。这些技能使学生能够从大量数据中提取深层次的洞见，并在此基础上开发新的解决方案或产品。

高级阶段的教育还强调培养学生的创新思维和创业精神。学生需要学会如何识别数据中的新机会，以及如何将这些机会转化为可行的商业或社会创新项目。通过参与实际项目和挑战，学生将有机会实践他们的数据应用和创新能力，从而为未来的职业生涯或学术研究打下坚实的基础。

这一阶段的教育旨在使学生成为数据领域的领导者和创新者，他们不仅能够理解和分析数据，还能够利用数据来推动社会进步和科技发展。

三、高校图书馆信息素养教育课程的具体内容

（一）信息获取技巧

高校图书馆的信息素养教育课程致力于提升学生的信息获取能力。课程内容

涵盖信息检索的核心技术和方法，旨在教会学生如何高效地从各种数据库和搜索引擎中检索科研信息。学生将学习如何利用目录、摘要和全文等不同类型的数据库，以及如何运用关键词、分类等检索技术来定位信息。

课程强调基于内容的检索技巧，如通过关键词和主题进行搜索，同时也涉及基于非内容的检索方法，例如通过题名、作者和作者单位等信息来查找资料。课程还教授学生如何科学地使用词表、加权、聚类和过滤器等工具来提高检索的精确度和效率。

（二）信息评估能力

在高校图书馆的信息素养教育课程中，信息评估能力是核心组成部分。该课程旨在培养学生对信息来源进行批判性分析的能力，以确保他们能够识别和使用最可靠、准确和相关的信息资源。学生将学习如何评估信息的多个维度，包括出版渠道的权威性、作者的专业背景和资质，以及信息被引用的频率等指标。

课程内容强调，学生需要掌握如何判断信息的时效性和适用性，这对于学术研究和决策制定至关重要。学生将学习如何通过检查信息来源的发布机构、作者的专业领域和声誉，以及信息在学术界的接受程度和影响力，来评估信息的可信度。

课程还将教授学生如何识别和避免常见的信息陷阱，例如虚假信息、偏见和过时的数据。通过这些技能的培养，学生能够更加自信地筛选和评估信息，确保他们使用的资料是高质量和高可靠性的。

（三）信息整合与应用

高校图书馆的信息素养教育课程着重于教授学生如何有效地整合所获取的信息，并将其应用于学术研究或日常生活中。这一过程不仅包括信息的搜集，还涉及信息的组织、归纳以及创新性地使用。

学生将学习如何将不同来源的信息进行整合，形成系统化的知识结构。这要求他们掌握信息分类、整理和归纳的技能，以便能够从大量杂乱无章的数据中提炼出有价值的信息。课程还强调培养学生的创新思维，鼓励他们探索信息的新用途，将信息转化为解决实际问题的工具。

在信息整合的过程中，学生需要学会如何识别信息之间的联系，构建知识框架，并在此基础上进行批判性思考。这种能力对于学术研究尤为重要，因为它涉及如何将分散的信息点连接起来，形成有说服力的论点和理论。

课程还教授学生如何将整合后的信息应用于实际情境中，无论是撰写论文、进行项目研究还是解决日常生活中的问题。通过实践项目和案例分析，学生能够将理论知识转化为实际操作，提高他们的信息应用能力。

第三节 信息素养教育的实施与评价

信息素养教育在高等教育中，尤其是在数字化时代背景下，它已成为衡量一个国家教育水平和国民素质的重要指标。

一、高校图书馆信息素养教育的实施策略

高校图书馆作为知识获取和知识传播的重要平台，拥有丰富的信息资源和专业的馆员队伍，能够为开展信息素养教育提供有力保障。

（一）发挥教育职能

高校图书馆在信息素养教育中其职责之一便是收集和整合各类教育资源，以支持信息素养教学。这包括电子书、学术期刊、专业数据库以及在线课程等，这些资源为学生提供了一个全面的学习平台，使他们能够深入理解并掌握信息素养的核心概念。图书馆不仅要作为资源的提供者，还应成为学生学习过程中的引导者。

为了激发学生的学习热情，图书馆应定期举办各类活动，如讲座、研讨会和工作坊等，向学生普及信息素养领域的最新动态和关键知识。这些活动不仅能让学生接触到理论知识，还能通过实践环节提升他们的信息检索、评估和应用技能。通过参与这些活动，学生能够将理论与实践相结合，从而在提升信息素养方面取得实质性的进步。

（二）进行资源共享

高校图书馆在推动信息素养教育的过程中，需要与校内多个部门建立紧密的合作关系，以实现资源共享和优势互补。与教务处、学生事务部门以及信息技术部门等的协同合作，能够共同开发出一系列信息素养教育课程和活动，这些课程和活动旨在提升学生的信息素养能力。通过这种方式，图书馆不仅能够提高资源的使用效率，避免资源的重复建设，还能为学生提供更加丰富和多样化的学习资源和活动。

高校图书馆之间的资源共享也是提升信息素养教育质量的重要途径。通过建立一个跨校的信息资源共享平台，图书馆可以共享电子书、学术期刊、数据库等关键资源，同时也能共享信息素养教育的课程和活动。这样的平台不仅方便学生获取所需的信息资源，还能促进不同高校间的学术交流与合作，拓宽学生的学术视野，增强他们的研究能力。

这种跨校的资源共享平台，还能为图书馆工作人员提供交流和学习的机会，通过分享最佳实践和创新方法，共同提升信息素养教育的水平。对于学生而言，这样的平台意味着他们可以访问到更广泛的学术资源，参与更多元化的学术活动中，从而在信息素养方面获得更全面的发展。

（三）加强平台建设

高校图书馆在信息素养教育中通过加强平台建设，可以构建一个融合线上和线下资源的综合性课程体系，以满足读者多元化的信息需求。线上平台的建设使得电子书、学术期刊和数据库等资源的访问变得更加便捷，同时，在线课程和视频讲座等数字化学习材料的提供，为学生提供了灵活的学习途径。

与此同时，线下平台的实体书和期刊借阅服务，以及面对面的咨询服务和工作坊活动，为学生提供了一个互动和实践的学习环境。这种线上线下相结合的课程体系，不仅为学生提供了多样化的学习选择，还允许他们根据自己的时间和地点灵活安排学习计划，从而更好地适应个人的学习节奏。

这种综合课程体系能够更有效地满足不同学生的学习需求，无论是偏好自主学习的独立型学生，还是需要更多指导和互动的合作型学生，都能在这一体系中找到适合自己的学习方式。通过线上资源的广泛覆盖和线下活动的深入交流，信息素养教育的效果得以显著提升，学生的批判性思维、问题解决能力和终身学习能力也得到了加强。

（四）联合学校相关部门

高校图书馆在推动信息素养教育的过程中，需要与学校内的其他部门紧密合作，共同进行教育效果的综合评估。这种跨部门的合作能够确保信息素养教育的全面性和连贯性，同时，通过评估课程和活动的效果、学生的学习成果以及信息素养水平，可以及时发现并解决教育过程中的问题和不足，为教育的持续发展提供数据支持。

评估工作不仅关注学生层面，还应涵盖图书馆的资源和服务，以及工作人员的专业能力。通过评估图书馆的资源是否充足、服务是否高效，可以确保图书馆能否提供高质量的支持，满足学生的信息需求。同时，对图书馆工作人员进行信息素养教育能力的评估，有助于提升他们的专业技能水平，使他们能够更有效地指导和协助学生。

这种综合评估机制能够促进图书馆资源和服务的持续优化，提高工作人员的专业水平，从而为信息素养教育提供坚实的基础。通过这些评估，图书馆能够更好地理解学生的需求，调整和优化教育策略，确保信息素养教育与学生的实际需求相匹配，最终实现教育目标。

二、信息素养教育的评价体系

信息素养教育的评价体系是衡量教育效果的重要工具，它不仅能够帮助高校图书馆更准确地评估信息素养教育的效果，还能为教育的调整和优化提供依据。在教育信息化 2.0 时代下，师范生信息素养评价指标体系研究提出了一个多维度的评价体系，该体系包括"基本信息素养""信息素养支持学习"和"信息素养支持教学" 3 个部分，涵盖了 9 个二级指标和 27 个观测变量。

"基本信息素养"是评价体系的基础部分，它涉及师范生在信息化学习生活和教学实践中解决基本问题所需的信息知识、态度、情感与能力。这一部分包括"信息意识与需求""信息道德与安全"以及"信息知识与技能" 3 个二级指标。这些指标旨在评估师范生对信息的基本认识、道德判断和安全意识，以及他们获取和处理信息的能力。

"信息素养支持学习"部分则聚焦于师范生作为学生主体在学习和发展过程中的信息素养。这一部分包括"科学精神""学会学习"以及"研究创新"3个二级指标，强调了信息素养与学生发展核心素养的紧密联系。

"信息素养支持教学"部分则强调师范生作为未来教师在信息化教学环境中所要具备的教师专业信息素养。这一部分包含"教学信念""教学技术"和"教学整合"3个二级指标，旨在评估师范生将信息素养融入教学设计和实施的能力。

这个评价体系的构建，不仅考虑了信息素养的多个层面，还特别强调了信息素养在支持学习和教学方面的应用。通过这样的评价体系，高校图书馆可以更全面地了解学生的信息素养水平，发现教育过程中的不足，并据此进行针对性的教育改进。

评价体系的实施也需要考虑到评价方法的多样性。国内在信息素养教育评价发展过程中，利用了考试、问卷调查、量表、访谈、引文、综合报告、焦点小组等多种评价方法，进行了层次分析、模糊综合评价、网络分析、多目标决策等多种分析。这些方法的应用，使得评价结果更加全面和客观。

第九章　高校图书馆知识共享与开放获取

第一节　高校图书馆知识共享的理念与实践

知识共享（Creative Commons，CC）是一种全球性的文化、社会和经济运动，旨在通过提供灵活的版权保护框架，促进全球范围内的知识、艺术和文化作品的共享和传播。

一、知识共享的理念

（一）开放与自由流通

知识共享运动倡导的核心原则是信息的开放性和自由流通。在数字化时代，信息传播的速度和广度达到了前所未有的水平，这为知识的广泛传播和创新提供了可能。知识共享鼓励创作者采用开放的许可协议，这意味着在遵守特定条件的前提下，他人可以自由地使用、复制、分发乃至对作品进行修改。这种做法不仅促进了知识的传播，也激发了创新的火花。知识共享打破了传统版权保护的壁垒，使得作品能够在更广阔的空间内被利用和再创造，从而推动了文化、科学和教育的发展。

（二）版权保护的灵活性

版权法的初衷在于保护创作者的合法权益，确保他们能够从自己的智力成果中获得应有的回报。然而，这种保护有时也会成为作品广泛传播和利用的障碍。知识共享理念提供了一种新的解决方案，它通过一系列灵活的许可协议，赋予创作者更大的自主权，让他们可以根据自己的意愿和作品的特点，选择最适合的版权保护方式。这些许可协议包括从在完全开放的公共领域免费分享到保留部分权利的各种选项，创作者可以决定是否允许他人商业使用、修改作品，或者要求署名等。这种灵活性不仅尊重了创作者的原创精神，也促进了作品的进一步传播和创新。

（三）促进创新与合作

知识共享的理念在于激发创新和促进合作。它通过放宽对作品使用和改编的限制，为创作者提供了一个平台，使他们能够更容易地与他人携手，共同推进项目。这种开放的环境不仅有助于创作者之间建立合作关系，还为公众提供了丰富的学习和创造机会。在知识共享的框架下，作品可以被广泛地使用和重新诠释，从而激发新的创意和解决方案。这种模式鼓励了跨界合作，使得不同领域的专家能够共同工作，将各自的知识和技能结合起来，创造出新的成果。同时，公众也能够通过接触和使用这些开放的作品，获得启发，进行学习和创作，进一步推动知识的传播和创新。

（四）文化多样性与包容性

知识共享的理念深刻地认识到文化多样和包容的重要性。这一理念鼓励来自不同文化背景的创作者们分享自己的作品，以此作为促进文化交流和增进相互理解的桥梁。通过这种方式，知识共享不仅为全球观众提供了一个了解和体验不同文化的窗口，也为创作者们创造了一个展示自己文化特色和创意的平台。

这种文化的交流和分享有助于打破隔阂，减少误解，促进全球社会的和谐共处。知识共享的实践使得文化作品不再受限于地域和语言的障碍，而是能够跨越国界，被世界各地的人们欣赏和学习。这不仅丰富了全球文化资源，也为保护和传承非物质文化遗产提供了新的途径。

知识共享还鼓励对文化作品的再创作和本地化，使得全球各地的观众能够以自己熟悉的方式接触和理解不同的文化。这种包容性的文化实践不仅增强了文化的生命力，也为全球文化多样性的保护和发展做出了贡献。

二、知识共享的实践

（一）许可协议

知识共享通过制定一系列标准化的许可协议，为创作者提供了一种简便的方式来明确他们对作品的版权要求。这些协议使得作品的使用和分享变得更加透明和灵活。

1. CC0

允许创作者将其作品贡献给公共领域，放弃所有版权和相关权利，使得作品可以被任何人自由使用，无须任何限制。

2. CC-BY

要求使用者在分发、修改作品时，无论是出于商业还是非商业目的，都必须给予原作者适当的署名。这种协议鼓励了作品的广泛传播，同时保护了创作者的名誉权。

3. CC-BY-SA

在署名的基础上增加了"相同方式共享"的要求，即任何修改后的作品也必须以相同的许可协议分享。这样既保护了原创者的权益，又促进了作品的进一步创作和共享。

4. CC-BY-NC

限制了作品的商业使用，只允许非商业性质的分发和使用。这为那些希望保护自己作品不被商业利用的创作者提供了一个合适的选择。

5. CC-BY-NC-SA

结合了非商业性和相同方式共享的要求，既限制了作品的商业使用，又要求任何修改后的作品以相同的协议分享。这种协议适用于那些既希望保护作品不被商业利用，又希望鼓励非商业性质的创作和分享的创作者。

（二）教育领域的应用

知识共享协议在教育界被广泛用于开放教育资源（OER）的构建和分发方面。这些协议使得教师和教育机构能够自由地访问和使用各种教育资源，进而为学生创造更加多元化和适应性强的学习体验。通过知识共享协议，教育资源的壁垒被打破，教师可以轻松地整合来自全球的优质教学材料，无须担心版权问题，这样极大地丰富了教学内容。

知识共享协议还鼓励教师和教育机构创作自己的教学资源，并以开放的方式分享给更广泛的教育社群。这种开放性不仅促进了教育资源的再利用和创新，还有助于缩小不同地区和学校之间的教育差距。学生因此能够接触到更广泛的知识和视角，这对于培养他们的全球视野和创新能力至关重要。

知识共享协议的应用，使得教育变得更加灵活和互动，教师可以根据学生的需要和兴趣，快速调整和优化教学计划。这种以学生为中心的教学方法，有助于增强学生的学习动力和效果。

（三）科研领域的应用

在科研领域，知识共享协议的应用极大地推动了研究成果的开放获取。这些协议由非营利组织知识共享开发，提供了一种标准版权的替代方案，允许作者指定其作品的使用方式，而不必对每项请求都给予许可。这种开放的方式使得研究成果可以被更广泛地访问和使用，促进了科学知识的传播和学术交流。

许多学术期刊和出版社开始支持作者使用知识共享协议发布他们的研究成果，这样做简化了著作权授权许可流程，明确了论文原始作者、学术期刊和阅读者之间的权利义务关系，极大地限缩了著作权授权许可的成本。例如，CC-BY协议允许任何用户分发、重新混合、调整和构建作品，只要他们在所有情况下注明原作者，这种许可协议不仅允许下载和复制，而且允许文本挖掘和其他自动程序。

署名—相同方式共享（CC-BY-SA）许可协议建立在CC-BY的基础上，要求用户以相同的条款许可基于原作的任何新产品，这促进了作品的进一步创作和共享。这些协议的应用，不仅解放了封闭的版权垄断，还促进了科研成果的快速传播，这对于学术界来说尤为重要。

（四）文化和艺术领域的应用

在文化和艺术领域，知识共享协议促进了艺术作品的分享，还激发了新的创作和演绎。艺术家和创作者通过这些协议，能够以更加开放和灵活的方式发布他们的作品，从而拓宽了作品的受众范围，并鼓励了更多的互动和参与。

许多音乐家、摄影师和其他艺术家选择采用知识共享协议，这使得他们的作品可以被更广泛地传播和再创作。例如，一些艺术家可能会选择署名-非商业性使用（CC-BY-NC）协议，允许他人在不用于商业目的的情况下自由使用他们的作品，同时要求署名，以确保原创者的名誉得到保护。而署名-相同方式共享协议则进一步要求，任何基于原作的衍生作品也必须以相同的方式共享，这不仅保护了原创者的权益，也促进了作品的进一步创作和传播。

这种开放的分享方式，使得艺术作品能够跨越地域和文化的界限，被世界各地的人们欣赏和再创造。它不仅为艺术家提供了一个展示和推广自己作品的平台，也为公众提供了一个参与和体验艺术的机会。通过这种方式，艺术作品的生命力得到了延续，文化的多样性和创造力得到了增强。

知识共享协议的应用，为文化和艺术领域带来了新的活力和可能性。它打破了传统的版权保护模式，为艺术家和创作者提供了一种新的选择，使得艺术作品能够以更加自由和开放的方式被分享和再创造。

（五）法律和政策的支持

在全球范围内，知识共享的理念正在获得越来越多的法律和政策支持。这种趋势体现在多个国家和地区的政府机构和国际组织开始采用知识共享协议来发布数据和文档，以此提高透明度和促进公众参与。这些政策和法律框架的建立，旨在鼓励个人和组织在合法的框架内分享和使用创作内容，同时保护知识产权，尊重创作者的权益。

《中华人民共和国著作权法》《中华人民共和国专利法》《中华人民共和国反不正当竞争法》和《中华人民共和国数据安全法》等法律法规，为知识共享提供了法律基础，促进了健康、有序的知识分享。《中华人民共和国著作权法》保护作者对其创作作品享有独占使用权，同时也鼓励合理使用，如在教育机构内进行教学时可以合理引用相关资料。《中华人民共和国专利法》则允许发明者对其创造的新产品、新工艺申请专利，同时通过授予许可方式来分享他们已获专利的信息，保护自身利益的同时促进行业整体发展。

数据保护法规（如《中华人民共和国个人信息保护法》）规定了如何合法收集和使用个人数据，确保在开展基于用户数据分析或研究的平台上遵循这些规定，维护用户隐私权益。这些法律和政策的支持，为知识共享提供了坚实的基础，使得知识共享协议能够在保护创作者权益的同时，推动知识的广泛传播和利用，促进社会进步和创新。

（六）技术平台的支持

在技术平台的支持方面，知识共享协议得到了广泛的应用和推广。众多在线平台和工具通过集成知识共享协议，极大地简化了创作者为其作品添加许可信息的过程。例如，Flickr 作为一个流行的图片分享平台，允许用户在上传图片时选择不同的知识共享协议，从而轻松地与全球观众分享他们的作品。Wikimedia Commons 则成了一个集中存储和分享公共领域作品的平台，用户可以在这里找到并使用各种知识共享协议下的媒体文件。

GitHub 作为一个代码托管平台，也支持知识共享协议，使得开发者可以自由地分享和协作开发开源软件项目。通过这些协议，GitHub 上的项目可以明确地声明其版权和使用条件，促进了代码的共享和再利用。

这些平台的共同点在于，它们都认识到了知识共享协议在促进信息自由流通、鼓励创新和协作方面的重要性。通过支持知识共享协议，这些技术平台不仅为创作者提供了一个便捷的途径来分享他们的作品，也为公众提供了一个丰富的资源库，可以用于教育、研究和创作。

第二节　高校图书馆开放获取资源的建设与利用

开放获取资源指的是那些可以被任何人免费获取的学术成果，包括期刊文章、会议论文、学位论文等。这些资源的开放获取对于促进学术交流、提高研究透明度和加速科学进步具有重要意义。

一、高校图书馆开放获取资源的建设

（一）构建开放获取平台

高校图书馆在开放获取资源建设方面发挥着重要作用，其中之一便是建立或参与构建开放获取平台。这些平台，如 Open Access Library 和国家哲学社会科学文献中心等，为学术界提供了一个共享和获取知识的平台。它们汇集了广泛的

学术资源，跨越了众多学科领域，包括但不限于自然科学、社会科学、人文学科等。通过这些平台，高校图书馆不仅促进了学术成果的自由流通，还增强了研究的可访问性和影响力，使得全球的研究者和学生都能够免费访问这些宝贵的知识资源。

（二）整合学术资源

通过整合中国科学院的科技成果资源、科技出版资源和学术交流资源，高校图书馆能够提供丰富的学术资源。PubScholar 公益学术平台就是一个很好的例子，它整合了中国科学院的丰富学术资源，包括科技论文、专利和科学数据等多类型资源。这个平台在尊重知识产权和国际通行规范的前提下，发挥中国科学院自身拥有的丰富且高质量学术资源的优势，与国内外学术资源机构积极合作，最大限度地开放优质学术资源。

PubScholar 平台的建设，不仅为科研人员提供了一个集中的资源获取点，而且通过其集成服务，使得学术资源的获取更加便捷。平台可检索的元数据资源量约 1.7 亿条，包括科技论文元数据约 9548 万条，科技专利元数据约 8013 万条，科学数据元数据约 48 万条。此外，平台还提供了约 8000 万篇的免费全文资源，极大地促进了学术交流和知识的传播。

这种整合不仅提高了资源的可访问性，还加强了学术交流的深度和广度。通过这样的平台，高校图书馆能够更好地服务于科研人员，满足他们对高质量学术资源的需求，同时也为公众提供了一个获取科学知识的窗口。

（三）合作共建模式

高校图书馆在开放获取资源的建设中，与其他机构的合作共建模式显得尤为重要。这种模式通过协议授权或合作共建，使得高校图书馆能够获得并提供授权许可的学术资源。全球开放资源服务平台（OpenSign）就是一个典型的例子，由清华大学图书馆"开放科学支持计划"推进工作组建设。该平台整合了国内多家机构的开放获取论文数据，为社会提供开放服务。用户可以通过平台享受到从资源检索到全文获取的一站式服务，打破了传统"付费墙"的限制。

OpenSign 平台不仅为学者提供了开放获取论文的检索、阅览、推荐和在线交流等一站式服务，还为机构提供了论文统计分析、学科分布分析、合作网络分析以及作者合作网络分析等服务。平台还提供了开放科学相关政策信息，追踪各领域的最新实践，进一步促进了学术交流和知识的传播。这种合作共建模式，为高校图书馆资源共享的新生态提供了有力支持。

（四）强化信息资源建设

在开放科学时代，高校图书馆的信息资源建设不仅服务于国家战略，还涉及国家安全和高等教育的数字化转型。高校图书馆需要构建符合总体国家安全观的信息资源体系，以支撑国家的科技自立自强和哲学社会科学的发展。这意味着图书馆不仅要收集和保护传统的纸质资源，更要加强对数字资源的开发和利用，以满足用户在数字化时代的需求。

教育部提出，要全面推进高等教育教学数字化，这包括加快完善高等教育教学数字化体系、提升数字化应用能力等任务。这表明高校图书馆在信息资源建设上需要与国家教育数字化战略同步，通过数字化转型提升图书馆的服务能力和效率。

高校图书馆信息资源建设还需注重特色化和开放存取资源的建设。特色化建设意味着图书馆应根据自身教学建设、专业开设的特殊性，将这些专业中的特色融入信息资源建设中，从而让图书馆具有代表这所大学的特色化信息服务。而开放存取资源的建设则强调了高校图书馆应积极参与开放科学基础设施建设中，使用统一元数据描述标准，建立信息资源交叉链接框架，推行面向科研全生命周期的嵌入式服务机制。

二、高校图书馆开放获取资源的利用

（一）建立双向交流机制

高校图书馆在开放获取资源的基础上，建立双向交流机制能够提升图书馆服务的质量和效率，还能激发学生的阅读兴趣，促进专业知识的深入学习。通过双向交流，图书馆能够更准确地了解用户的需求，从而提供更加个性化和精准化的服务。

这种交流机制鼓励学生主动参与到图书馆资源的利用中来，而不仅仅是被动接受服务。学生可以通过参与图书馆组织的各类活动，如读书会、研讨会、工作坊等，来提高自己的信息素养和研究能力。同时，图书馆也可以通过这些活动收集学生的反馈，不断优化资源配置和服务方式。

双向交流机制还有助于学生发现与自己专业相关的资源，通过图书馆的指导和推荐，学生能够更有效地利用图书馆的资源，深入了解专业知识。这种机制还能帮助学生培养批判性思维和独立研究的能力，这对于他们的学术成长和职业发展都是极其有益的。

（二）利用电子图书和网络课程

高校图书馆在数字化转型的过程中，积极利用电子阅览室，为广大师生提供了丰富的电子图书和网络课程资源。这些资源不仅包括了传统的电子图书，还涵盖了各个大学开展的精品网络课程，满足了不同用户的需求。通过这种方式，图书馆不仅节省了物理空间，还提高了资源的可访问性和使用效率。

图书馆的数字化转型还包括了采资一体化平台、电子书及电子墨水屏阅读器、纸本书 PDA 采购平台、数字教材教参平台以及特藏资源数字化等多个方面。这些转型措施使得图书馆能够为师生提供更便捷的服务，如基于 Web 端和微信小程序端的新书借购服务，以及在线电子教材教参全文阅读服务，覆盖了各学科的多种教材及参考书资料。

高校图书馆还通过数字化转型，使得特藏资源（如古籍、民国文献、剪报资料等）得以数字化呈现，进一步丰富了图书馆的数字资源库。这些资源的数字化，不仅方便了师生的研究和学习，也为图书馆资源的长期保存和利用提供了保障。

（三）正确利用视听室

高校图书馆中的视听室是专为学术学习而设计的，尤其是为了提高学生的英语听说能力。因此，合理规划视听室的使用，避免将其用于非学术性的活动，如打游戏或观看电影，对于确保资源得到充分利用至关重要。

视听室配备了先进的音频和视频设备，提供了丰富的英语学习材料，包括原版电影、电视剧、纪录片、有声书以及各类语言学习软件。这些资源能够帮助学生在沉浸式的环境中提高语言技能，尤其是在听力和口语方面。通过模拟真实的语言环境，学生能够更好地理解和掌握英语的发音、语调和表达方式。

视听室也可以作为教师进行多媒体教学的场所，为课堂教学提供辅助。教师可以利用视听室的设备播放教学视频，进行听力训练，或者组织学生进行角色扮演和模拟对话等互动活动，从而提高教学效果。

为了确保视听室资源的合理利用，图书馆可以制定相应的使用规则和预约制度，鼓励学生和教师将其用于学术学习。同时，图书馆工作人员也应定期对视听室的使用情况进行监督和评估，确保其服务于学术学习的初衷。

第三节　高校图书馆知识共享与开放获取的挑战与机遇

在探讨高校图书馆知识共享与开放获取的挑战与机遇时，可以从多个维度进行分析，包括技术发展、政策支持、学术研究等。

一、高校图书馆知识共享与开放获取的挑战

（一）技术挑战和财务挑战

开放获取的推进在技术和财务方面带来了一系列挑战。Gold OA 模式要求作者或其所属机构支付出版费用，这可能阻碍了部分研究人员和机构的参与，尤其是在资金有限的情况下。同时，随着数字资源价格的持续上涨，高校图书馆在文献购置方面面临着越来越大的压力。在预算有限的情况下，单靠一个图书馆的经费很难满足所有用户的资源需求。这不仅影响了图书馆对资源的采购能力，也对图书馆的可持续发展构成了挑战。

（二）质量保证和标准化

确保开放获取出版物的学术质量和可靠性是维持其公信力的关键。随着 OA 模式的普及，如何保持其内容的高标准和同行评审的一致性成了一个突出问题。这不仅关系到研究成果的权威性，也影响着学术界对 OA 资源的信任度。开放获取资源的学术质量保障需要出版社、学术机构和研究人员共同努力，通过建立严格的同行评审流程和质量控制机制来实现。标准化的评审标准和透明的出版流程也是提高 OA 资源质量的重要手段。这些措施有助于确保研究成果的真实性和有

效性，同时也能够增强公众对开放获取资源的信任。

二、高校图书馆知识共享与开放获取的机遇

（一）技术发展

技术革新（如区块链、元宇宙和5G）的发展，为共建共享提供了坚实的技术基础。区块链技术以其去中心化、不可篡改和高透明度的特性，为共享资源的管理和交易提供了新的解决方案。这种技术可以减少中介机构的干预和收费，有效保障平台上企业与个人用户的资金安全，同时利用分布式账本、数字签名、加密算法等保障数据的安全性和不可篡改性，提高用户间的信任度和合作效率。

5G技术作为下一代移动通信技术，将带来更快、更稳定、更广泛的无线通信服务，支持更多的智能设备和应用，如自动驾驶、智慧城市、虚拟现实等，推动数字经济和数字社会的发展。元宇宙的发展则涉及底层通信产业、智能穿戴产业等，为经济、政治、文化发展提供了技术保障。元宇宙的出现不仅意味着产业自身的诞生，还改变了现有产业格局，催生出一系列经济、娱乐、文化等活动，为传统产业带来冲击和重大的发展机遇。

这些技术的发展不仅提高了资源的利用率和流通效率，还为共享经济的持续优化服务供给、改善消费体验提供了重要支撑。例如，区块链技术可以实现共享资源的去中心化管理和交易，降低成本和信任风险，而5G技术则能够为用户带来更加真实的沉浸式体验。

（二）政策支持

在中国国家图书馆的"十四五"发展规划中，明确提出了加强馆藏文献信息编目加工和提升书目数据质量的目标，同时推动国家书目数据中心的建设，以形成国家知识资源元数据集成仓储。这一规划不仅为高校图书馆的知识共享提供了政策支持，也指明了发展方向。通过加强馆藏文献信息的编目加工，可以提升书目数据的质量，这对于确保图书馆资源的准确性和可检索性至关重要。国家书目数据中心的建设将促进各级各类图书馆文献信息元数据的集中登记与协同共享，这有助于实现资源的优化配置和高效利用。通过这些措施，中国国家图书馆正在积极构建一个覆盖全国的知识资源共享网络，这将极大地促进高校图书馆之间的

资源共享与合作，提高服务质量，满足公众对知识资源的需求。

（三）学术研究的民主化

开放获取的实施极大地促进了学术研究的民主化进程，它使得更广泛的公众能够无障碍地接触到学术研究成果。这种模式不仅打破了传统出版的壁垒，还促进了科学知识的普及，使得研究成果不再局限于学术圈内部，而是能够被更广泛的社会公众所理解和应用。通过开放获取，研究成果的传播速度和范围得到了显著提升，这对于推动科学知识的传播和应用具有重要意义。

开放获取还为研究人员提供了一个平台，使他们能够增加自己研究成果的可见性和影响力。在开放获取的模式下，研究成果能够被更多的同行和潜在的合作者所发现，从而提高了研究的影响力和学术地位。这种模式鼓励了学术界的竞争和合作，促进了知识的交流和创新。同时，开放获取也为新兴研究领域和发展中国家的研究人员提供了更多的机会，使他们能够在全球学术舞台上发出自己的声音。

开放获取的实施，不仅改变了学术出版的商业模式，也为学术界带来了新的挑战和机遇。它要求学术界、出版界和资助机构共同努力，以确保研究成果的质量和可持续性。

（四）知识共享体验优化

在探讨高校图书馆用户借阅行为中的知识共享体验优化时，研究聚焦于用户的实际借阅行为，并基于知识共享理念来识别和解决借阅过程中的痛点。通过运用问卷调查、行为观察、回顾性访谈和用户旅程分析等用户研究方法，研究揭示了影响用户的四种借阅体验痛点，包括"研究导向型""非研究导向型""通用导向型"和"非通用导向型"。这些痛点的识别有助于构建用户参与知识共享体验的模型，并针对共享体验接触点提出优化措施。

研究强调了图书馆服务中隐性知识行为与体验的重要性，并指出图书馆应注重隐性知识与显性知识间的转化，帮助读者多方面进行知识的学习和积累，形成良好的知识共享空间。研究还发现用户在借阅过程中普遍存在知识询问与分享需求，但图书馆服务中缺少相应的知识交流与共享平台，如"师生探讨"和"同学推荐"等。因此，图书馆服务的改进应推动用户间的相互学习和新知识的挖掘，实现知识的创新发展。

　　通过用户旅程分析,研究识别了借阅行为中的关键共享触点,包括检索、翻阅、阅读、研讨和交流等环节,并提出了具体的优化措施。例如,通过"AR辅助查找"和"智能推荐"建立检索共享;通过"共享阅读痕迹"提供图书馆公共阅读数据;通过"电子云笔记"推动隐性知识外显,形成知识共享环境。这些措施旨在优化用户的知识共享体验,并为图书馆服务创新提供理论基础和实证参考。

第十章　高校图书馆大数据平台构建与管理

第一节　高校图书馆大数据平台的技术架构与选型

一、高校图书馆大数据平台的技术架构

高校图书馆大数据平台的技术架构主要基于 Hadoop 技术，该技术以其强大的数据处理能力和良好的扩展性成为构建大数据平台的首选。平台的整体架构包括数据采集、数据存储、数据处理和数据分析四个主要部分。

（一）数据采集

数据采集是构建图书馆大数据平台的关键初始步骤，它涵盖了从图书馆业务系统中提取基础数据和业务流程的全过程。利用 ETL 技术，即提取（Extract）、转换（Transform）、加载（Load）技术，可以有效地对来自不同来源且格式各异的数据进行整合处理，包括数据的清洗和存储等关键环节。这一技术的应用确保了数据的一致性和准确性，为后续的数据分析和挖掘提供了坚实的基础。

在数据采集过程中，ETL 技术不仅能够从多个数据源中提取所需信息，还能对这些信息进行必要的转换和清洗，以适应后续分析的需求。例如，原始数据可能包含不一致的格式、错误的数据或重复的条目，ETL 技术能够识别并修正这些问题，确保数据的质量和可用性。ETL 技术还负责将清洗后的数据加载到数据仓库或其他存储系统中，为数据分析和报告提供支持。

通过 ETL 技术，图书馆能够实现数据的标准化和集成，这对于维护数据的完整性和提高数据分析的准确性至关重要。它使得图书馆能够从海量的数据中提取有价值的信息，进而支持决策制定、服务优化和提升用户体验。

（二）数据存储

图书馆在大数据平台的数据存储环节，需要构建一个依托于云计算技术的存储系统，以确保数据的高可靠性、高可用性和高扩展性。这样的系统能够适应图书馆日益增长的大数据存储需求，为图书馆提供强大的数据支撑。

Hadoop 分布式文件系统（HDFS）是实现这一目标的理想选择。HDFS 作为一个高效的分布式存储系统，能够处理大规模数据集，并且支持高并发的数据访问。它通过将数据分散存储在多个节点上，不仅提高了数据的访问速度，还增强了数据的安全性。即使部分节点发生故障，HDFS 也能够确保数据的完整性和可用性，因为数据会被复制到多个节点上。

HDFS 的设计允许图书馆根据需要轻松扩展存储容量，这对于处理不断增长的数据量至关重要。它还能够与 Hadoop 生态系统中的其他组件无缝集成，如 MapReduce 和 HBase，进一步增强数据处理和分析的能力。

在云计算架构的支持下，图书馆可以更加灵活地管理数据存储资源。云服务提供商通常会提供可扩展的存储解决方案，图书馆可以根据实际需求动态调整存储容量，无须担心硬件设施的维护和升级问题。这种灵活性和可扩展性使得图书馆能够更加专注于数据的利用和分析，而不是基础设施的维护。

（三）数据处理

在大数据平台中，数据处理关乎数据的分析和挖掘工作。为了实现对存储于 HDFS 中的海量数据的高效处理与分析，Hadoop 和 Spark 等大数据处理框架被广泛采用。这些框架不仅提升了数据处理的速度，还增强了处理功能，使得大数据平台能够更加强大和灵活。

Spark 特别以其卓越的数据处理速度和丰富的功能集成为大数据平台的关键组成部分。它支持多种数据处理任务，包括批处理、实时流处理、机器学习及图计算等。这些功能使得 Spark 能够应对各种复杂的数据处理需求。与传统的 Hadoop MapReduce 相比，Spark 提供了更快的处理速度，因为它能够在内存中进行计算，减少了磁盘 I/O 操作，从而大幅提升了性能。

Spark 的另一个优势是其易用性，它提供了多种编程语言的支持，包括 Scala、Java 和 Python，这使得开发者可以根据自己的熟悉程度选择合适的语言进行开发。Spark 还提供了一个统一的编程模型，这意味着开发者可以使用相同的代码库来处理不同类型的数据处理任务，大幅简化了开发流程。

在大数据平台中，数据处理不仅仅是对数据的简单操作，它还包括数据的转换、聚合、排序和分析等多个环节。Spark 的 DataFrame 和 Dataset API 提供了一种高效的方式来处理结构化数据，而 SQL 模块则允许用户使用标准的 SQL 查询来处理数据，进一步降低了数据处理的复杂性。

（四）数据分析

数据分析构成了大数据平台的终极追求，其核心任务是利用数据挖掘算法和工具对图书馆用户的行为数据进行深入挖掘和分析，以揭示数据背后的模式。这一过程对于图书馆的运营至关重要，它不仅助力管理者优化资源配置，还能为读者提供更加精准和智能化的服务。

在大数据的背景下，图书馆能够收集到的用户行为数据量是前所未有的，这些数据包括借阅记录、搜索历史、访问频率等。通过应用先进的数据分析技术，图书馆可以洞察读者的阅读偏好、行为习惯以及对资源的实际需求，并能将此作为依据进行决策。例如，通过分析借阅数据，图书馆可以识别出哪些书最受欢迎，哪些区域的资源需求最高，进而调整采购策略和资源布局。

数据分析的另一个重要应用是提升图书馆服务的个性化和智能化水平。通过分析用户的历史行为和偏好，图书馆可以向读者推荐相关图书和资源，提供定制化的阅读建议。这种基于数据的服务不仅提高了用户体验，也增强了图书馆的吸引力和竞争力。

数据分析还能帮助图书馆识别和预测未来的发展趋势。通过对长期数据的分析，图书馆可以预测读者需求的变化，提前规划服务和资源，以应对未来挑战。

二、高校图书馆大数据平台的技术选型

在技术选型方面，高校图书馆大数据平台需要考虑以下几个关键因素。

（一）开发语言

在选择构建高校图书馆大数据平台的技术选型时，开发语言是一个核心决策点。在众多编程语言中，Java 和 Python 因其在大数据处理领域的卓越表现而脱

颖而出。Java 以其卓越的稳定性和跨平台兼容性,在企业级应用中占据重要地位,特别是在需要构建高性能、高并发的大数据应用时。Java 的强类型系统和成熟的生态系统,使得它在处理复杂的任务时更加可靠。

与此同时,Python 因其语法简洁和易于学习而广受欢迎,尤其是在数据科学和机器学习领域。Python 拥有丰富的数据处理库,如 Pandas 和 NumPy,这些处理库提供了强大的数据结构和数据分析工具,使得数据清洗、处理和分析变得更加高效。Pandas 特别擅长处理表格数据,而 NumPy 则提供了高效的多维数组对象和数学函数库,这些工具极大地简化了数据处理流程。

在选择开发语言时,还需要考虑团队的技术背景和项目需求。如果团队已经具备 Java 开发经验,并且项目需要与现有的 Java 生态系统兼容,那么选择 Java 可能是一个更稳妥的选择。反之,如果项目需要快速开发和原型设计,或者团队更熟悉 Python,那么 Python 可能是更合适的选择。

考虑到大数据平台的长期维护和扩展,选择一个拥有活跃社区和丰富资源的语言也非常重要。Java 和 Python 都拥有庞大的开发者社区,这意味着在遇到技术难题时,可以轻松找到解决方案和技术支持。

(二)数据库

MySQL 作为一种广泛使用的关系型数据库管理系统,以其高效的数据存储和查询能力而闻名。它支持复杂的查询语言 SQL,使得数据的检索和操作变得简单直观。MySQL 的事务处理能力、数据一致性和可靠性使其成为处理结构化数据的理想选择,尤其是在需要事务支持和需要保证数据完整性的场景中。

然而,随着大数据时代的到来,非结构化和半结构化数据的存储需求日益增长。在这种情况下,NoSQL 数据库因其灵活性和可扩展性而成为优选。HBase 和 MongoDB 是两种流行的 NoSQL 数据库,它们能够处理大规模的非结构化数据集。HBase 建立在 Hadoop 之上,是一个分布式的、可扩展的大数据存储系统,适合于需要随机实时读写访问的应用场景。它提供了对大规模数据集的列族存储和查询能力,适合于需要高吞吐量和低延迟的应用。

MongoDB 则是一种文档导向的 NoSQL 数据库,它以 BSON(二进制 JSON)格式存储数据,使得数据模型更加灵活。MongoDB 的高性能、高可用性和易用性使其在处理半结构化数据时表现出色。它的索引和聚合框架为复杂的查询和数据分析提供了强大的支持。

在选择数据库时，需要考虑数据的性质、查询需求以及系统的扩展性。对于需要复杂事务处理和数据关系维护的应用，MySQL 等关系型数据库可能是更好的选择。而对于需要处理大量非结构化数据、需要快速迭代和灵活数据模型的应用，NoSQL 数据库如 HBase 或 MongoDB 可能更加合适。

（三）系统架构

B/S 架构，即浏览器 / 服务器架构，因其便捷性和灵活性而成为构建大数据平台的主流选择。这种架构模式允许用户通过一个简单的浏览器界面与服务器端的大数据平台进行交互，无须在本地安装复杂的客户端软件。

B/S 架构的核心优势在于其跨平台特性，用户无论使用何种操作系统或设备，只要能够运行现代浏览器，就能访问大数据平台。这种架构简化了客户端的维护工作，因为所有的数据处理和分析都在服务器端完成，用户界面的更新和维护也更加集中和高效。

在大数据平台中，B/S 架构通常涉及一个前端界面，用于展示数据查询结果和分析报告，以及一个后端服务器，负责处理数据存储、计算和业务逻辑。这种分离的架构不仅提高了系统的可维护性，还增强了系统的安全性，因为所有的数据都存储在服务器端，减少了数据泄露的风险。

B/S 架构支持分布式计算和存储，这对于处理大数据平台中的海量数据至关重要。服务器端可以部署在多个物理或虚拟机上，通过负载均衡和数据分片技术，提高系统的处理能力和可靠性。

在用户体验方面，B/S 架构的大数据平台可以提供丰富的交互功能，如拖放式的数据查询构建器、动态的数据可视化图表和实时的数据监控仪表板。这些功能使得非技术用户也能轻松地进行数据探索和分析。

（四）后端框架

在构建大数据平台时，后端框架的选择对于整个系统的性能、可维护性和开发效率有着决定性的影响。在Java开发领域，SSM框架组合（Spring、SpringMVC和MyBatis）因其强大的功能和广泛的社区支持而备受青睐。Spring框架提供了全面的企业级服务支持，包括依赖注入、事务管理等，而SpringMVC则作为模型—视图—控制器的实现，简化了Web应用的开发。MyBatis则作为一个持久层框架，提供了SQL映射和对象关系映射（ORM）功能，使得数据库操作更加直观和高效。

SpringBoot作为Spring家族的一员，它进一步简化了Spring应用的初始搭建和开发过程。SpringBoot通过自动配置和"约定优于配置"的原则，减少了大量烦琐的配置工作，使得开发者能够快速启动和运行应用。它还内置了对多种数据库和消息队列的支持，使得大数据平台的后端开发更加灵活和高效。

在Python领域，Django框架以其"开箱即用"的特性和"不要重复自己"的原则，为Web应用的开发提供了一个高级的平台。Django自带了用户认证、内容管理、站点地图等多种功能，这些内置功能大幅缩短了开发周期。同时，Django的ORM系统也简化了数据库操作，使得开发者可以更加专注于业务逻辑的实现。

无论是SSM还是SpringBoot，或是Django，这些框架都为大数据平台提供了强大的后端支持。它们不仅提高了开发效率，还通过丰富的功能和良好的社区支持，确保了大数据平台的稳定性和可扩展性。开发者可以根据项目的具体需求、团队的技术栈以及预期的性能目标来选择合适的后端框架。这些框架的灵活性和强大功能，使得它们能够适应各种规模和复杂度的大数据项目，从而为构建高效、可靠的大数据平台提供了坚实的基础。

（五）前端技术

Vue.js作为一个现代化的渐进式JavaScript框架，以其简洁的语法和灵活的架构设计而受到开发者的青睐。Vue.js易于上手，允许开发者以组件化的方式构建用户界面，这使得开发复杂应用变得更加高效和系统化。

Vue.js的响应式数据绑定特性，使得前端界面能够自动响应数据的变化，从而减少了大量的手动DOM操作，提高了开发效率。同时，Vue.js的虚拟DOM技术在提升性能的同时，也优化了用户的交互体验。Vue.js的生态系统中包含了众多的插件和工具，如ElementUI，这是一个基于Vue.js的桌面端组件库，它提供了一套完整的UI组件，帮助开发者快速构建美观、响应式的界面。

除了Vue.js，HTML、CSS和JavaScript作为前端开发的基石，同样在构建高性能前端界面中扮演着重要角色。HTML 负责页面的结构，CSS 负责页面的样式，而 JavaScript 则负责页面的行为。这些技术的有机结合，使得前端界面不仅在视觉上吸引人，而且在功能上也能满足用户的需求。

在大数据平台的前端开发中，Vue.js 与 ElementUI 的结合可以提供丰富的图表和数据可视化组件，这对于展示复杂的数据分析结果尤为重要。用户可以通过直观的图表和图形化界面，快速理解数据的含义和趋势。此外，Vue.js 的路由管理功能，使得大数据平台的多页面应用开发变得更加简单，用户可以在不同的页面间无缝切换，而无须重新加载整个应用。

第二节 高校图书馆大数据平台的构建实施

一、项目目标与需求分析

在数字化时代，高校图书馆作为学术资源的中心和知识传播的枢纽，面临着信息量激增和用户需求多样化的挑战。构建高校图书馆大数据平台，旨在通过技术手段提升图书馆的服务能力和管理效率，以适应这一变化。

（一）项目目标

项目目标旨在通过构建高校图书馆大数据平台，实现图书馆数据资源的集中管理和整合，包括图书借阅记录、电子资源使用情况以及读者行为数据等，以形成一个统一的数据仓库。该平台将运用数据分析工具对整合后的数据进行深度挖掘，揭示数据背后的规律和趋势，为图书馆的决策提供科学依据。平台将根据分析结果优化图书馆的资源配置和服务流程，以提升用户体验，并满足读者的个性化需求。通过大数据平台，图书馆能够更有效地传播学术资源，扩大其影响力，并促进学术交流。

（二）用户需求

用户需求是高校图书馆大数据平台构建的核心。读者希望通过这个平台获得个性化的阅读推荐，享受更便捷的借阅服务，并能够接触到更广泛的学术资源。

这要求平台能够分析读者的阅读习惯和偏好，提供定制化的服务，同时整合和更新图书馆的资源，以满足读者不断变化的需求。

图书馆工作人员期望平台能够提升工作效率，特别是在库存管理和用户管理等方面实现自动化。这样的自动化不仅能够减轻日常的工作负担，还能让工作人员有更多时间专注于提供更高质量的服务。工作人员也需要平台提供决策支持，比如通过数据分析来预测资源需求和优化服务流程。

对于管理层而言，大数据平台应提供一个全面的图书馆运营视图，包括资源使用情况和用户满意度等关键指标。这些信息对于制定图书馆的发展战略至关重要，可以帮助管理层做出更加科学和合理的决策，以提升图书馆的整体服务质量和运营效率。

（三）需求分析

需求分析是构建高校图书馆大数据平台的关键步骤，它涉及从多个来源如图书管理系统、电子资源平台和自助借还系统等采集数据，并确保这些数据的完整性和准确性。数据采集后，需要进行清洗、转换和整合，以消除数据中的不一致性和冗余，从而提高数据的整体质量。平台必须具备强大的数据处理能力，以支持复杂的数据分析和数据挖掘任务，例如用户行为分析和资源使用分析。

为了使数据分析结果易于理解和操作，需要将这些结果通过图表、仪表板等形式直观展示给用户。同时，平台应提供友好的用户界面，以便图书馆工作人员和读者能够轻松访问和操作数据。安全性是另一个重要需求，平台必须确保数据的安全性和隐私性，遵守相关法律法规，保护用户数据不被泄露或滥用。

平台的可扩展性也是必不可少的，以适应未来技术的发展和业务需求的变化。为了确保平台的稳定运行和及时更新，需要有专业的技术支持团队提供维护和支持。

二、开发环境

在高校图书馆大数据平台的构建实施中，开发环境的搭建是项目成功的关键。

（一）硬件环境

为了构建高校图书馆大数据平台，硬件环境的搭建需要部署高性能的服务器来满足大数据处理和存储的需求。考虑到系统的可靠性和扩展性，推荐使用多台服务器，这样不仅可以实现负载均衡，提高系统的处理能力，还能去除数据冗余确保数据的安全性。在存储设备方面，应选用高速的 SSD 硬盘来提升数据的读写速度，这对于频繁的数据访问尤为重要。同时，配备大容量的 HDD 硬盘用于长期存储大量数据，以保证数据的持久性和完整性。此外，网络设施也是不可忽视的一环。需要确保网络连接的高速和稳定，这对于数据的同步和备份至关重要，尤其是在进行大规模数据传输时，高速网络可以显著提高效率并减少延迟。

（二）软件环境

在构建高校图书馆大数据平台的软件环境方面，Linux 操作系统因其在服务器领域的高稳定性和安全性而成为首选。Linux 不仅能够提供强大的性能，还对大数据处理技术有着出色的支持，使其成为运行大数据平台的理想选择。在数据库层面，平台需要处理各种类型的数据，因此需要灵活地使用 MySQL 或PostgreSQL 等关系型数据库来存储结构化数据，同时利用 HBase 这样的非关系型数据库来处理大规模的非结构化数据。这样的组合能够确保数据存储的灵活性和扩展性，满足不同数据类型和查询需求。

中间件在大数据平台中扮演着至关重要的角色。Apache Kafka 作为一个高效的消息队列系统，能够处理高吞吐量的数据流，确保数据在不同组件间的顺畅传输。而 Apache Zookeeper 则提供了一个分布式协调服务，帮助维护集群状态和配置信息，确保集群中的各个节点能够协同工作。这些中间件的引入，不仅增强了平台的数据处理能力，也提高了系统的可靠性和容错性。

（三）开发工具与框架

集成开发环境（IDE）是开发者日常编程的核心工具。IntelliJ IDEA 和Eclipse 是 Java 开发中广泛使用的 IDE，它们提供了代码自动完成、调试和版本控制集成等功能；而 PyCharm 则专为 Python 开发设计，支持代码分析和远程开发等高级功能。

代码版本管理是团队协作中不可或缺的一部分，Git 因其分布式版本控制的特性而广受欢迎，配合 GitHub 或 GitLab 这样的平台，可以方便地进行代码托管、分支管理和代码审查，从而提高团队的协作效率和代码质量。

在项目构建和依赖管理方面，Maven 和 Gradle 是 Java 生态中常用的工具。Maven 通过项目对象模型文件管理项目的构建、报告和文档等，而 Gradle 则提供了更灵活的构建配置。对于 Python 项目，pip 作为包管理工具，可以安装和管理项目依赖，而 virtualenv 则用于创建隔离的 Python 环境，确保不同项目间的依赖不发生冲突。

测试是软件开发中保证质量的关键环节。JUnit 是 Java 中流行的单元测试框架，它支持自动化测试和测试结果的报告生成。同样，pytest 是 Python 中功能强大的单元测试框架，支持简单的单元测试以及复杂的功能测试，有助于提高代码的健壮性和可靠性。

（四）大数据处理框架

Hadoop 生态系统提供了一个强大的基础，它通过 HDFS 实现数据的分布式存储，确保数据的高可用性和可扩展性。MapReduce 作为 Hadoop 的数据处理模型，能够处理大规模数据集的并行计算。而 YARN 则负责集群资源的管理和任务调度，提高了资源利用率和任务的执行效率。

Apache Spark 以其快速的处理能力在大数据处理领域脱颖而出，它不仅支持批处理，还支持实时数据处理，使得数据分析更加灵活和高效。Spark 的内存计算特性大幅加快了数据处理速度，尤其是在需要迭代计算的机器学习算法中表现突出。

Hive 作为一个建立在 Hadoop 之上的数据仓库工具，它提供了一个 SQL-like 的查询语言 HiveQL，使得用户能够以熟悉的 SQL 方式进行数据查询和分析，降低了使用 Hadoop 的复杂性。Hive 的引入使得非技术背景的用户也能轻松地进行大数据分析，提高了平台的易用性。

这些框架的结合使用，增强了高校图书馆大数据平台的数据处理和分析能力，使得平台能够高效地处理和分析海量的图书借阅数据、电子资源使用情况以及读者行为数据。

（五）安全性与合规性

在高校图书馆大数据平台的构建中，安全性与合规性是必须严格考虑的关键因素。为了保护服务器不受未授权访问和网络攻击，部署防火墙和入侵检测系统是基本的安全措施。防火墙能够监控进出网络的流量，而入侵检测系统则能够识别和响应潜在的安全威胁，两者共同构成了网络的第一道防线。

数据在传输过程中的安全性同样重要，因此采用 SSL/TLS 等加密技术对数据进行保护是必要的。这些技术能够确保数据在传输过程中不被窃听或篡改，保护了数据的完整性和隐私性。

基于角色的访问控制（RBAC）是一种有效的策略。RBAC 允许系统根据用户的角色分配不同的访问权限，确保只有授权的用户才能访问敏感数据。这种策略不仅提高了安全性，还简化了权限管理，使得权限的分配和撤销更加灵活和高效。

（六）开发流程

敏捷方法论，如 Scrum 和 Kanban，允许团队以迭代和增量的方式开发软件，这样可以快速适应需求变化，确保项目始终与用户需求保持一致。Scrum 通过定期的冲刺和回顾会议，促进团队协作和持续改进；而 Kanban 则通过视觉化工作流程和限制工作进度，提高流程效率和响应速度。

为了进一步提升开发效率和软件质量，实施持续集成/持续部署（CI/CD）流程至关重要。CI/CD 通过自动化构建和部署，使得代码的集成和发布变得更加频繁和可靠。在持续集成阶段，每次代码提交都会触发自动化构建和测试，确保新代码与现有代码的兼容性，并及时发现缺陷。持续部署则进一步自动化了软件的发布过程，使得经过测试的代码能够快速部署到生产环境。

这种自动化流程不仅缩短了从开发到部署的周期，还提高了软件的稳定性和可靠性。通过实时监控和反馈机制，开发团队能够快速识别和解决问题，从而持续提升软件质量和用户体验。通过敏捷开发和 CI/CD 的结合，高校图书馆大数据平台的开发流程变得更加高效和灵活，能够快速响应市场变化和用户需求，确保项目的成功实施。

通过上述开发环境的构建，高校图书馆大数据平台能够提供一个稳定、安全、高效的开发和运行环境，以支持图书馆数据资源的集中管理和整合，实现图书馆服务的数字化转型。

三、数据整合与预处理

数据整合与预处理是构建高校图书馆大数据平台的基石，它们对于确保平台能够提供准确、一致和有用的信息至关重要。

（一）数据整合的重要性

在高校图书馆的日常运作中，数据的来源极为广泛，涉及借阅记录、电子资源使用情况、读者信息等多个方面。这些数据往往分散在不同的系统和数据库中，格式各异，给数据的统一管理和深入分析带来了挑战。数据整合的关键在于将这些碎片化的数据汇集起来，构建一个集中的数据仓库，实现数据的一体化管理与分析。

通过数据整合，图书馆能够打破信息孤岛，实现数据的互联互通，为图书馆的决策提供全面的数据支持。整合后的数据仓库不仅便于数据的查询和报告生成，还能为复杂的数据分析和数据挖掘提供基础，从而揭示数据背后的深层次信息。数据整合还能提高数据的一致性和准确性，避免数据分散导致的信息偏差和错误决策。

（二）数据整合的步骤

数据整合流程的第一步是全面识别图书馆内所有潜在的数据源，这包括但不限于借阅系统、电子资源平台和读者信息数据库。了解这些数据源的结构、内容、格式以及它们存储的位置和更新频率是至关重要的，因为这将直接影响到数据整合的效率和效果。

第二步，进入数据抽取阶段，这一步骤涉及将分散在不同系统中的数据导出，并进行必要的转换和加载，以适应数据仓库的架构。ETL 过程在这里发挥着核心作用，它确保数据在移动过程中的质量。

第三步，设计一个能够全面反映图书馆业务流程的数据仓库模型。这个模型不仅要能够存储整合后的数据，还要考虑到数据查询的性能，确保数据仓库能够支持复杂的查询和分析需求。

第四步，将经过清洗和转换的数据加载到数据仓库中。这个过程需要定期执行，以保持数据仓库中数据的时效性。通过这种方式，图书馆能够确保数据仓库中的数据始终是最新的，从而为图书馆的决策提供最准确的数据支持。

（三）数据预处理的必要性

数据预处理是大数据平台建设中不可或缺的一环，它直接关系到数据分析的准确性和有效性。在高校图书馆的大数据环境中，数据来自多个渠道，如借阅记录、电子资源使用情况和读者信息等，这些数据在收集和存储过程中可能会出现错误、缺失或不一致性。例如，读者信息可能因为输入错误而出现格式不一，或者某些借阅记录可能因为系统故障而缺失关键信息。

如果不对这些数据进行预处理，直接用于分析，就可能导致分析结果的偏差，进而影响到图书馆的决策制定。数据预处理包括数据清洗、转换和规范化等多个步骤，其目的是修正数据中的错误，填补或处理缺失值，以及统一数据格式，确保数据的一致性和准确性。通过数据清洗，可以移除或修正错误的数据点；数据转换可能涉及数据类型的改变或数据的归一化处理；而数据规范化则是确保所有数据遵循相同的标准和格式。

（四）数据预处理的步骤

数据预处理是大数据平台中确保数据质量和一致性的关键环节，它包括数据清洗、转换、规范化和集成等多个步骤。数据清洗是识别和修正数据集中的错误，这些错误可能包括格式错误、拼写错误或数据类型错误。同时，处理缺失值也是数据清洗的一部分，可能的方法包括填充缺失值、删除含有缺失值的记录，或者运用统计方法来估算缺失值。

数据转换环节将原始数据转换成适合分析的格式。这涉及归一化处理，使得不同来源的数据可以在同一尺度下比较；标准化处理，以消除不同单位或量级的影响；对类别变量进行编码，使其能够被分析工具识别和处理。

数据规范化则是确保数据一致性的过程，它要求将不同数据源中的数据统一到一个标准下。例如，在图书分类中，不同数据源可能采用不同的分类体系，规范化就是要将这些分类体系统一，以保证数据分析的准确性和可靠性。

数据集成阶段将经过清洗和转换的数据合并到数据仓库中。这可能包括合并多个数据源的数据、去除重复记录等操作，以确保数据仓库中的数据是准确、完整和一致的。

四、智能分析与数据挖掘

智能分析与数据挖掘是大数据技术应用的核心，它们能够从海量的数据中提取有价值的信息，为决策提供科学依据。在高校图书馆的大数据平台中，这些技术的应用尤为重要，因为它们可以帮助图书馆更好地理解读者需求，优化资源配置，并提供个性化服务。

智能分析技术可以对整合后的数据进行深入分析，识别出读者的阅读偏好和借阅习惯。例如，通过用户行为分析，图书馆可以了解哪些类型的图书更受欢迎，哪些时间段借阅量最大，以及读者对电子资源的使用情况。这些分析结果可以帮助图书馆优化藏书结构，调整采购策略，以及改善服务流程。

数据挖掘技术，如机器学习算法，可以进一步对用户行为进行分类，以便更好地理解用户需求。例如，K–Means 聚类算法可以用于对读者进行分群，识别出不同的读者群体及其特征。这样，图书馆可以针对不同的读者群体提供定制化的服务，如个性化推荐系统，从而提高读者满意度和图书馆资源的利用率。

智能分析与数据挖掘技术还可以帮助图书馆预测未来的借阅趋势和资源需求。通过对历史数据的分析，图书馆可以预测哪些图书可能会成为热门，从而提前做好准备。这种预测能力对于图书馆的资源规划和预算分配至关重要。

在技术实现上，智能分析与数据挖掘通常需要结合多种算法和模型。例如，深度学习技术可以用于构建复杂的推荐模型，而传统的数据挖掘算法（如决策树、规则归纳等）则可以用于分类和聚类分析。这些技术的结合使用，可以提高分析的准确性和效率。

五、数据可视化与用户交互

数据可视化与用户交互是大数据平台中至关重要的组成部分，它们直接影响用户对数据的理解和操作。在高校图书馆的大数据平台中，数据可视化工具（如Echarts）能够将复杂的数据分析结果转化为直观的图表和图形，使得非技术背景的用户也能轻松理解数据的含义。

（一）数据可视化的重要性

1. 使数据易于理解

数据可视化是将数据以图形或图表的形式呈现，极大地增强了数据的可读性和易理解性。它使用户能够迅速识别数据的关键特征，如分布情况、变化趋势以及潜在的异常点。例如，折线图能够直观地反映出图书借阅量随时间的波动情况，帮助图书馆管理者洞察借阅高峰期；饼图则能清晰展示各类图书在总借阅量中的占比，揭示读者的阅读偏好。这种直观的展示方式不仅简化了数据的解读过程，还强化了数据传达的信息，使得复杂的数据集变得易于消化和理解。

2. 辅助决策

数据可视化作为一种强大的工具，能够显著提升图书馆工作人员和管理层的决策效率。通过直观展示数据，决策者能够迅速识别关键信息，从而做出更加精准的决策。例如，热力图能够直观地展示图书馆内不同区域的使用情况，揭示哪些区域人气最旺，哪些区域较为冷清。这种视觉化的信息有助于图书馆在空间规划和资源配置上做出更合理的安排，比如增加热门区域的座位数量或调整图书的摆放位置以优化流量。

数据可视化还能帮助图书馆识别服务中的瓶颈和不足，比如通过响应时间图表发现特定时间段服务台前排队人数激增，从而考虑增加人手或优化服务流程。通过这种直观的数据辅助，图书馆能够更好地响应读者需求，提升服务质量，同时也能更有效地利用有限的资源，实现成本效益最大化。

3. 增强沟通

数据可视化在图书馆的沟通策略中通过将复杂的数据信息转化为简洁明了的图表和图形，使得信息传递变得更加高效。例如，图书馆可以利用柱状图或条形图直观地向读者展示特定服务的使用频率，或者通过趋势图来展示图书馆藏书的增长情况，这样的视觉展示有助于读者更好地了解图书馆的资源和服务。

同时，数据可视化也是向资助机构展示图书馆运营成果的有效手段。通过直观的仪表板和信息图表，图书馆可以清晰地展示其服务的覆盖范围、用户参与度以及社会影响力等关键指标。这种直观的展示方式不仅能够增强报告的说服力，还能够加深资助机构对图书馆工作的认识和支持。

（二）用户交互设计

1. 友好的用户界面

一个直观且用户友好的界面对于确保所有用户，无论是图书馆工作人员还是普通读者，都能轻松使用平台至关重要。设计时应充分考虑用户的多样性和他们各自的需求：工作人员可能需要访问高级查询功能和数据分析工具，而读者可能更关心个性化的图书推荐和借阅流程的便捷性。为此，界面应简洁清晰，避免不必要的复杂性，同时提供强大的功能。例如，通过清晰的导航和直观的布局，用户可以快速找到他们需要的功能。界面应适应不同用户的技能水平，减少对技术培训的依赖。通过提供易于理解的视觉提示和交互元素，如图标、按钮和搜索栏，让即使是初次使用的用户也能无障碍地进行操作。

2. 交互式分析

在大数据平台中，交互式分析工具是提升用户体验和数据分析深度的关键。这些工具允许用户根据个人需求对数据进行动态筛选、排序和分析，从而获得更个性化的洞察。例如，读者可以基于个人兴趣选择图书类别，进而获取该类别下的借阅排行榜和新书推荐，这样的功能使得用户能够更直接地与数据互动，发现更符合自己需求的信息。

通过交互式工具，用户不仅能够快速访问感兴趣的数据，还能深入挖掘数据背后的故事。图书馆工作人员可以利用这些工具对借阅数据进行多维度分析，比如分析特定时间段内的借阅趋势，或者比较不同读者群体的借阅偏好。这种灵活性和深度的分析能力对于图书馆优化资源配置和提升服务质量至关重要。

交互式分析工具的设计应注重易用性和直观性，确保用户无须烦琐的操作就能进行复杂的数据分析。通过拖放、点击等简单的交互方式，用户可以轻松地执行复杂的数据操作，从而提升分析效率和用户体验。

六、系统实施与测试

系统实施与测试是软件开发生命周期中的关键阶段，它们确保了最终产品能够满足预定要求并且在实际环境中稳定运行。对于高校图书馆大数据平台而言，这一阶段尤为重要，因为它涉及大量的数据处理和复杂的用户交互。

（一）系统实施

1.部署策略

系统实施是软件项目成功的关键阶段，它涉及将开发完成的系统部署到生产环境中。为此，必须制定周密的部署策略，涵盖从时间安排到资源配置的各个方面。这一策略需要明确部署的具体步骤、所需资源以及在遇到问题时的应对措施，确保部署过程有序进行。

对于高校图书馆的大数据平台，部署策略尤为重要，因为它不仅涉及新系统的上线，还可能包括从旧系统到新系统的数据迁移。这要求在部署计划中特别考虑数据迁移的详细流程，确保数据的完整性和一致性。同时，还需要规划系统升级的路径，以便在未来能够平滑地进行系统更新和功能扩展。

回滚策略是部署计划中不可或缺的一部分，它定义了在部署过程中出现问题时如何快速恢复到之前的状态，以减少系统中断对用户的影响。

2.环境准备

在系统部署之前，必须确保所有必要的硬件和软件环境已经准备就绪，以支持大数据平台的稳定运行。这涉及对服务器进行配置，确保它们能够满足平台的计算和存储需求。同时，网络配置也必须得到妥善处理，以保证数据传输的效率和安全性，这对于保证大数据平台的性能至关重要。

数据库的安装和配置是另一个关键环节，因为它们是存储和处理图书馆数据的核心。对于处理大规模数据集的大数据平台，还需要特别配置如 Hadoop 和 Spark 等分布式计算环境。Hadoop 集群负责分布式存储，而 Spark 环境则提供快速的数据处理能力。这些组件的配置需要考虑到平台的扩展性，以适应未来数据量的增长和更复杂的数据处理需求。

环境准备还包括确保所有软件和中间件都已安装并配置妥当，以便开发完成的应用程序能够无缝集成和运行。

3.数据迁移

在新系统部署过程中，若存在旧系统，数据迁移是一个不可忽视的环节。这一步骤要求将原有系统中的数据准确无误地转移到新平台，同时保证数据在迁移过程中的完整性和一致性不受损害。数据迁移不仅仅是数据的简单复制，它还包括数据格式的转换、数据结构的调整以及数据关系的重新建立。

为了确保数据迁移的成功，需要制订详尽的迁移计划，包括数据迁移的范围、方法、时间点以及风险应对措施。在迁移过程中，可能需要使用专业的数据迁移工具，或者编写定制化的脚本，以自动化迁入，减少人为错误。迁移前后的数据校验也是必不可少的，通过对比源系统和目标系统的数据，确保迁移后的数据准确无误。

数据迁移完成后，还需要进行彻底的测试，验证新系统中的数据是否能够正常使用，以及所有业务流程是否能够顺利执行。

4. 系统配置

在大数据平台部署过程中，系统配置是一个关键步骤，它直接影响到平台的运行效率和用户体验。针对图书馆的特殊需求，需要对平台进行细致的调整和优化。这涉及多个方面的设置，包括用户权限的分配，以确保不同用户能够访问合适的数据和功能；数据分析流程的定制，以便根据图书馆的业务逻辑自动处理数据；性能参数的调整，确保系统能够在高负载下保持稳定。

系统配置还需要考虑到数据安全和隐私保护的要求，确保敏感信息得到妥善处理。根据图书馆的使用场景，可能还需要配置特定的数据接口，以便与其他系统或服务进行集成。通过这些定制化的配置，大数据平台能够更好地适应图书馆的运营模式，为用户提供更加个性化和高效的服务。

（二）系统测试

1. 功能测试

系统测试是确保软件产品质量的关键环节，其中功能测试尤为重要。功能测试的目的是验证系统的各项功能是否按照设计要求正常运行。这涉及对用户界面的每个元素、各个功能模块以及后台服务的全面测试。在大数据平台的背景下，功能测试不仅要覆盖基本的业务流程，还要确保数据处理的准确性，包括数据的导入、处理、分析和展示等关键环节。

在测试过程中，需要模拟不同的用户操作，检查系统是否能够正确响应，并且生成预期的输出。对于大数据平台，特别需要关注数据的准确性和完整性，确保在数据转换和分析过程中不会出现丢失或错误。功能测试还应包括异常流程的测试，验证系统在遇到错误输入或系统故障时的健壮性和错误处理能力。

2. 性能测试

性能测试的核心目标是衡量系统在面临大量用户请求和数据处理时的表现。这一测试环节关注系统的关键性能指标，如响应时间、吞吐量和并发处理能力。在大数据平台的测试中，性能测试尤为关键，因为这些平台常常需要处理庞大的数据量和应对用户高并发访问的情况。

在性能测试中，通过模拟高负载环境，可以评估系统在极限条件下的稳定性和响应能力。这包括监测系统在处理大量数据时的响应速度，以及在多用户同时访问时的吞吐量表现。还需要测试系统在高并发请求下是否能够维持正常运行，以及是否存在性能瓶颈。

性能测试的结果对于优化系统配置、提升系统性能至关重要。通过这些测试，开发团队可以识别系统的性能瓶颈，进行相应的调优，比如增加资源、优化算法或改进数据库查询。

3. 压力测试

压力测试旨在评估系统在超出常规使用情况下的性能表现，通过模拟极端负载条件来揭示系统在极限状态下的行为。这种测试对于大数据平台尤为重要，因为它们经常需要处理大规模数据集和面对用户数量的急剧增加。在压力测试中，系统会被施加超出预期最大负载的压力，以识别可能导致性能下降或系统故障的瓶颈。

通过压力测试，可以观察系统在资源使用、处理速度和稳定性方面的反应，从而发现潜在的问题点。例如，系统可能在内存使用接近极限时变得缓慢，或者在处理大量并发请求时出现延迟。这些信息对于优化系统架构、扩展能力以及提高系统的弹性和可靠性至关重要。

4. 用户接受测试

用户接受测试（UAT）是软件开发过程中的一个关键阶段，它允许最终用户在实际使用环境中对系统进行全面的测试。这种测试的目的是确保系统不仅在技术上符合规格要求，而且在实际应用中也能让用户满意。在大数据平台的背景下，

UAT 尤为重要,因为它直接影响到图书馆工作人员和读者的日常操作和信息获取。

通过 UAT,用户可以亲自体验系统的各项功能,从数据查询到报告生成,从用户界面交互到后台数据处理。这个过程有助于揭示那些在开发过程中可能被忽视的问题,比如用户界面的不直观设计、功能操作的不便捷性,或是与用户预期不符的行为。UAT 的结果对于识别和修复这些实际使用中的问题至关重要,它确保了系统在正式上线前能够满足用户的实际工作流程和需求。

5. 安全测试

安全测试是确保系统数据安全和隐私保护的重要环节,尤其对于大数据平台而言,由于涉及大量敏感数据,安全测试显得尤为关键。此过程包括对系统的认证机制、授权机制和数据加密等方面进行全面评估。

认证机制的测试确保只有经过授权的用户才能访问系统。这包括验证用户身份的有效性,如密码强度和多因素认证的实施。还需测试登录失败后的锁定机制和密码策略,以确保符合安全标准。

授权机制的测试关注用户权限的正确实施,确保用户只能访问其被授权的数据和功能。这涉及角色基于访问控制等权限策略的有效性检查。

数据加密是安全测试的另一个重要方面。在数据传输过程中,需检查加密协议(如 SSL/TLS)的有效性和配置是否正确。同时,对于静态数据的存储,也要确保敏感信息在磁盘上处于加密状态,以防止数据泄露。

审计与日志记录测试也不可忽视。确保所有对数据的操作都有适当的日志记录,并能够追溯到具体的操作者,这对于检测未授权访问尝试和其他异常行为至关重要。

6. 兼容性测试

兼容性测试的目的是验证系统能否在多样化的技术环境中稳定运行,这对于大数据平台尤为重要,因为它们可能会被部署在多种硬件配置、操作系统版本以及网络条件下。这一测试过程确保了系统设计的灵活性和适应性,能够满足不同用户群体的技术需求。

在进行兼容性测试时,需要对系统在不同操作系统、浏览器版本、数据库系统以及网络协议中的运行情况进行评估。例如,测试大数据平台在 Windows、

Linux 和 macOS 等不同操作系统上的表现，以及在不同版本的数据库管理系统中的兼容性。此外，还需要检查平台在不同网络速度和稳定性条件下的性能，确保即使在网络条件不佳的情况下也能提供基本的服务。

通过兼容性测试，可以发现并解决跨平台运行时可能遇到的问题，如界面显示异常、功能不兼容或性能下降等。这有助于提高系统的用户满意度，确保所有用户无论使用何种技术环境都能获得一致的体验。

（三）测试后的优化

1. 缺陷修复

在系统测试阶段，难免会发现各种缺陷和问题。这些问题的及时修复对于确保系统质量和可靠性至关重要。缺陷修复可能包括对代码的修改、配置调整、数据库优化等多个方面。开发团队需要根据测试结果，快速响应，对发现的问题进行分类和优先级排序，然后制订修复计划。

修复工作不仅仅是解决问题，还需要确保修复方案不会引入新的问题。因此，每次代码修改后，都需要进行回归测试，验证修复是否有效，以及系统其他部分是否仍然按预期工作。这个过程可能需要多次迭代，直到所有关键缺陷都被解决。

缺陷修复还需要考虑系统的整体性能和用户体验。有时候，修复一个缺陷可能会对系统的其他部分产生影响，因此需要全面评估修复方案的影响，并在必要时进行权衡。

2. 性能优化

性能测试完成后，根据测试结果对系统进行性能优化是提升系统效率和响应速度的关键步骤。这一过程可能涉及多个层面的调整和优化，包括数据库查询的优化、服务器资源的增加以及系统配置的调整。

数据库查询优化是提升性能的重要手段，通过优化查询语句、增加索引、调整数据库结构等方式，可以显著提高数据访问速度和处理效率。同时，增加服务器资源，如提升 CPU 处理能力、增加内存容量或扩展存储空间，也能直接提升系统处理大规模请求的能力。

系统配置调整也是一个不可忽视的方面，包括调整网络设置、优化系统参数和调整应用服务器的配置。这些调整有助于提高系统的整体性能，确保系统在高负载下依然稳定运行。

3. 用户反馈

用户接受测试期间收集的用户反馈直接反映了系统在实际使用中的表现和用户的满意度，为系统的改进提供了宝贵的第一手资料。根据用户的反馈，系统可能需要对用户界面进行调整，使其更加直观和易用，或者增加新功能来满足用户的特定需求。

改进文档也是根据用户反馈进行优化的重要方面。详细的用户手册和在线帮助文档可以帮助用户更好地理解和使用系统，减少操作中的困惑和错误。用户反馈还可能指出系统在特定功能或性能上的不足，这要求开发团队对这些领域进行重点关注和改进。

第三节　高校图书馆大数据平台的管理

一、数据资源管理及其开放和网络服务体系

数据资源管理对于图书馆来说不仅涉及数据的收集和整合，还包括数据的深度处理和科学化管理。北京大学图书馆的数据管理与服务实践表明，通过对图书馆数据资源体系进行全面的盘点和梳理，可以构建起图书馆数据资源目录体系。这样的体系有助于图书馆对数据进行深度处理、智能组织和科学化管理，进而构建起图书馆资源数据增值服务体系。

（一）数据增值服务体系的构建

构建图书馆资源数据增值服务体系，关键在于提供精确、可靠且细致的数据服务。这不仅涉及为管理层提供决策支持，如满足管理决策的数据需求、编制运行数据月报、进行运营效能评估；也包括为业务中心提供数据支持和业务决策服务，如业务决策支持、业务优化支持和数据评估服务。图书馆还需向用户及社会各界提供个性化、智能化服务，包括开放获取、数据交换和经验输出等。

（二）数据驱动的图书馆管理决策

在图书馆管理中，数据驱动的决策模式正变得越来越重要。这种模式依赖于从大量数据中提炼出关键信息，以辅助图书馆的日常运营和长期规划。通过深入分析用户查询和借阅行为，图书馆能够洞察用户偏好和需求，从而更精准地配置资源。例如，通过识别哪些书或资料最受欢迎，图书馆可以增加这些资源的采购，减少不常被使用的资源。数据还能帮助图书馆优化服务流程，如通过分析借阅高峰时段，合理调整开放时间和人员配置，以提升服务效率和用户满意度。

（三）图书馆服务创新

随着数字化时代的到来，图书馆的服务模式正在经历一场深刻的变革。为了满足社会发展和读者需求的演变，图书馆开始采用大数据、云计算和人工智能等先进技术，推动服务方式的创新。这些技术的应用使得图书馆服务变得更加高效和便捷。读者现在可以通过移动设备、虚拟平台以及联合服务网络，随时随地访问图书馆的资源。个性化服务的引入，如定制化的阅读推荐和信息推送，进一步提升了用户体验。图书馆不再局限于传统的物理空间，而是通过数字化转型，拓展了服务的边界，使得知识获取变得更加灵活和即时。

（四）数据开放和网络服务体系

在数字化转型的大背景下，图书馆服务创新的一个关键方面是数据开放和网络服务体系的构建。这一体系不仅促进了图书馆内部资源的共享，也加强了图书馆与外部环境的互联互通。通过开放数据接口，图书馆能够将元数据集成到学校其他应用或网站中，实现学术资源的深度利用和社会服务的拓展。

数据开放策略使得图书馆能够更有效地参与社会服务中，通过提供开放的API，如学位论文信息服务 Web Service，图书馆允许第三方应用根据需求调用元数据，实现不同系统间的数据共享和互操作性。这种开放性不仅增强了图书馆服务的可达性，也为学术研究和教育提供了更广泛的资源支持。

图书馆的网络服务体系也在不断进化，通过整合全国一体化政务服务平台和国家数据共享交换平台等现有数据共享渠道，图书馆能够提供更协同高效的政务数据服务。这种整合不仅提高了服务效率，也为用户提供了统一的信息获取入口，无论是本地馆藏还是其他图书馆的资源，用户都能在一个平台上进行访问和利用。

二、优化图书馆的管理及服务能力

利用大数据技术，高校图书馆能够显著优化其管理及服务能力。大数据技术的应用使得图书馆能够深入分析用户的查询及使用记录，从而预测用户需求，实现资源、用户和服务之间的有效融合，进而提升服务效率及质量。

通过大数据分析，图书馆能够更准确地把握读者的阅读偏好和需求。这种分析可以帮助图书馆在实际采购或数字资源的安排和分配中，做到资源、用户和服务之间的有效融合，有利于服务效率及质量的提升。例如，图书馆可以根据借阅数据和用户查询记录，预测哪些书或主题将会受到欢迎，并据此调整采购策略，优化馆藏资源。

大数据技术还可以帮助图书馆了解用户重点访问的窗口及时间，推测出图书馆的高峰时间。基于这些信息，图书馆可以调整工作人员数量和服务时间，合理配置人力资源，以避免人手分配不均的情况，提高服务能力及用户满意度。例如，通过分析系统运营数据及用户行为，图书馆可以发现特定时间段内用户访问量激增，从而在这些高峰时段增加工作人员，以减少用户等待时间，提升服务体验。

大数据技术的应用还促进了图书馆服务的个性化和智能化。图书馆可以根据每位读者的阅读习惯和兴趣，提供个性化的推荐服务。通过智能推荐系统，图书馆能够精准地推送符合读者需求的图书信息，提升读者的满意度和忠诚度。

在管理层面，大数据技术的应用也推动了图书馆管理理念的变革。智慧图书馆借助大数据技术，对馆藏资源、读者行为等数据进行深度挖掘和分析，为管理者提供决策支持。通过数据驱动，图书馆能够更准确地把握读者需求，优化资源配置，提高服务效率。

三、运营管理

图书馆运营管理系统的构建是提高图书馆运维效率和服务质量的关键。这一系统通过集成多种功能，如设备状态及组件监控、故障主动告警、在线巡检设备、远程关机、重启和预警设置等，实现了对图书馆设备的精细化管理。

设备状态及组件监控功能使得图书馆能够实时了解设备的运行状况。通过监控系统，图书馆管理员可以及时发现设备异常，预防潜在的故障，从而减少设备停机时间，确保图书馆服务的连续性和稳定性。

故障主动告警功能则进一步提升了图书馆的响应速度。当系统检测到设备故障或异常时，会自动向管理员发送告警信息，使问题能够得到快速处理，减少对读者服务的影响。

在线巡检功能允许管理员远程检查设备状态，这不仅提高了运维效率，还降低了现场检查所需的时间和人力成本。通过远程监控，图书馆可以更灵活地安排巡检计划，确保设备的正常运行。

远程关机和重启功能为图书馆提供了便捷的设备管理手段。在需要进行系统维护或更新时，管理员可以远程控制设备，无须亲自到现场操作，这大幅提高了工作效率。

预警设置功能则为图书馆提供了预防性维护的可能。对设备运行数据的分析，系统可以预测潜在的故障和性能下降，提前发出预警，使图书馆能够采取预防措施，避免服务中断。

图书馆运营管理系统还包括了自动化盘点上架功能。智能还书盘点车减轻了工作人员的工作负担，提高了图书管理的精准度和效率。无人化运营管理，如RFID图书馆安全门的应用，实现了智能运营，提高了图书馆的安全管理水平和管理效率。

第十一章　高校图书馆大数据安全与隐私保护

第一节　大数据环境下的高校图书馆安全风险分析

在大数据环境下，安全风险分析是一个复杂而多维的问题，涉及数据的采集、传输、存储、处理和分析等多个环节。

一、数据传输安全风险

（一）数据泄露风险

数据传输过程中的安全风险不容忽视，其中数据泄露是最为严峻的问题之一。在数据传输过程中，信息可能会被非法拦截、破坏或泄露，这不仅会侵犯个人隐私，还可能导致敏感信息落入不法分子之手。这些信息一旦被用于欺诈、网络钓鱼或身份盗窃等犯罪活动，不仅会给受害者带来经济损失，还会严重损害企业和个人的信誉。因此，确保数据在传输过程中的安全，防止数据泄露，对于保护个人隐私和企业资产至关重要。这要求我们在数据传输时采取严格的安全措施，如加密技术和访问控制，以确保数据的机密性和完整性。同时，提高公众和企业对数据安全的认识，加强安全意识教育，也是防止数据泄露的重要一环。

（二）数据篡改风险

在数据传输过程中，数据篡改是一个不容忽视的安全威胁。恶意行为者可能会对传输中的数据进行非法修改、添加或删除，这些行为会严重破坏数据的完整性。一旦数据被篡改，其分析结果的准确性和可靠性将受到质疑，进而可能导致企业基于错误信息做出决策，造成严重后果。数据篡改不仅影响企业运营效率，还可能引发信任危机，损害企业的声誉和客户关系。因此，保护数据在传输过程中不被篡改，确保数据的完整性和真实性，对于维护企业利益和市场秩序至关重要。为了应对这一风险，企业需要采取有效的技术手段，如数字签名和数据加密，以及建立严格的数据管理流程，确保数据在传输过程中的安全。同时，加强内部员工的安全培训，提高他们对数据篡改风险的认识，也是预防数据篡改的重要措施。

（三）数据滥用风险

数据滥用问题在数据传输和处理过程中日益凸显，它涉及数据被超出授权范围、用途或时间限制的使用。这种行为不仅侵犯了数据所有者的合法权益，还可能触犯法律法规，引发法律责任。数据滥用可能导致个人隐私泄露、商业机密外泄，甚至被用于非法活动，给数据主体带来不可预测的风险和损失。此外，数据滥用还可能损害企业的声誉，影响消费者信任，对企业的长期发展造成负面影响。

为了防范数据滥用风险，企业和组织必须建立严格的数据使用政策，明确数据的使用范围、用途和存储期限。同时，应实施有效的数据访问控制和监控机制，确保只有授权人员才能访问敏感数据，并记录数据访问和使用情况，以便在必要时进行审计和追踪。

（四）违规传输风险

在数据传输过程中，若数据未遵循相关规定而擅自传输，可能会违反数据保护法规，引发合规风险。这种违规行为不仅可能导致法律责任，还可能对企业的声誉和业务造成长远影响。根据《中华人民共和国数据安全法》第三十三条的规定，从事数据交易中介服务的机构提供服务，应当要求数据提供方说明数据来源，审核交易双方的身份，留存审核、交易记录。若企业未能履行这些义务，就可能面临合规风险。

违反网络安全保护或信息网络安全管理义务也可能导致数据安全问题。例如，若企业作为网络服务提供者未能履行法律法规规定的信息网络安全管理义务，且在监管部门责令改正后仍拒不改正，导致违法信息大量传播或用户信息泄露，可能构成拒不履行信息网络安全管理义务罪。数据跨境流动同样涉及合规风险，企业若未经国家相关部门批准而将数据擅自传输至国外，可能面临构成《中华人民共和国刑法》中危害国家安全犯罪的风险。

因此，企业在数据传输过程中必须严格遵守数据保护法规，确保数据的合法合规流动。这包括但不限于确保数据来源合法、保护个人信息不被滥用、遵守数据跨境传输的相关规定。企业应建立数据合规框架体系，从盘点数据开始，确立数据合规目标，选择适合的合规路径，满足不同层面的监管要求，从形式合规走向实质合规。

（五）非法访问风险

在数据传输过程中，非法访问是一个严重的安全威胁。未授权的访问可能导致敏感数据被窃取、泄露或滥用，从而对个人隐私和企业安全构成威胁。非法访问可能通过黑客攻击、社会工程学手段或内部人员滥用权限等方式实现，这些行为都可能导致数据安全受到损害。数据的非法访问不仅涉及数据泄露的风险，还包括数据被恶意获取、转移或发布至不安全环境等相关风险。这种行为不仅违反了数据保护法规，还可能对企业的合规性造成影响，导致法律责任和声誉损失。

为了防范非法访问风险，企业应实施严格的访问控制策略，确保只有授权用户才能访问敏感数据；加强网络安全防护，如使用防火墙、入侵检测系统和安全信息事件管理工具，以监控和防御潜在的未授权访问尝试。

二、大数据存储处理安全

大数据平台在存储和处理数据方面与传统信息系统存在显著差异，这些差异带来了一系列新的安全挑战。大数据平台通常采用分布式存储和计算技术，如MapReduce、列存储、分布式数据库、NewSQL、NoSQL 等，这些技术使得数据处理的边界变得模糊，传统的边界防护措施难以适应这种新模式。在这种环境下，存储平台同时也是计算平台，一个平台内可以同时采用多种数据处理模式，完成多种业务处理，导致传统的安全防护方式难以奏效。

分布式计算涉及多台计算机和多条通信链路，这种架构在多点故障时容易导致分布式系统出现问题。由于涉及的组织较多，分布式计算在安全攻击和非授权访问防护方面比较脆弱。分布式存储由于数据被分块存储在各个数据节点，使得传统的安全防护措施难以适应，导致数据的安全域划分无效、细粒度的访问控制不健全、分布式节点之间的传输网络易受攻击等问题。

数据的分布式存储增加了各个存储节点暴露的风险，在开放的网络化社会中，攻击者更容易找到侵入点，一旦遭受攻击，失窃的数据量和损失是巨大的。传统的数据存储加密技术在性能效率上很难满足高速、大容量数据的加密要求，这也是大数据分布式存储面临的一个主要安全挑战。

为了应对这些挑战，大数据平台需要实现细粒度的访问控制技术，以防止数据被非授权使用，从而导致数据泄露；数据脱敏技术也是保护大数据环境下隐私数据不被泄露的重要手段，同时保证脱敏后的数据不影响可用性。

三、数据访问控制安全隐患

在大数据应用中，由于用户多样性和业务场景的复杂性，传统的访问控制机制已难以满足当前的需求。

（一）权限控制的复杂性

在大数据环境中，权限控制的复杂性显著增加，因为用户群体和业务需求的多样性导致了对访问控制策略的更高要求。这种复杂性往往超出了传统访问控制系统的能力范围。在大数据平台中，用户可能来自不同的部门或组织，他们对数据的访问需求各不相同，这就需要访问控制策略能够更加精细和灵活地适应这些差异。例如，某些用户可能需要访问特定的数据集以完成分析任务，而其他用户可能需要对数据进行更广泛的访问以支持决策制定。因此，访问控制策略需要能够根据不同用户的角色、职责和业务需求来动态调整权限，以确保数据的安全性和合规性，同时满足业务需求。

（二）动态性需求的挑战

在大数据时代，数据的快速流动和用户角色的不断演变对权限控制提出了新的挑战。传统的角色访问控制（RBAC）模型在这种动态环境中显得不再适用，因为它无法灵活应对角色、活动和权限的变化。在大数据环境中，用户的需求和权限可能会随着项目进展、组织结构调整或业务需求的变化而变化，这要求访问控制策略能够及时响应这些变化，以保持数据的安全性和合规性。

例如，一个用户可能在项目初期需要访问特定的数据集以进行分析，但随着项目的推进，他们可能需要访问不同的数据或需要不同的操作权限。RBAC 模型通常是基于静态角色分配权限，这在用户角色和需求频繁变化的环境中可能导致权限过时或不匹配，从而增加安全风险。因此，需要更灵活的访问控制机制，如基于属性的访问控制或基于策略的访问控制，这些机制可以根据用户的具体属性、环境条件或组织策略动态调整权限。

（三）细粒度访问控制的需求

在大数据时代，数据安全性的提升要求我们对访问权限进行更为细致的划分。这种细粒度的访问控制意味着我们需要设计一种复合的用户权限和数据权限的控制机制，以确保大数据环境中敏感数据的安全。这种控制方式能够针对不同的数据类型、数据敏感度以及用户的操作需求，提供更为精确的权限设置。

例如，对于包含个人隐私信息的数据，可能需要实施更为严格的访问控制，只允许经过授权的分析人员在特定条件下访问。而对于一般业务数据，则可以设置较为宽松的访问权限，以便于日常的业务操作和数据分析。通过这种细粒度的控制，可以有效地限制不必要的数据访问，减少数据泄露的风险，同时确保数据的合理利用。

细粒度访问控制还涉及对用户行为的监控和审计，以确保权限的执行符合既定的安全策略。这种控制机制要求系统能够记录和分析用户的访问行为，及时发现和响应异常访问模式，从而保护数据不被未授权访问或滥用。

（四）访问控制策略的制定难度

数据的分布式存储和处理特性，以及数据流动的动态性，使得管理场景变得更加复杂，安全需求也随之增加。这种复杂性要求访问控制策略必须能够适应不断变化的数据环境和多样化的安全需求。

传统的访问控制技术，如基于角色的访问控制，在这种环境下往往难以满足需求，因为它们通常是基于静态的角色分配权限，无法灵活应对大数据环境中角色和权限的快速变化。大数据环境下的数据往往涉及多个部门和组织，这增加了权限管理的复杂性，因为需要考虑到不同组织间的权限协调和数据共享问题。

四、内部人员安全风险

在大数据平台的运营中，内部人员的安全风险是一个不容忽视的问题。管理员由于拥有较高的权限，其恶意或过失行为可能对大数据平台用户的信息安全造成严重威胁，导致数据丢失、泄露，甚至可能危及国家安全。因此，对大数据平台管理员的行为进行审计显得尤为重要。

行为审计可以在危害发生前起到震慑作用。通过明确告知管理员其行为将被监控和审计，可以有效地降低他们进行不当行为的动机和可能性。这种预防性的措施是保护数据安全的第一道防线。

当安全事件发生后，行为审计是事件追溯和证据提取的关键。通过审计日志，可以追踪到具体是哪个管理员进行了哪些操作，从而快速定位问题源头，进行有效的应对和修复。这对于法律调查和责任归属也具有重要意义。

行为审计还能帮助用户随时了解管理员的行为，增强用户对大数据平台的信任。在用户知道其数据被妥善管理和保护的情况下，他们更有可能继续使用和信赖该平台。

然而，实施有效的行为审计并非易事。大数据平台的组件复杂，包括采集、存储、使用等各个方面，每种组件均有其独特的安全基线。企业需要明确大数据平台的安全基线，并将其体现到制度中去。同时，开源大数据组件或商用大数据平台的安全风险在不断变化，漏洞频发，安全基线也会随之改变。如何制定好平台的安全基线并体现到制度中去，对企业而言是一个挑战。

为了加强内部审计数据安全保护，可以建立专门的信息技术小组，通过加强访问控制、访问信息验证等手段，对平台访问人员的授权进行严格管控，按照登录角色分配不同的权限。还可以利用云计算等技术对数据平台中的内部审计数据进行备份，自动上传至云空间，以增加数据的安全性。

图书馆不仅要保护好馆藏资料的物理安全，还要确保数字化资源的网络安全。数据泄露、篡改、滥用以及非法访问等问题都可能对图书馆的数字资源造成严重威胁，影响学术研究和教学质量。因此，高校图书馆需要采取先进的技术手段和管理措施，比如加强网络安全防护、实施数据加密、建立严格的访问控制和审计机制，以及增强馆员和用户的安全意识，共同构建一个安全可靠的数字资源环境。

第二节　高校图书馆大数据安全保护策略

一、数据分类分级保护制度

数据分类分级是数据安全管理的基础，它有助于图书馆明确不同数据的敏感性和重要性，从而采取相应的保护措施。通过数据分类分级，图书馆能够对数据进行精细化管理，确保数据在采集、存储、处理、传输和销毁等各个环节的安全。

（一）制定数据分类分级管理规范

高校图书馆应根据自身的业务特点和数据类型，制定一套科学合理的数据分类分级管理规范。这套规范应包括以下几个方面。

1. 数据分类

数据分类是将图书馆中存储和处理的数据按照其特性、使用目的和敏感度进行区分的过程。这包括但不限于将数据划分为公共数据、内部数据和敏感数据等类别。公共数据通常指对公众开放，不涉及个人隐私或商业秘密的信息；内部数据则是指图书馆内部使用，不对外公开的数据；敏感数据则包括个人隐私、商业秘密等需要特别保护的信息。通过这样的分类，图书馆能够更精确地识别和处理不同类别的数据，确保数据的合理利用和安全保护。

2. 数据分级

数据分级则是根据数据的敏感度和对图书馆运营的重要性，将数据划分为不同的安全级别。这些级别可能包括一般、重要和机密等。一般级别的数据可能涉及日常运营信息，重要级别的数据可能包含关键业务流程信息，而机密级别的数据则可能涉及图书馆的核心资产和战略规划。通过对数据进行分级，图书馆能够为不同级别的数据制定和实施相应的安全控制措施，以降低数据泄露或被滥用的风险。

3. 保护措施

针对不同类别和等级的数据，图书馆需要制定和实施相应的保护措施。这些措施可能包括但不限于访问控制、数据加密、数据备份和恢复等。访问控制确保只有授权人员能够访问敏感数据；数据加密保护数据在传输和存储过程中的安全；数据备份和恢复措施则确保在数据丢失或损坏时能够迅速恢复。这些保护措施的实施，不仅能够提高图书馆数据的安全性，还能够在发生数据安全事件时，减少损失并快速恢复正常运营。通过这样的措施，图书馆能够更好地保护和管理数据，确保数据的安全性和完整性。

（二）定期开展数据安全管理培训

高校图书馆作为信息资源的集中地，其数据安全管理培训对于提升馆员的专业技能和安全意识至关重要。为此，图书馆需要定期组织针对性的培训活动，以确保馆员能够跟上数据安全的最新发展和要求。这些培训活动应涵盖法律法规教育，使馆员充分理解《中华人民共和国网络安全法》《中华人民共和国数据安全法》和《中华人民共和国个人信息保护法》等法律法规的具体内容，明确在数据安全管理中的法律责任和义务。培训还应包括安全技能的提升，如数据采集、处理和存储的安全操作，以及数据加密和访问控制等关键技术的应用。通过这些技能的培训，馆员能够在日常工作中更好地保护和管理数据。

同时，应急响应训练也是培训中不可或缺的一部分，通过模拟数据安全事件，馆员可以在模拟环境中学习如何快速有效地应对真实世界中可能发生的安全威胁。这种实战演练有助于提高馆员的应急处理能力，确保在面对数据安全事件时能够保持冷静，采取正确的措施，使损失最小化并迅速恢复正常运营。

（三）制定信息安全和数据安全应急管理机制

高校图书馆在构建信息安全和数据安全应急管理机制时，需遵循国家法律法规，并结合图书馆的实际情况，确保机制的全面性和有效性。

1. 事前准备

事前准备是应急管理的首要步骤。高校图书馆需要制定详尽的数据安全预案，这包括对潜在风险的评估、应急资源的准备以及相关人员的培训。预案应定期审查和更新，以确保其时效性和有效性。同时，建立应急领导机构，负责在突发事件发生时指挥和协调应急响应工作，确保各部门能够密切配合。

2. 事中应对

事中应对是应急管理的核心。在数据安全事件发生时，图书馆应能迅速启动应急预案，采取有效措施控制事态发展。这要求图书馆建立有效的信息沟通渠道，确保各部门、各单位之间的信息畅通，以便在突发事件发生时迅速传递相关信息，协调各方资源共同应对。同时，图书馆建立专门的应急小组，提供必要的培训和技能培养，确保人员在危机事件发生时能够胜任各自的工作。

3. 事后处理

事后处理是应急管理的收尾工作。对数据安全事件进行总结分析，找出问题根源，完善管理制度，防止类似事件再次发生。这包括及时发布危机信息，消除恐慌情绪，避免危机事件的扩大影响。同时，加强与媒体和公众的沟通，确保信息的准确性和透明度。

（四）数据安全事件的基础指南和参照准则

高校图书馆在面对数据安全事件时，必须有一套明确的基础指南和参照准则来指导馆员的实际操作。这些指南和准则是确保数据安全事件得到有效管理和快速响应的关键。

针对数据泄露事件，图书馆需要建立清晰的报告流程，确保一旦发现数据泄露，能够迅速上报并启动调查程序。同时，应制定具体的补救措施，如通知受影响的个人、加强安全防护措施等，以减轻数据泄露造成的影响。

对于数据破坏事件，图书馆应制订详细的恢复计划。这包括定期进行数据备份，确保在数据丢失或损坏时能够迅速恢复。同时，应有系统恢复的预案，以便在遭受攻击或系统故障时，能够快速恢复图书馆的信息系统和服务。

通过实施上述数据分类分级保护制度，高校图书馆能够更好地保护和管理数据，确保数据安全，为师生提供安全、可靠的信息服务。

二、全场景安全评估与防护

高校图书馆在大数据应用中，必须从数据的全生命周期和全应用场景出发，构建全面的安全评估与防护机制。这不仅涉及风险监测与身份核验，还包括数据分级分类、访问控制、行为预测、追踪溯源、应急响应和事件处置等多个方面，以确保数字资源的安全和图书馆服务的连续性。

图书馆需要对数据进行全生命周期的管理，从数据的采集、存储、处理、传输到销毁，每一个环节都不能忽视安全防护。这要求图书馆建立起一套完整的数据安全评估体系，定期对数据活动全过程的安全风险进行分析，使风险可视化、可控化，提升图书馆数据安全防护水平。

在风险监测方面，图书馆应利用技术工具对教育业务系统信息和个人信息等敏感数据进行扫描，对发现的数据进行定位、分类和分级。同时，图书馆需要建立身份认证和授权管理机制，确保只有授权人员才能访问敏感数据。

访问控制是数据安全的关键环节。图书馆应根据敏感数据的级别，设定数据在全生命周期中的可用范围，通过制度规范和技术措施对数据进行有效细粒度的权限管控。这包括但不限于安装防火墙、入侵检测系统、计算机杀毒软件等安全措施，以及对主机、网络设备、安全设备、软件和网络边界进行必要配置。

行为预测和追踪溯源是图书馆数据安全管理的另一重要方面。全流程监控的数据溯源将保证数据的完整性与真实性。而完整性、真实性的判别也将帮助图书馆实施数据隐私、数据安全的漏洞排查，为数据安全策略制定提供依据。

最后，应急响应和事件处置是图书馆数据安全管理的最后防线。图书馆应建立健全网络安全事件的应急处置预案，包括技术方面和管理方面的预防措施，以及预警和应急响应程序。图书馆在网络安全事件发生时能够迅速启动应急预案，采取有效措施控制事态发展，并进行事后处理，防止类似事件再次发生。

三、敏感数据保护

在大数据时代，高校图书馆对敏感数据的保护显得尤为重要。敏感数据的保护不仅涉及数据的安全性，还关系到个人隐私和图书馆的信誉。

（一）数据分类分级存储

高校图书馆在处理海量数据时，必须对数据进行细致的分类和分级，以确保数据安全和隐私保护。这一过程中，图书馆需将数据根据其敏感度和重要性分配到不同的存储平台。对于那些包含读者个人信息、行为习惯以及图书馆珍贵资源的数据，如专题活动记录和特色数据库内容，应优先选择在本地安全环境中存储，以降低数据泄露的可能性。这样的本地存储策略有助于加强对这些高敏感度数据的物理和逻辑保护。

相对而言，对于那些敏感度较低的数据，例如借阅统计和数据库访问记录，可以在经过加密和脱敏处理后，安全地存储在成本效益更高的公有云服务上。这种做法不仅能够降低存储成本，还能利用云服务的灵活性和可扩展性，同时确保数据的安全性。

（二）加强数据存储安全

在高校图书馆的数据存储安全管理中，图书馆应采用高级的加密技术，比如高级加密标准（AES），对存储的数据进行加密处理。这种加密技术能够提供强大的保护，即使数据不慎被非法获取，未经授权的个人也难以解密这些数据。

除了数据加密，图书馆还必须对加密密钥进行严格的管理。密钥管理应遵循权限控制原则，确保只有经过授权的可信人员和系统才能访问这些密钥。此外，为了防止潜在的安全风险，图书馆应定期更换密钥，避免因密钥泄露而导致的数据安全问题。

（三）数据脱敏与最小化展示

在高校图书馆的数据管理中，对于必须在非安全环境或公共场合展示的数据，采取数据脱敏措施是保护个人隐私和商业机密的关键步骤。数据脱敏涉及对敏感信息进行处理，使其在不暴露具体内容的情况下，仍能用于分析和展示。例如，可以通过掩码、替换或泛化技术来隐藏或修改个人识别信息，如姓名、身份证号、电话号码等。

这种处理方式不仅有助于保护个人隐私，避免敏感数据的泄露，同时也维护了图书馆的商业机密和声誉。通过数据脱敏，图书馆能够确保在遵守相关法律法规的同时，合理利用数据资源，进行学术研究和业务分析。

数据脱敏还有助于减少图书馆因数据泄露可能面临的法律责任和经济罚款。在数据保护法规日益严格的背景下，图书馆必须采取有效措施，确保在数据展示和共享过程中，个人隐私得到充分保护，从而避免因违反数据保护法规而受到的法律制裁。

四、数据备份与灾难恢复

在数字化时代，数据是图书馆运营的核心资产。一旦遭遇灾难性事件导致数据丢失，可能会给图书馆带来无法估量的损失。因此，制订并实施一个有效的数据灾难恢复计划至关重要。

（一）敏感数据的备份策略

高校图书馆在保护敏感数据方面，必须实施一项综合的备份策略，以确保关键信息在面临系统故障或灾难时能够迅速恢复。这一策略涉及实时备份和异步备份的结合使用，以及增量备份与完全备份的合理安排。通过每日进行的增量备份，图书馆能够捕捉到最新的数据变化，而定期的完全备份则为数据的完整性提供了保障。

备份策略的制定需要考虑业务连续性的关键指标，如恢复点目标和恢复时间目标，以及数据的敏感性和行业监管的要求。这些因素共同决定了备份的频率和类型。为了进一步提高数据的安全性，备份介质应存放在图书馆外的地点，以防万一发生火灾、洪水等灾害时，数据能够得到保护。

（二）异地实时备份与灾难恢复

为了保障图书馆重要数据的安全性，应建立异地实时备份系统，通过高速通信网络将数据实时同步至远程备份中心。这样的备份方式能够在原始数据发生损坏或丢失时，迅速从备份中心恢复数据，保证图书馆服务的连续性。

在选择异地备份中心时，应考虑地理位置的分散性，以避免因自然灾害或意外事件导致生产中心和备份中心同时受损。同城的灾难备份中心应与生产中心保持至少 30 千米的距离，而异地灾难备份中心则应至少保持 100 千米，以确保在极端情况下备份中心能够接管核心业务的运行。

图书馆的灾难恢复平台应与虚拟化环境紧密集成，实现数据的深度压缩、优先级备份和细颗粒度的恢复能力。这包括重复数据删除技术，以优化存储效率，以及映像快照的持续保护，以实现数据的快速恢复。

为了验证灾难恢复策略的有效性，图书馆应定期进行关键技术应用的可行性测试，并记录保存测试结果。这有助于确保在真正的灾难发生时，图书馆能够迅速、有效地恢复服务。

（三）灾难恢复的技术支持

高校图书馆在灾难恢复的技术支持方面，应采取一系列措施以确保数据的安全性和业务的连续性。图书馆应投资于专业的数据恢复工具和软件，这些工具能够提高数据恢复的效率和成功率。市面上有许多数据恢复软件，如 DiskGenius、数据恢复精灵、Winhex、RecoverMyFiles 等，它们可以帮助用户恢复因误删除、格式化、分区丢失等造成的数据丢失。

高校图书馆应与专业的数据恢复服务提供商建立合作关系。这些服务商可以提供从数据恢复到信息消除的全方位服务，包括数据恢复技术培训和技术支撑等。例如，北京技佳瑞康科技发展有限公司就是一家提供数据恢复与信息消除服务的专业公司，它为多个大型企业和机构提供数据恢复 IT 外包服务，并拥有丰富的实践经验和技术研发实力。

（四）灾难恢复计划的持续可用性

在确保灾难恢复计划的持续可用性和完整性方面，高校图书馆应实施一套连续性的管理流程，将灾难恢复的准备工作视为一个持续的流程，而不是一次性事件，并为此制定一个总体的框架。这包括建立变更管理流程，确保任何对系统或数据的更改都经过严格的审查和批准，以防止意外中断灾难恢复计划。

高校图书馆需要定期进行业务影响分析和风险评估，以确定最关键的业务流程和依赖于 IT 资源的部分，并计算出由于故障而引发的成本。这有助于确定可接受的停机时间和数据丢失量，指导未来的技术和服务投资。

高校图书馆应定期进行数据恢复测试，以验证备份数据的完整性和可用性，以及灾难恢复计划的可行性。为了进一步提高灾难恢复计划的可用性，高校图书馆应至少保存两个数据备份副本，其中一个副本应存放在异地，以防止单一地点的灾难导致数据的全面丢失。同时，完全数据备份应至少保证以一个星期为周期的数据冗余，确保在最坏情况下也能恢复到最近的状态。

最后，高校图书馆应明确运维管理组织架构，制定运维管理制度，并制定相关的考核指标，以确保灾难恢复计划的持续执行和改进。

通过这些措施，高校图书馆能够确保在面临新型威胁和新攻击方式时，敏感数据在生命周期全程安全、可控和可用。敏感数据灾难恢复平台应注重与虚拟化环境的集成，实现重复数据删除、敏感数据深度压缩、敏感数据优先级备份、映像快照的持续保护、细颗粒度的单一对象数据恢复。这样的全面策略有助于图书馆在灾难发生时快速恢复服务，保护数据不受损失，确保图书馆的长期稳定运营。

第三节　大数据隐私保护技术与相关法律法规

高校图书馆作为知识传播和学术研究的重要场所，其隐私保护技术与法律法规遵循是维护读者权益、保障信息安全的关键。

一、隐私保护技术

在数字化时代，高校图书馆的隐私保护技术主要涉及以下几个方面。

（一）数据加密技术

数据加密技术是保护图书馆用户数据不被非法访问和泄露的重要手段。在高校图书馆中，用户的数据包括个人身份信息、借阅记录、研究资料等敏感信息。这些信息一旦泄露，可能会对用户的隐私和安全造成严重威胁。因此，采用强加密算法对这些数据进行加密是必要的。

1. AES 加密算法

高级加密标准是一种高效的对称加密算法，广泛应用于保护数据安全。AES通过一系列复杂的操作，包括字节替换、行移位、列混合和轮密钥加密，来确保数据的安全性。这种算法支持128位、192位和256位三种密钥长度，其中密钥越长，安全性越高，但计算资源消耗也相应增加。

在高校图书馆中，AES算法可以用来加密存储在数据库中的用户数据，即使数据被非法获取，没有正确的密钥也无法解读，从而有效保护用户隐私。AES的加密过程涉及多轮次的置换，每轮包括四个步骤：字节替换、行移位、列混合和添加轮密钥，这些步骤共同作用于输入数据，生成难以破解的密文。解密则是这一过程的逆操作，通过逆向执行相应的步骤来还原原始数据。

2. 非对称加密

非对称加密技术，以 RSA 算法为代表，为图书馆用户数据的保护提供了另一种安全机制。这种技术涉及一对密钥：公钥和私钥。公钥是公开的，可以被任何人用来加密信息，而私钥则是保密的，只有信息的接收者拥有，用于解密。这种加密机制在用户身份验证和数字签名领域尤为重要，因为它不仅保护了数据的机密性，还确保了数据的完整性和发送者身份的不可否认性。在图书馆的应用场景中，非对称加密可以用来安全地传输敏感信息，如用户登录凭证或个人资料，确保即使在传输过程中被截获，没有正确的私钥也无法读取信息内容。非对称加密还支持数字签名的创建，使得接收者可以验证信息的真实性和完整性，防止数据被篡改。

（二）访问控制技术

访问控制技术是保护图书馆敏感数据不被未授权访问的关键。通过身份验证和权限管理，可以限制对敏感数据的访问，确保只有授权用户才能访问特定信息。

1. 多因素认证

多因素认证（MFA）是一种增强账户安全的重要策略，它要求用户在登录或执行敏感操作时提供两种或两种以上的不同身份验证方式。这种认证方式可能包括密码、生物识别技术、短信验证码等多种形式。MFA 的核心优势在于，即使攻击者获取了其中一种验证信息，如密码，他们仍然无法绕过其他验证环节，从而显著提升了账户的安全性。在高校图书馆的应用中，MFA 可以通过要求用户输入密码的同时，再通过手机短信或身份验证应用提供一次性验证码来增强账户的安全性，有效减少密码泄露和钓鱼攻击的风险。MFA 还有助于减轻用户对复杂密码的依赖，降低因密码过于复杂而导致的记忆压力，同时降低密码泄露带来的潜在风险。

2. 角色基础访问控制

角色基础访问控制（RBAC）是一种权限管理框架，它根据用户在组织中的角色来分配访问权限。这种框架的核心思想是将权限与角色关联，而不是直接与个别用户关联，从而实现权限的集中管理和简化。在 RBAC 模型下，每个角色被赋予一系列权限,这些权限明确了角色可以访问的资源和执行的操作范围。例如,在高校图书馆中,管理员、图书借阅员、普通读者等不同角色会有不同的访问权限。管理员可能有权访问所有数据库和管理系统,而普通读者可能只能访问借阅和查询服务。这种基于角色的权限分配有助于防止权限过大或滥用,因为它允许图书馆根据实际需要为每个角色定制访问权限,同时方便对权限进行调整和审计。

(三) 网络安全技术

网络安全技术是保护图书馆网络不受外部攻击和内部滥用的重要手段,它们可以保护用户数据的安全。

1. 防火墙

防火墙是一种关键的网络安全设备,负责监控进出网络的数据流。它通过设定的安全规则来判断哪些数据包可以被允许通过,哪些则需要被阻止。在高校图书馆的环境中,防火墙发挥着至关重要的作用,能够有效防止未授权的外部访问,保护内部网络的安全。通过实时分析网络流量,防火墙能够识别并拦截潜在的恶意软件和网络攻击,从而为高校图书馆的计算机系统和用户数据提供一层重要的防护。防火墙还可以帮助图书馆管理网络资源,限制某些不必要的访问,确保网络带宽的合理使用。通过配置不同的安全策略,防火墙能够根据图书馆的具体需求,灵活调整访问权限,确保只有经过授权的用户才能访问敏感信息和系统。

2. 入侵检测系统

入侵检测系统(IDS)是一种专门设计用来监控网络或系统活动,以识别和响应潜在安全威胁的软件。它通过分析网络流量和系统日志,寻找与已知攻击模式相匹配的行为,或者检测出与正常行为显著不同的异常活动。IDS 的主要功能包括实时监控、威胁检测、签名匹配、行为分析、警报生成、事件记录、报告生成、策略执行、响应和缓解以及数据和信息整合。在高校图书馆这样的应用场景中,IDS 能够提供对网络流量的实时监控,及时发现并报告潜在的入侵行为,帮助图书馆保护其珍贵的电子资源和用户数据不受侵害。

IDS 能够与已知的入侵特征数据库进行比对,识别出已知的威胁,并在检测到这些威胁时立即发出警报。IDS 还能生成详细的报告和日志记录,为管理员提供后续分析和审计的依据,帮助他们了解网络中可能存在的威胁,并采取相应的措施加强网络的安全性。IDS 的部署方式可以是集中式或分布式，集中式部署方式是将 IDS 设备集中部署在网络的核心位置，通过监控网络流量、日志等信息来检测网络中的异常行为，并及时发出警报。

为了保持对新型攻击的检测能力，IDS 需要定期更新其签名数据库和威胁情报。这种持续的更新与维护是确保 IDS 能够有效地监控、检测和响应网络安全威胁的关键。

3. 安全信息和事件管理 (SIEM) 系统

安全信息和事件管理（SIEM）系统是一种综合性的安全管理解决方案，它通过集成安全信息管理（SIM）和安全事件管理（SEM）来增强组织的安全意识并识别安全威胁和风险。SIEM 系统的核心功能包括实时收集和分析来自不同安全设备和系统的日志和事件数据，自动化识别和分类安全事件，并进行威胁情报分析和挖掘。它还能提供可视化的安全事件分析和报告，帮助安全团队及时发现和解决安全问题。

SIEM 系统能够收集来自各种安全设备和应用程序的日志和事件数据，对其进行聚合、分析和关联，以便发现潜在的安全威胁和异常行为。通过关联不同的事件，SIEM 系统可以发现隐藏的攻击模式和威胁，生成警报和报告，通知安全团队有关潜在的安全威胁和异常行为。这些警报和报告可以帮助安全团队及时采取措施来应对安全事件。

SIEM 系统还支持合规性审计和报告，以符合法规和标准要求。它可以帮助组织满足合规性要求，通过收集和分析日志数据来生成合规性报告。SIEM 系统可以应用于各种组织和行业，包括安全事件监测和响应、内部威胁检测、合规性管理、威胁情报分析以及安全事件调查和取证等。

二、相关法律法规

高校图书馆在隐私保护方面必须遵循一系列法律法规，以确保读者个人信息的安全和隐私权得到充分保护。

（一）《中华人民共和国公共图书馆法》

《中华人民共和国公共图书馆法》为图书馆在隐私保护方面提供了明确的法

律框架。该法律确立了图书馆保护读者个人信息和借阅记录的法律责任，要求图书馆妥善保管这些信息，并严禁非法出售或以其他方式向他人提供。这一规定不仅保护了读者的隐私权，也强化了图书馆作为信息守护者的角色。

法律中特别强调，图书馆及其工作人员若违反上述规定，将面临法律责任，包括被责令改正和没收违法所得。这意味着图书馆必须采取有效措施，确保个人信息的安全，防止数据泄露或滥用。法律还提出了图书馆工作人员应具备相应的专业知识与技能，以提高对读者隐私保护的能力。这要求图书馆工作人员不仅要有图书馆学和信息管理的专业背景，还应了解和掌握数据保护的相关法律知识，以及如何运用技术手段保护用户隐私。

通过这些规定，《中华人民共和国公共图书馆法》为图书馆的隐私保护工作提供了坚实的法律基础，确保了图书馆在数字化转型过程中能够有效地保护读者的个人信息和隐私权。图书馆必须遵守这些规定，建立起公众信任，促进知识的自由流通，同时保护用户的基本权利。

（二）《互联网信息服务管理办法》

《互联网信息服务管理办法》对互联网服务提供者，包括图书馆，提出了隐私保护的具体要求。该办法强调图书馆在收集和处理读者个人信息时必须遵循合法、正当、必要的原则，并且应当采取对个人权益影响最小的方式。这意味着高校图书馆在提供网络服务时，必须透明地处理个人信息，并尊重用户的知情权和选择权。高校图书馆需要在收集个人信息时明确告知读者信息的使用目的和方式，并主动取得读者的同意，确保个人信息的处理遵循公开、透明原则。

高校图书馆还需对个人信息实行分类管理，采取相应的加密、去标识化等安全技术措施，合理确定个人信息处理的操作权限，并定期对从业人员进行安全教育和培训。这些措施有助于提高高校图书馆在个人信息保护方面的专业性和安全性，确保个人信息的安全不被侵犯。高校图书馆还需制定并实施个人信息安全事件应急预案，以应对可能发生的个人信息泄露或其他安全事件。

《互联网信息服务管理办法》的这些规定，为高校图书馆在数字化转型过程中提供了隐私保护的法律框架，确保了图书馆在提供信息服务的同时，能够有效地保护读者的个人信息和隐私权。

（三）《中华人民共和国个人信息保护法》

《中华人民共和国个人信息保护法》作为个人信息保护领域的专门立法，为个人信息的收集、使用、存储和传输等环节提供了明确的法律规则和框架。该法律确立了个人信息处理应遵循的原则，包括合法、正当、必要和诚信原则，强调个人信息的处理应当具有明确、合理的目的，并采取对个人权益影响最小的方式。法律还特别强调了"告知—同意"规则，即在处理个人信息前必须告知个人并获得其同意，这为高校图书馆用户提供了更强的个人信息控制权。

该法律明确了个人信息是以电子或其他方式记录的与已识别或可识别的自然人有关的各种信息，个人信息的处理包括收集、存储、使用、加工、传输、提供、公开等活动。此外，法律还规定了个人信息跨境提供的规则，要求个人信息处理者在跨境提供个人信息时进行事前影响评估，并满足特定条件。对于敏感个人信息的处理，法律要求遵循更高的保护标准。

《中华人民共和国个人信息保护法》还赋予个人充分的权利，包括知情权、决定权，明确个人有权限制个人信息的处理，并要求个人信息处理者为个人提供转移其个人信息的途径。法律强化了个人信息处理者的责任，要求其对个人信息处理活动负责，并采取必要措施保障所处理的个人信息的安全。

第四节　安全与隐私保护的实践探索

一、隐私保护的重要性与实践

隐私保护在高校图书馆服务中占据着核心地位，尤其是在数字化时代，用户数据的保护变得尤为重要。美国康奈尔大学图书馆的隐私保护服务实践为国内图书馆提供了宝贵的参考。康奈尔大学图书馆在隐私保护服务方面，从服务形成、组织结构、内容、技术支持与安全保障四个维度出发，构建了一套完整的隐私保护服务体系。

隐私保护的重要性不仅体现在对用户权益的尊重上，也是图书馆社会责任的体现。在数字化时代，图书馆收集和存储了大量的用户数据，包括借阅记录、搜索历史、个人信息等。这些数据一旦泄露，可能会给用户带来不可预测的风险和损失。因此，保护用户隐私，防止数据泄露，是图书馆必须承担的责任。

康奈尔大学图书馆在服务形成上，通过网络调查、文献调研、邮件咨询等方法，从多个维度对隐私保护服务进行分析与总结。在组织结构上，他们建立了专门的隐私保护团队，负责制定隐私政策、监督隐私实践，并为用户提供隐私咨询服务。

在服务内容上，康奈尔大学图书馆提供了包括用户教育、隐私政策制定、隐私风险评估等服务。在技术支持方面，他们利用先进的技术手段，如加密技术、访问控制等，保护用户数据的安全。

安全保障方面，康奈尔大学图书馆制定了严格的安全管理制度和流程，对信息进行分类管理和加密存储，并定期对员工进行安全意识培训和安全教育，增强员工的信息安全意识和保密意识。

结合国内图书馆实际情况，为图书馆开展隐私保护服务提出如下建议：增强隐私保护与服务意识；加强隐私技术开发与运用；开展多元化隐私保护服务；提升馆员隐私素养与服务水平。

二、隐私权的内涵与必要性

隐私权是指个人对其私人生活、信息和空间的控制权，这一权利在高校图书馆服务中尤为重要。图书馆作为知识的宝库和信息的集散地，承载着保护和传播信息的双重使命。随着信息技术的发展，图书馆收集和处理的用户数据量日益增加，这些数据包括但不限于用户的借阅记录、搜索历史、个人偏好等。这些信息如果被不当处理或泄露，不仅会侵犯用户的隐私权，还可能对用户的名誉、财产安全造成损害。因此，高校图书馆开展隐私保护服务，不仅是对用户权益的尊重，也是图书馆社会责任的体现。

隐私保护服务的必要性首先体现在保护用户免受未经授权的信息访问和使用上。在数字化时代，个人信息的泄露可能导致身份盗窃、诈骗等犯罪行为，给用户带来直接的经济损失和精神压力。高校图书馆通过实施隐私保护措施，可以有效防止此类风险的发生，保障用户的个人信息安全。隐私保护服务有助于维护图书馆的公信力。高校图书馆作为文化服务机构，其公信力建立在用户信任的基础上。如果图书馆不能妥善保护用户的隐私，就会失去用户的信任，从而影响图书馆的社会形象和服务质量。隐私保护服务也是图书馆履行社会责任的体现。高校图书馆不仅要提供信息资源，还要保护用户的隐私权益，这是图书馆作为社会教育机构的基本职责之一。

为了实现隐私保护服务，高校图书馆应当制定明确的隐私政策，明确告知用户其个人信息的收集、使用和保护方式。高校图书馆应当采用技术手段保护用户数据，如数据加密、访问控制等，防止数据泄露。同时，图书馆还应当对员工进行隐私保护培训，增强他们的隐私保护意识和技能。图书馆还应当定期对隐私保护措施进行评估和更新，以适应信息技术的发展和用户需求的变化。

三、隐私保护的具体措施

（一）信息合规政策与章程

根据《中华人民共和国个人信息保护法》等相关法律法规，高校图书馆需要建立一套完整的信息合规政策和章程，以确保个人信息处理活动的合法性、正当性和必要性。这些政策和章程应明确隐私风险的来源、等级和预防措施，形成对读者信息隐私权的保护屏障。

高校图书馆应依据《中华人民共和国个人信息保护法》的要求，建立馆内信息合规政策和章程。这些政策和章程需要以广义的信息概念为基础，锚定图书馆信息处理工作中可能出现的隐私风险，通过将风险来源、风险等级、预防措施写进图书馆信息合规政策中，使之在图书馆外围形成 ·道对读者信息隐私权保护的屏障。

高校图书馆可单独设立信息处理监督部门来保证信息合规的有效性。这个部门负责对图书馆的信息搜集、处理、加工、分析等活动进行指导与监督，防止发生信息泄露或者信息处理不当而对读者信息隐私权造成的伤害。

最后，高校图书馆可建立一套信息处理违规行为的归责办法。合规的反面是违规，建立合规保护的目的就在于防止违规行为的发生，因而从反面上确立相应的归责办法对于提醒和预防图书馆内部的不法行为至关重要。

（二）数据访问和利用行为的记录与审查

在高校图书馆的数据管理中，对于用户数据的访问和利用必须遵循严格的审核程序。这是为了确保数据的安全性和合规性，防止未经授权的数据访问和滥用。任何涉及大规模数据调取、分析或导出的行为都应受到监控，以确保数据的合法使用。为此，高校图书馆需要建立一套详细的记录系统，记录每一次数据访问的时间、操作的责任人、访问的目的以及最终的效果。这样的记录不仅有助于追踪数据的使用情况，还能在发生数据泄露或其他安全事件时提供必要的审计线索。图书馆应限制对敏感数据的随意访问，确保只有经过授权的人员才能进行数据操作，从而降低数据泄露的风险。

通过实施这些措施，高校图书馆能够更好地保护用户的隐私，同时提高数据管理的透明度。这不仅有助于维护图书馆的信誉，也是对用户信任的尊重。图书馆的数据管理政策应明确指出，任何违反数据访问和利用规定的行为都将受到严厉的处罚，以此来强化员工对数据保护重要性的认识。

（三）用户数据分级、分模块访问

在高校图书馆的数据管理中，图书馆应根据数据的敏感程度制定不同的访问安全级别，实现分级、分模块的数据访问和利用。这种分级管理策略有助于保护用户隐私，尤其是在处理敏感数据时。

高校图书馆需要对数据进行分类，根据数据的价值、敏感度和访问需求将其划分为不同的级别，如公开、内部、机密等。这样的分类有助于明确各类别数据的操作权限，确保只有授权的人员才能访问和处理敏感信息。例如，可以设置只有特定的图书馆工作人员才能访问包含个人隐私信息的数据，而一般用户则无法访问这些信息。

高校图书馆应采用访问控制策略，如身份验证和双因素认证，以限制非授权访问。这些措施可以防止未经授权的用户访问敏感数据，从而保护用户隐私。

高校图书馆还应加强数据加密，采用行业标准的加密算法对数据进行全面加密，无论是在传输过程中、存储过程中还是静态明文状态下。密钥管理也是保护数据安全的关键，需要定期更换密钥，并采用最佳实践来保护密钥的安全。

最后，高校图书馆应完善网络安全防护体系，确保数据在各个环节的安全，包括数据的收集、存储、处理和传输。这包括对网络攻击的防护、数据泄露的预防以及对数据访问行为的监控。

（四）用户数据转移或清理

在智慧图书馆的环境中，用户个人信息和行为数据的记录与保存形成了"数字档案"。这些档案能够分析用户行为，了解用户偏好，预测用户需求，为用户提供智能化、个性化的服务，同时也为图书馆管理和服务提供数据支持。然而，随着用户状况的变化，这些数据的价值也会随之改变，因此必须根据数据应用的价值和阶段，对需要转移和清理的数据进行相应的处理。

高校图书馆应制定明确的数据转移和清理政策，对于数据保存的期限、数据清理的标准，以及用户数据转移的权利给予明确的规定。例如，可以规定对超过一定年限或符合一定标准的用户数据进行清理；允许用户根据个人意愿，复制或删除图书馆的个人数据。对于过期、无效以及无利用价值的用户数据应该进行转移或清理，这样不仅可以降低用户数据安全风险，也可以节约图书馆管理用户数据的成本。例如，对于因某次活动或管理需要而收集的用户数据，如用户空间行为轨迹数据等，可以在图书馆相关管理活动完成后进行定期清理。当用户经常使用的图书馆发生变化时，可以根据用户的需要将用户数据转移到新图书馆内，便于新图书馆了解用户需求，或者允许用户自己拷贝留存。对于需要长期保存的数据，如体现用户群体特征的数据，可进行封存打包、分别存放，并对这些数据进行匿名化处理，以尽可能地保护用户的个人隐私。

第十二章 高校图书馆大数据人才培养与团队建设

第一节 大数据人才需求分析

在数字化和信息化时代背景下，高校图书馆作为知识资源的集散地，其服务模式和人才需求正在发生深刻变化。大数据技术的应用，使得图书馆服务更加智能化、个性化，对人才的需求也呈现出新的特点和趋势。

一、高学历、多学科、专业化趋势

高校图书馆对馆员队伍的要求越来越高，呈现出高学历、多学科、专业化的趋势。例如，数据专家、产权馆员、数据工程师、情报专家等岗位需求增加，促使馆员队伍向高学历、多学科、专业化方向转变。

从近期的岗位招聘信息来看，岗位均要求研究生学历，硕士及以上学位，专业要求开始向计算机相关专业、图书情报与档案管理类、设计创意、新闻学、传播学、中文、经济管理类等多学科方向发展。这表明高校图书馆对人才的学历和专业背景有了更高的要求，不再局限于传统的图书情报专业，而是需要更多跨学科的知识和技能。

馆员队伍的素质、知识结构、能力决定了高校图书馆发展的质量。随着人工智能在图书馆的普及应用，简单重复性、低智力要求的岗位会首先受到冲击，如借还、咨询、采编等岗位。相应地，知识型、创新型等体现人类智慧的岗位将需求旺盛，这就促使馆员队伍结构向高学历、多学科、专业化、知识密集型的方向转变。

未来，高校图书馆将成为各类型专家人才的聚集地，图书馆员的角色将从传统的图书管理者转变为知识服务提供者、信息分析专家和数据分析师等。这要求图书馆员不仅要有深厚的专业知识，还要具备跨学科的综合能力，能够在大数据时代中进行有效的信息管理和服务。

二、"一专多能"复合型人才成为主流

在高校图书馆的转型发展中，"一专多能"的复合型人才正逐渐成为主流。这类人才不仅需要具备深厚的专业知识，还需要具备跨学科的综合能力，以适应图书馆在资源、技术、服务、空间等各方面的深刻变革。

高校图书馆对人才的需求趋向于具备多种能力的复合型人才。例如，数据挖掘与分析工程师岗位要求能够设计数据挖掘与分析工具，能够完成数据挖掘，撰写分析报告，熟练运用数据挖掘工具，构建文本特征模型，进行影响力评价及趋势预测。这表明，未来的图书馆员不仅要懂得数据方面的知识，还需要掌握外语、图书馆学、文献学等多方面的知识，以便更好地处理外语数据，进行外文文献的收集、分类、整理和推荐工作。

高校图书馆的学科和情报馆员岗位也要求具备多种能力。除了进行日常的学科和情报服务外，他们还需要跟踪国内外相关研究与实践的最新进展，面向师生及科研团队开展针对性的培训、讲座或信息素养课程，参与科研项目的研究等工作。这些职责要求馆员不仅要有专业的学科知识，还要有良好的信息技能和教学能力。

数据工程师岗位也要求同时兼具多种能力。他们需要开发数据管理平台，建设数据管理及服务效能评估平台，并追踪相关前沿研究及应用的最新动态。这类岗位与系统研发岗位相似，都注重技术，因此在专业要求上比较类似，偏向于计算机及相关专业背景。能力要求上，都要求熟练应用计算机，具备编程能力，数据工程师岗还要求具备扎实的大数据分析、数据挖掘专业知识，熟悉常用的数据分析方法和挖掘算法，具备建模能力，可视化展示能力。

三、数据治理服务的兴起

随着数据价值的日益凸显，高校图书馆开始重视科研数据、学科数据的搜集、保存及服务工作，并搭建数据管理平台。这一趋势标志着数据治理服务在高校图书馆的兴起，图书馆的服务内涵将不断丰富，相应的岗位职责也会更加细化。

数据治理服务的兴起与数据价值化紧密相关。中国信息通信研究院发布的《数据价值化与数据要素市场发展报告（2024年）》中提到，数据服务产业包括数据产品开发、数据资产管理、数据治理、数据安全、数据交付以及数据发布等多个方面。这表明数据治理已成为数据服务产业的重要组成部分，对于高校图书馆而言，这意味着需要对科研数据和学科数据进行更专业的搜集、保存和管理。

高校图书馆的数据管理平台建设是数据治理服务兴起的直接体现。北京师范大学图书馆招聘的"研究数据管理岗"就是一个例证，其主要职责包括学科数据的搜集、保存、揭示及服务，学科用户数据的挖掘与分析，以及协助用户管理、共享和获取科研数据。这些职责不仅要求馆员具备传统的图书情报知识，还需要掌握数据分析、数据挖掘等技能，以适应数据治理服务的需求。

数据治理服务的兴起也推动了图书馆岗位职责的细化。随着用户需求驱动图书馆变革的呼声越来越高，图书馆开始重视对用户行为数据的挖掘与分析，以探索更多的潜在需求。例如，浙江大学图书馆招聘的"数据挖掘与分析工程师岗"，主要职责是数据挖掘与分析工具的设计，熟练运用数据挖掘工具，独立数据挖掘并形成分析报告，构建文本特征模型，进行影响力评价及趋势预测。这些新兴岗位的出现，反映了图书馆在数据治理方面的专业化和精细化管理。

最后，数据治理服务的兴起对高校图书馆的人才需求提出了新的要求。高校图书馆需要培养和吸引具备数据治理能力的人才，以适应数据管理平台的建设和服务需求。这不仅涉及技术层面的挑战，还包括对数据治理政策、法规遵从性、数据安全性等方面的理解和应用。

四、数据馆员岗位的发展趋势

数据馆员岗位的发展趋势在国内高校图书馆中正逐渐形成。随着图书馆服务内涵的不断丰富和岗位职责的细化，数据馆员的角色变得越来越重要。

（一）数据治理服务的纳入

随着高校图书馆服务的多样化发展，数据治理服务逐渐成为图书馆业务的重要组成部分。高校图书馆的服务范围正在从传统的借阅和参考咨询扩展到数据的搜集、保存、管理和服务。这种转变意味着图书馆需要更多地关注数据的价值，以及如何有效地管理和利用这些数据资源。图书馆员的角色也随之发生变化，这种服务的扩展不仅提高了图书馆的服务质量，也为图书馆员的职业发展提供了新的方向和机遇。

（二）岗位职责的细化

数据馆员岗位的设立标志着图书馆职责的进一步专业化和细化。这些专业人员将承担起数据管理的关键任务，包括但不限于数据的搜集、存储、处理和分发。他们的工作不仅限于维护数据的完整性和可用性，还包括对数据进行深入分析，以支持学科用户的研究需求。数据馆员将利用先进的技术和工具，挖掘数据中的潜在价值，为高校图书馆用户提供更加精准和高效的数据服务。他们还将协助用户在科研数据的管理、共享和获取方面，确保数据的安全合规使用，并促进知识的传播和创新。

（三）对新资源的重视

随着图书情报档案机构资源建设的内涵与外延不断扩展，资源形态已经不仅限于文字文献资源，还包括图像资源、音视频资源以及数据资源。这种变化要求图书情报与档案管理教育必须突破传统的资源观念，重视资源建构与组织能力的培养。在网络和大数据环境下，资源采集、处理、检索、服务与评价等相关理论、技术与方法变得尤为重要，图书情报与档案管理教育需要注重这些领域的能力培养。图书馆学教育行动倡议书也强调了在新业态环境、新职业环境、新学科环境下，必须优化图书馆学人才培养模式，以适应资源形态的变化和新资源的重视。

（四）新模式的探索

在新业态、新职业和新学科环境的挑战下，图书馆学人才培养模式亟须优化。这一过程涉及课程内容的全面更新，以适应信息时代的需求，包括引入最新的信息技术、数据分析、数字资源管理等领域的知识。教学方法也需要创新，采用更加互动和实践导向的教学方式，如案例教学、模拟实践、项目驱动学习等，以提高学生的参与度和学习效果。同时，实践能力的培养变得尤为重要，通过实习、工作坊、实验室实践等方式，加强学生解决实际问题的能力。

（五）专业角色的转变

在图书馆行业的演变中，图书馆员的角色和形象正在经历显著的转变。从传统的学科馆员和参考咨询馆员正在扩展到嵌入式馆员、教学馆员，以及新兴的社交媒体馆员和数据馆员等。这种转变反映了图书馆服务的创新、学科发展和信息技术的进步。学科馆员的出现是为了满足图书馆服务模式创新、专业学科发展和适应技术快速发展的需要。他们不仅是提供信息的专家，也是领域内的学科专家，能够促进图书馆与学科院系的联系，支持用户的知识学习和研究。

随着信息技术的广泛应用，学科馆员的服务内容已经从文献单元的信息推荐发展到字词单元或语句单元的知识推荐，服务形式借助网络通信工具和信息技术手段，深入挖掘用户需求，为用户提供随时随地、便捷地、深层次地学科服务。学科馆员进一步发展转型为嵌入式馆员，他们不再仅仅参与用户科研结果的生成阶段，而是主动地深入一线，嵌入用户科研学习和工作的全过程中，基于具体的问题情境分析用户需求，帮助用户甄别过滤、挑选收集所需信息，为用户提供贯穿科研全过程的学科服务。

这种转变强调了图书馆员在科研工作中的重要性，特别是在数据管理、保存和归档方面的专业素质和行业资质。数据馆员作为提供数据服务的工作人员，需要具备数据意识，并能够提供数据访问、数据管理、数据集管理的服务能力。

五、人才需求的多样化

随着信息化进程的加快，高校图书馆的人才需求呈现出多样化的发展趋势。高校图书馆服务的目标正在向更高层次、更高标准、更细致化的方向发展，这导致图情档专业人才在招聘需求结构中的比例逐渐下降。这种变化既是对图书馆员职业的挑战，也是推动图书馆员职业成长的动力。图书情报专业的毕业生将面临更广阔的信息职业发展道路。

高校图书馆服务的现代化和转型，要求图书馆员不仅要掌握传统的图书情报知识，还需要具备信息技术、数据分析、数字资源管理等新兴技能。智能技术的应用，如 AI 和机器人技术，正在改变图书馆的传统工作流程，使得图书馆员的角色从简单的文献管理和服务转变为更加复杂和专业的数据管理和分析。

在这种背景下，图书馆员的角色正在经历转变，从传统的学科馆员、参考咨询馆员转变为嵌入式馆员、教学馆员，以及社交媒体馆员、数据馆员等新型角色。这些新型角色不仅要求图书馆员具备专业知识，还要求他们能够适应快速变化的技术环境，为学生提供更加个性化和智能化的服务。

图书馆学教育也需要适应这种变化，面向更宽广的信息职业，培养能够在企业、银行、商务机构、网络公司、信息安全等领域工作的新型信息服务人才。教育模式需要更新，课程内容需要与最新的信息技术和数据管理实践保持同步，教学方法也需要创新，以提高学生的实践能力和创新能力。

第二节　大数据人才的培养路径

在大数据时代背景下，高校图书馆作为知识传播和人才培养的重要基地，其在大数据人才培养方面扮演着举足轻重的角色。

一、人才培养的战略定位

在数字化、信息化、智能化的新时代背景下，大数据已成为国家战略资源，对经济社会发展和国家治理能力现代化具有重要意义。高校图书馆作为高等教育体系中的重要组成部分，承担着人才培养、科学研究、社会服务和文化传承的重要使命。因此，高校图书馆应将大数据人才的培养作为战略性任务，以适应新时代的发展需求。

（一）把握时代脉搏，明确培养目标

党的二十届三中全会提出了实施更加积极、更加开放、更加有效的人才政策，强调了完善人才自主培养机制的重要性。这一指导思想为高校图书馆在大数据人

才培养方面提供了明确的方向。高校图书馆需要紧跟国家战略步伐，紧跟大数据发展的潮流，确立培养目标，培育一批既掌握大数据理论知识，又能熟练运用大数据技术，同时具备创新思维的复合型人才。这些人才将成为推动社会进步和科技创新的重要力量，能够在大数据领域发挥关键作用，满足新时代对高素质人才的需求。

（二）发挥学术资源优势，构建人才培养体系

高校图书馆凭借其丰富的学术资源和先进的信息技术设施，在大数据人才培养方面具有明显优势。为了充分利用这些资源，高校图书馆需要构建一个全面的大数据人才培养体系。通过开设涵盖数据科学基础、大数据分析与挖掘、数据可视化等关键领域的课程，为学生提供全面的大数据教育；建立大数据实验室和研究中心，为学生提供实践操作的机会，从而提升他们的动手能力和创新思维；重视师资队伍建设，引进和培养大数据领域的专业人才，以构建一支高水平的教学和科研团队；与国内外高校、科研机构和企业建立合作关系，为学生提供更广泛的学习和交流机会，拓宽他们的国际视野。

（三）创新学术资源组织模式，提升人才培养质量

高校图书馆在大数据人才培养中需要通过创新学术资源的组织模式来提升教育质量。为此，图书馆需整合各类大数据相关资源，如图书、期刊、数据库和在线课程，为学生提供便捷的一站式服务。同时，图书馆应提供个性化服务，根据学生的特定需求和兴趣，推荐相应的学术资源，并提供定制化的学习指导。加强信息素养教育也是提升人才培养质量的关键，这包括培养学生的信息检索、分析和应用能力，使他们能够有效地利用信息资源。最后，通过举办与大数据相关的学术讲座、研讨会和工作坊，图书馆可以促进学术交流和知识共享，为学生提供一个互动和学习的平台，从而提升他们的学术视野和专业能力。

（四）强化实践教学，培养应用型人才

在大数据人才培养过程中，高校图书馆需着力强化这一环节，以培养具备实际应用能力的应用型人才。为此，图书馆可以采取项目驱动的教学模式，让学生在参与真实项目的过程中，实践大数据技术，解决具体问题，从而深化对知识的理解和应用。通过案例教学，分析大数据领域的成功案例，学生能够直观地了解

大数据技术在不同场景下的应用和实践方法，增强其实际操作能力。同时，图书馆还应积极组织和参与各类大数据竞赛，这些竞赛不仅能够激发学生的学习热情，还能培养他们的创新精神和团队合作能力。

（五）构建评价机制，保障人才培养效果

确保大数据人才培养成效，高校图书馆需建立一套科学的评价体系。这个体系应涵盖过程评价，即对学生的学习进展、实践操作技能以及项目完成质量进行持续的评估，以确保教育过程的质量和效果。同时，结果评价也至关重要，它关注学生在大数据技术应用和创新思维方面的表现，评估他们是否达到了预期的学习成果。建立一个有效的反馈机制同样不可或缺，它能够及时收集来自学生、教师以及行业企业的反馈，为人才培养方案的持续改进提供依据。

二、培养具有大数据背景的高素质人才队伍

在大数据时代，高校图书馆作为信息和知识的集散地，其职能已经从传统的文献收藏与借阅服务，转变为更加注重信息资源的整合、分析与服务。因此，培养一支具有大数据背景的高素质人才队伍，对于提升图书馆服务水平、满足用户需求、推动图书馆事业的发展具有重要意义。

（一）培养目标与需求分析

在大数据时代，高校图书馆培养高素质人才队伍的目标是打造一支既懂技术又善管理，同时具备服务意识和创新精神的专业团队。这些人才需掌握数据采集、处理、分析及可视化等相应技术，以适应信息爆炸带来的挑战。他们应能高效管理图书馆资源，优化馆藏结构，提升资源的利用效率。他们还需提供定制化的信息服务，满足用户多样化的需求，这要求他们具备敏锐的市场洞察力和用户服务意识。最重要的是，他们应具有创新思维，不断探索图书馆服务的新领域和新模式，以推动图书馆服务的持续创新和发展。

（二）培养途径与方法

为达成培养高素质大数据人才的目标，高校图书馆需采取多元化的培养途径和方法。通过定期举办专业培训，强化管理人员对大数据技术的理解与应用，提升其技术能力；鼓励管理人员参与实际项目，通过实践操作来深化理论知识，促

进个人成长；激励管理人员参与国内外的学术交流活动，以此拓宽国际视野，学习并吸收前沿的行业经验；建立跨学科团队，促进不同专业背景人员之间的交流合作，激发创新思维，增强团队协作能力。

（三）培养内容与课程设置

高校图书馆在培养大数据人才时，课程设置需兼顾理论基础与实践应用。课程内容应涵盖大数据技术基础，如数据挖掘、机器学习、云计算等，为学生打下坚实的技术根基。同时，信息资源管理课程也不可或缺，包括传统的信息组织、分类、编目等图书馆学知识，以及数字资源管理和知识产权等现代知识，以适应数字化转型的需求。信息服务与用户研究课程则聚焦于用户需求分析、服务设计和用户体验，旨在提升学生服务用户的能力。创新思维与项目管理课程的引入，旨在培养学生的创新能力和项目管理技能，使他们能够在实际工作中运用创新思维解决问题，有效管理项目。

（四）培养效果的评估与反馈

确保人才培养质量，高校图书馆必须构建一个全面的评价体系来衡量培养效果。这个体系应从过程和结果两个维度进行评估。在过程评估方面，需要监控管理人员的学习进展和他们在项目中的参与情况，以确保学习活动的有效性。结果评估则侧重于评价管理人员在技术、管理和服务等方面的实际能力，以验证培训成果是否符合预期目标。建立一个反馈机制能够收集来自管理人员、用户以及合作伙伴的反馈信息。这些反馈将为培养方案的持续改进提供宝贵的信息，帮助图书馆调整和优化培训内容，以更好地满足实际需求和行业发展趋势。

（五）培养环境的建设与优化

为了营造一个有利于大数据人才培养的环境，高校图书馆需在多个方面进行投入和优化。在设施建设方面，图书馆应投资购置高性能计算机和先进的大数据分析软件，为管理人员提供必要的技术支持和工具。这些硬件和软件资源是进行大数据分析和处理的基础，对于提升管理人员的技术实践能力至关重要。

在资源配置上，图书馆应积极整合和扩充数据资源，包括各类数据库、开放数据集等，构建一个丰富的数据资源库。这些资源将为管理人员提供实际操作的数据基础，使他们能够在真实的数据环境中进行学习和实践，增强其解决实际问题的能力。

　　政策支持也是培养环境建设中不可或缺的一部分。图书馆需要制定鼓励性政策，激励管理人员积极参与培训和项目实践。这些政策可以包括培训时间的保障、项目实践的资助、成果认定和激励机制等，以提高管理人员参与培训和实践的积极性，促进其专业成长。

第十三章 高校图书馆大数据项目管理与评估

第一节 大数据项目的规划与实施

随着信息技术的飞速发展,大数据已成为推动社会进步和创新的重要驱动力。高校图书馆作为知识信息的集散地,其大数据项目的规划与实施对于提升服务质量、优化资源配置、增强用户体验具有重要意义。

一、项目规划

(一)目标设定

项目规划阶段,确立清晰的目标至关重要。对于高校图书馆大数据项目而言,其核心目标集中在几个关键领域:首先,提升图书资源的利用效率和便捷性,确保师生能够轻松访问所需资料。其次,通过优化服务流程,增强用户体验,图书馆服务更加人性化和高效。再次,项目还旨在支持学术教学和研究工作,通过数据分析为学术活动提供有力支撑。最后,项目将通过数据分析预测图书资源的未来需求,使图书馆能够及时调整资源配置,应对变化。

(二)数据收集

在大数据项目中,数据的收集是构建项目基础的关键步骤。对于高校图书馆而言,这一过程涉及多个方面的数据采集。首先,图书馆需要详细记录借阅活动,这包括借阅者的个人信息、借阅的具体时间和借阅的图书数量等,这些数据对于理解用户行为模式至关重要。其次,电子资源的使用情况也是数据收集的重点,包括资源的访问次数、下载量以及用户的具体行为轨迹,这些信息有助于评估电子资源的受欢迎程度和使用效率。

图书馆的馆藏信息也是数据收集的重要组成部分，包括图书的分类、库存量以及流通情况等，这些数据对于管理图书资源和优化馆藏结构至关重要。最后，用户反馈是提升服务质量的重要依据，可以通过问卷调查、面对面访谈等方式直接从用户那里获取，这些反馈信息能够为图书馆服务的改进提供直接的参考。

（三）技术选型

技术选型是确保高校图书馆大数据项目成功实施的关键环节。在这一环节中，需要精心挑选能够高效处理和分析大数据的技术平台和工具。数据库管理系统是存储和管理海量数据的基础设施，它必须具备高扩展性和高可靠性，以确保数据的安全和快速访问。因此，选择一个强大的数据库管理系统至关重要。

为了处理和分析这些数据，需要采用先进的大数据处理框架。Hadoop 和 Spark 等工具因其强大的数据处理能力和灵活性而成为首选。这些框架能够处理结构化和非结构化数据，支持复杂的数据分析任务，如数据挖掘和机器学习。

为了让数据分析的结果更加直观易懂，可视化工具的选择也至关重要。这些工具能够将复杂的数据转化为图表和图形，帮助用户快速理解数据分析的结果，从而做出更明智的决策。选择易于使用且功能强大的可视化工具，可以极大地提升用户体验和项目的整体效率。

（四）团队建设

构建一个多元化的团队对于高校图书馆大数据项目的成功至关重要。这个团队应该由来自不同领域的专业人员组成，以覆盖项目的所有关键方面。图书馆员凭借对图书馆资源和用户需求的深刻理解，将在项目中发挥核心作用。他们负责确保项目的方向与图书馆的使命和目标保持一致，并作为项目与图书馆用户之间的桥梁。

数据分析师在处理和解释数据方面利用专业知识来识别数据中的模式和趋势，为图书馆的决策提供数据支持。IT 专家则负责技术实施，包括数据库的搭建、大数据处理框架的部署和维护，以及确保数据安全和系统的稳定运行。

项目团队还可能需要用户体验设计师，他们专注于提升用户界面的友好性和易用性；市场营销专家，他们负责推广项目，提高用户对图书馆大数据服务的意识。

二、项目实施

（一）数据整合

项目实施阶段，数据整合是首要任务，它涉及将分散在不同系统和格式中的数据汇集到一个统一的平台。这一过程要求将借阅记录、电子资源使用数据、馆藏信息以及用户反馈等多种数据源进行合并，以构建一个全面的数据中心。这样的数据中心能够为后续的数据分析提供坚实的基础，使得数据更加易于管理和访问。

在整合过程中，需要解决数据格式不一致、数据冗余及数据质量的问题。这可能涉及数据清洗，即去除重复记录、修正错误和填补缺失值，以确保数据的准确性和一致性。数据整合还需要考虑数据的安全性和隐私保护，确保在整合过程中遵守相关的法律法规，保护用户信息不被泄露。

整合后的数据仓库将成为图书馆大数据项目的中枢，支持各种数据分析和决策支持系统。它不仅能够提高数据处理的效率，还能增强数据分析的深度和广度。

（二）数据清洗与预处理

在项目实施的第二阶段，数据清洗与预处理成为关键步骤，目的是提升数据的可用性和可靠性。这一过程涉及对原始数据集的细致审查，以识别并纠正数据中的不一致性、错误和缺失值。数据清洗的目的是确保分析结果的准确性，避免基于错误数据做出的决策。

数据预处理包括多个环节，首先是数据清洗，需要识别并删除重复记录，因为这些记录可能会扭曲分析结果。接着，需要修正或删除错误数据，这些错误可能是输入、数据传输或其他原因造成的。对于不完整的数据，需要进行填补或剔除，以减少分析中的偏差。

在数据清洗的过程中，还涉及数据转换，即将数据转换为适合分析的格式。这可能包括数据规范化、编码分类变量以及创建派生变量等。数据预处理的最终目标是将原始数据转换成干净、整洁的数据集，为数据分析阶段打下坚实的基础。

（三）数据分析

数据分析是大数据项目的核心环节，它涉及使用专业的工具和技术来挖掘数据中的有价值信息。在高校图书馆的背景下，这一过程旨在揭示用户的借阅习惯、资源的使用情况以及未来的需求趋势。

通过深入分析用户借阅行为，高校图书馆能够识别出最受欢迎的书和主题，以及用户的借阅频率和偏好。这些信息对于优化图书采购策略和调整馆藏结构至关重要。例如，如果发现某些领域的图书借阅率持续上升，图书馆可以据此增加这些领域的藏书量。

资源使用效率分析则关注于评估电子资源和实体书的流通情况，以及它们对教学和研究的支持程度。通过分析资源的使用数据，高校图书馆可以识别出哪些资源被高频率使用，哪些则较少被关注，从而更有效地分配预算和资源。

预测未来资源需求是数据分析的另一个重要方面。通过分析历史数据和当前趋势，高校图书馆可以预测特定领域或类型的图书在未来的需求变化。这种预测能力有助于图书馆提前规划资源配置，以满足用户的未来需求，同时也能够避免资源的浪费。

（四）结果应用

在大数据项目中，将数据分析的结果转化为实际行动是至关重要的一步。这些分析结果能够指导高校图书馆在多个层面上进行改进和优化。

分析结果可以直接影响高校图书馆采购策略和馆藏结构的调整。通过了解哪些图书类别最受欢迎，哪些资源使用频率最高，高校图书馆可以更有针对性地采购新书，同时淘汰那些利用率低的藏书。这样的调整有助于提高馆藏的质量和相关性能，确保高校图书馆的资源能够满足用户的实际需求。

分析结果还能用于提升高校图书馆服务的个性化和响应速度。通过分析用户的借阅习惯和偏好，高校图书馆可以提供更加个性化的服务，比如推荐系统，以及更快地响应用户的特殊需求。这种个性化的服务能够提高用户满意度，增强图书馆的吸引力。

分析结果还能为教学和研究提供数据支持。高校图书馆可以利用这些数据来识别学术研究的热点领域，为教师和研究人员提供最新的研究资料和趋势分析。这种数据支持能够促进学术创新，加强图书馆在学术研究中的作用。

第二节 大数据项目的风险管理

高校图书馆大数据项目的风险管理是一个复杂且多维的问题,涉及数据安全、技术应用、资源管理等多个方面。

一、风险识别与监测

在高校图书馆大数据项目的实施过程中,风险识别与监测是确保项目成功的关键步骤。这一阶段的目标是识别可能影响项目进度、成本、质量和成果的各种潜在风险,并制定相应的监测机制以确保这些风险得到及时的管理。

(一)技术风险

技术风险在大数据项目中占据着核心地位,涉及硬件故障、软件缺陷、网络问题以及数据兼容性等关键领域。为了有效识别和管理这些风险,高校图书馆定期进行技术审查至关重要,这有助于及时发现并解决潜在的技术问题,确保系统的稳定性和可靠性;建立一个技术监控系统,利用监控工具对系统性能进行实时跟踪,以便在技术问题发生时能够迅速响应;制订数据备份和恢复计划也是降低数据丢失风险的有效手段,确保所有关键数据得到妥善保护,并能在必要时迅速恢复。

(二)数据隐私风险

在大数据项目中,数据隐私风险的管理显得尤为重要,尤其是在处理包含个人和敏感信息的数据时。高校图书馆必须采取一系列措施来保护数据隐私,以维护用户的信任和遵守法律法规。高校图书馆需要确保其所有数据处理活动严格遵守数据保护法规,这包括了解和遵守国内外的数据保护法律,如欧盟的通用数据保护条例等。对敏感数据实施加密是防止未授权访问的有效手段,通过加密技术,可以保护数据在传输和存储过程中的安全。实施严格的访问控制也是保护数据隐私的关键,只有经过授权的人员才能访问敏感数据,这有助于减少数据泄露的风险。最后，在引入新的数据集或技术之前，进行隐私影响评估是识别和缓解隐私风险的重要步骤。通过评估，图书馆可以提前识别潜在的隐私问题，并采取相应的措施来减轻这些风险。

（三）人力资源风险

人力资源风险在大数据项目中起着关键作用，主要涉及项目团队的稳定性、技能水平和工作态度。高校图书馆需要采取有效措施来管理这些风险。招聘和培训是基础，图书馆应确保招募到具备所需技能的员工，并为他们提供持续的培训机会，以保持其专业技能的更新和提升。这不仅有助于提高团队的整体素质，还能增强员工的工作信心和能力。激励和保留人才是另一个重要方面。通过提供具有竞争力的薪酬和职业发展机会，图书馆可以有效激励员工，减少人才流失。这种激励机制不仅能提升员工的工作积极性，还能增强他们对组织的忠诚度。团队建设活动和良好的沟通机制也是提升团队凝聚力和合作效率的重要手段。通过定期组织团建活动，促进团队成员之间的交流与合作，可以增强团队的协作精神和整体绩效。

（四）监测机制

在高校图书馆的大数据项目中，建立有效的监测机制有助于评估项目的进度和成果，还能及时发现新的风险点。

监测机制是风险管理的核心部分，它确保高校图书馆能够持续监控大数据项目的状态，并识别新的风险。通过定义和跟踪关键绩效指标，图书馆可以评估项目进度和成果，这些指标能够量化项目的成功与否，并为决策提供数据支持。定期的项目审查是监测机制的另一个重要组成部分，它允许图书馆评估项目状态，识别新的风险，并调整项目计划以应对这些风险。风险日志的记录也是监测机制的一部分，它记录所有已识别的风险和采取的措施，为趋势分析和历史对比提供了基础。通过这些记录，图书馆可以分析风险发生的频率和模式，从而更好地预测和预防未来的风险。

二、风险评估

通过大数据技术的应用，高校图书馆能够从多个维度对项目风险进行综合评估，从而为管理者提供全面而准确的评估结果。

大数据技术在风险评估中的优势体现在其能够整合不同来源的数据，包括宏观层面的面板数据模型和微观层面的实时跟踪与风险预警。这种整合能力使得高校图书馆能够对风险进行更精准的识别和分析。例如，通过大数据分析，可以对客商信用评级等内外部数据信息进行实时跟踪，精准识别高风险业务领域及流程，建立风险管理矩阵，搭建内部控制风险库，提高风险分析的针对性和精准性，改善风险应对的及时性。

风险评估的方法多样，包括综合评价方法和风险率、风险传递等评估方法。在综合评价方法中，风险评估的流程包括风险界定、风险因素识别（指标体系的确定）、权值的确定和综合评价模型方法的应用。这些方法的应用有助于高校图书馆对风险进行量化和可视化的表达，从而更直观地理解和管理风险。

在实际操作中，风险评估通常包括以下几个步骤：首先是风险识别，通过SWOT（优势、劣势、机会和威胁）和PESTLE（政治、经济、社会、技术、法律和环境）分析方法来辅助识别潜在风险。接着是风险分析和评估，采用定性和定量的方法，如概率和影响矩阵、专家评分等，对每个已识别的风险进行进一步分析和评估。最终，每个风险都被分配一个综合的风险等级，用来评估其对项目目标的潜在影响。

风险评估软件的应用也大幅提高了风险管理的效率和准确性。这些软件提供了自动化分析、数据可视化、实时更新和协作功能，帮助项目团队更高效地识别、评估和管理风险。利用模拟和建模工具，如蒙特卡罗模拟，通过创建项目的数学模型进行风险模拟和预测，帮助项目团队更准确地评估和应对风险。

第三节　大数据项目的评估与优化

一、大数据项目的评估

评估高校图书馆大数据项目，需要从多个维度进行。

（一）数据整合能力评估

数据整合能力是衡量高校图书馆大数据项目成功与否的关键因素。这一能力要求图书馆能够高效地整合不同来源的数据资源，既包括传统的纸质文献，也包括现代的电子资料。整合过程中，高校图书馆需要对数据进行收集、存储、清洗、转换和整合，以确保数据的准确性和一致性，从而提升数据的整体可用性。

在评估高校图书馆的数据整合能力时，重点在于检查图书馆是否能够实现数据的无缝整合。这涉及图书馆是否拥有先进的技术手段和流程，以支持数据的整合工作，以及是否能够提供一个统一的数据访问接口。这样的接口对于提高数据的可访问性和利用率至关重要，因为它能够让用户无论在何处都能方便地访问和利用数据资源。

评估还应关注高校图书馆是否能够确保数据的安全性和隐私性，以及是否能够遵守相关的法律法规。图书馆需要采取适当的措施来保护数据，防止数据泄露或被不当使用。同时，图书馆还应确保其数据整合流程能够适应不断变化的技术环境和用户需求，以保持其服务的前瞻性和竞争力。

（二）数据分析能力评估

数据分析能力是评估高校图书馆大数据项目效能的核心指标，它直接关系到图书馆能否有效利用大数据技术来支持决策制定。图书馆必须能够运用数据挖掘、机器学习等先进的分析工具和技术，从海量数据中提取出有价值的信息，并将这些信息转化为实际的决策支持。这不仅涉及技术的应用，还包括对数据的深入理解和分析，以及将分析结果转化为可行的服务改进措施。

在评估高校图书馆的数据分析能力时，重点在于考查图书馆是否能够灵活运用各种数据分析工具和技术，以及是否能够将分析结果有效地应用于服务策略的调整。这要求图书馆不仅要具备技术能力，还要有将技术与实际业务需求相结合的能力。图书馆需要能够根据分析结果，识别出服务中的不足之处，进而调整服务策略，以更好地满足用户的需求。

评估还应关注高校图书馆是否能够持续跟踪和分析用户行为，以及是否能够预测用户的未来需求。这需要图书馆具备实时分析和响应的能力，以便快速适应用户需求的变化。同时，图书馆还应评估其数据分析流程的效率和效果，确保数据分析能够为图书馆的长期发展提供持续的支持。

（三）用户需求满足度评估

用户需求满足度是衡量高校图书馆大数据项目成效的一个关键指标，它直接反映了图书馆服务与用户期望之间的匹配程度。通过对电子资源使用情况的深入分析，图书馆能够洞察师生的实际需求，这些数据为电子资源的采购和更新提供了重要的参考依据。在进行评估时，关键在于图书馆是否能够利用数据分析工具来揭示用户的行为模式和需求趋势，进而根据这些信息优化资源配置和服务模式。

高校图书馆需要通过分析用户借阅记录、在线搜索行为和反馈等数据，来预测和满足用户的潜在需求。这要求图书馆不仅要关注当前的资源使用情况，还要能够预见未来的需求变化，从而提前做出相应的资源调整。例如，如果数据显示某个学科领域的资源使用频率突然增加，图书馆可能需要增加该领域的电子资源采购。

用户满意度调查是评估用户需求满足度的重要组成部分。通过调查，高校图书馆可以直接收集用户对服务的反馈，了解服务的强项和弱点。这些反馈对于图书馆调整服务策略、提升服务质量至关重要。图书馆应定期进行用户满意度调查，并根据调查结果及时调整服务，以确保服务能够满足用户的实际需求。

（四）成本效益分析

成本效益分析是高校图书馆大数据项目评估中不可或缺的一环，它涉及对电子资源成本的细致考量，包括购买成本、价格变动、人均成本等多个方面。通过这种分析，图书馆能够合理规划预算，优化资源采购策略，提高资源的利用效率。

在进行成本效益分析时，高校图书馆需要确定电子资源的成本，并通过对电子资源的访问量与下载量的统计，了解师生对电子资源的利用情况。这种成本分析有助于调节电子资源的购买比例，使有限的经费达到最大限度的利用。提高电子资源的使用率也是成本效益分析的重要目标。通过对电子资源日常使用情况的分析，图书馆可以发现在使用、检索、下载方面存在的问题，并针对性地进行改进，从而提升服务的符合度，降低人均使用成本。

成本效益分析还包括对项目费用的详细分析，管理者可以通过这种分析发现预算执行中的问题，并采取措施进行调整。这种分析方法确保项目的成本效益最大化，避免资源浪费。同时，高校图书馆还可以通过比较法、分析法、评价法等绩效评价方法，对图书资料及数据库购置绩效进行评价，包括执行指标、产出指标、成本指标和效益指标。

（五）售后服务评价

售后服务评价是评估高校图书馆大数据项目服务质量的重要方面。它涉及对数据库服务提供商在多个方面的性能进行评估，包括试用期限、远程访问的速度、服务的稳定性以及对用户问题的响应速度等。这些因素共同影响着图书馆服务的整体表现和用户满意度。

在进行售后服务评价时，高校图书馆需要关注服务提供商是否能够提供足够的试用期限，让用户充分体验服务内容，从而做出明智的采购决策。同时，远程访问速度和稳定性是衡量服务质量的直接指标，它们直接影响用户的使用体验。如果访问速度慢或服务不稳定，即使资源内容再丰富，也难以满足用户的需求。

服务提供商对用户问题的响应速度也是评价的重要内容。高校图书馆需要确保服务提供商能够及时解决用户在使用过程中遇到的问题，减少用户的等待时间，提高服务的可用性和可靠性。这要求图书馆与服务提供商之间建立有效的沟通机制，确保问题能够迅速得到反馈和处理。

高校图书馆还应考虑服务提供商是否提供持续的技术支持和更新服务，以及是否能够根据用户反馈进行服务改进。这些因素都是评估服务质量的重要组成部分，它们有助于图书馆选择和维护高质量的数据库服务，以满足用户的需求。

二、大数据项目的优化

基于评估结果，高校图书馆大数据项目可以从以下几个方面进行优化。

（一）提升数据整合能力

高校图书馆提升数据整合能力是优化大数据项目的关键步骤。为此，图书馆可以开发一个基于大数据技术的可视化系统，该系统能够高效地整合纸质和电子资源，实现数据的一体化管理。这个系统将具备智能分析功能，能够直观地展示数据，帮助图书馆深入了解读者的需求，从而优化资源配置，提升服务水平。

通过这样的系统，高校图书馆能够实现数据的无缝对接，无论是内部管理还是对外服务，都能提供一个功能全面、操作便捷的数据管理平台。这不仅提高了数据处理的效率，还增强了图书馆在知识传播和服务领域的竞争力。高校图书馆可以利用这个平台，对数据进行深入挖掘，发现潜在的服务改进点，预测读者行为，从而提前做出响应，满足读者的期待。

数据可视化系统还能帮助高校图书馆在资源采购、用户服务、阅读推广等方面做出更加科学的决策。通过分析读者的借阅习惯、偏好和反馈，图书馆可以更精准地采购资源，减少资源浪费，提高资源利用率。同时，图书馆还可以通过系统收集的反馈，及时调整服务策略，提升读者满意度。

（二）成本控制与效益提升

高校图书馆在大数据项目中实现成本控制与效益提升，需要综合考虑电子资源的成本、使用率和用户满意度，通过细致的成本效益分析来合理规划预算和优化资源采购策略。

1.多维度评估

高校图书馆在对电子资源进行评估时，需要采用多维度的方法。这包括考量馆藏的刊量、核心保障率、满足率以及利用率等关键指标。利用资源绩效分析平台等专业工具，图书馆能够全面地分析电子资源的使用情况，包括使用频率、用户满意度和资源覆盖范围。通过与国内外一流大学的资源使用数据进行对比，图书馆可以识别自身在资源配置和服务提供方面的差距，并据此制定改进措施。

2. 精细化管理

高校图书馆利用数据分析技术，推动资源管理向精细化和科学化发展。通过细致分析外文期刊的净刊量和 JCR/ESI 核心保障率等关键指标，图书馆能够精确掌握资源的使用情况和需求趋势。这种基于数据的资源配置方法，使得图书馆能够更有效地满足读者需求，同时提高资源的利用效率。通过这种方式，图书馆能够确保资源采购与读者需求相匹配，减少资源浪费，实现资源的最优配置。精细化管理还有助于图书馆在预算规划和资金分配上做出更合理的决策，进一步提升服务水平和用户满意度。

3. 读者驱动采购

高校图书馆实施读者驱动采购策略，以提升电子资源的采购效率和使用率。这种策略允许高校图书馆根据读者的实际推荐购书需求来采购资源，从而确保所购资源与用户需求高度匹配。通过在线调查、读者反馈和借阅数据分析等方式，图书馆可以收集读者的推荐购书信息，了解他们的研究兴趣和阅读偏好。这种需求驱动的采购模式不仅提高了资源的利用效率，还增强了图书馆服务的个性化和响应性。读者驱动采购还有助于图书馆在资源预算分配上做出更明智的决策，确保资源投入能够产生最大的用户满意度和学术价值。

4. 合作采购

高校图书馆通过与其他图书馆或机构建立合作采购机制，实现资源共享和成本分摊，从而提升采购的经济效益。这种跨机构的合作采购模式，使得参与各方能够共同承担高昂的资源采购费用，减轻单个图书馆的财务压力。同时，合作采购还能扩大资源的获取范围，让各参与方都能访问到更广泛的信息资源，增强各自的馆藏实力。

合作采购还促进了图书馆之间的信息交流和经验分享，有助于提升采购决策的科学性和合理性。通过集体谈判，合作图书馆能够获得更优惠的采购价格，提高资金使用效率。合作采购还能加强图书馆之间的战略联盟，为共同应对数字化挑战、推动图书馆事业的发展提供支持。

5. 多渠道采购

高校图书馆在图书和资料采购上采取多元化渠道策略，以确保资源的多样性和成本效益。通过与图书批发商、出版社合作以及利用电商平台等多种途径，图书馆能够获取更广泛的图书和资料信息，同时享受到更具竞争力的价格。这种多渠道采购方法使图书馆能够灵活应对市场变化，快速响应读者需求，提高采购效率。

多渠道采购还有助于图书馆在紧急情况下快速补充资源，尤其是在特定领域或热门主题的需求突然增加时。通过与不同的供应商建立合作关系，图书馆可以分散采购风险，确保资源供应的稳定性。同时，这种策略也促进了图书馆与供应商之间的健康竞争，推动供应商提供更好的服务和更优惠的条件。

6.预算控制

高校图书馆在进行图书和资料采购时，必须遵循预算控制原则，以确保采购活动的经济性和效率。这意味着图书馆需要在有限的预算框架内，制订合理的采购计划，并对采购过程中的每一笔支出进行严格监管。通过这种方式，图书馆能够确保资金得到合理分配，优先采购对读者最有价值的资源。

预算控制还涉及对采购成本的持续监控和评估，以便及时调整采购策略，避免超支。图书馆可以利用预算管理系统来跟踪采购进度，分析成本效益，确保每一笔支出都能带来最大的回报。预算控制也要求图书馆在采购决策时考虑长期价值，选择性价比高的资源，以实现资源的可持续利用。

（三）改善售后服务

改善售后服务是提升高校图书馆用户体验的重要环节。高校图书馆应与数据库供应商进行有效协商，以优化试用期限、访问速度和服务稳定性等关键指标。确保服务提供商提供足够的试用期限，让用户能够充分体验服务内容，这样可以帮助他们做出更明智的采购决策。图书馆需要确保服务提供商能够及时响应用户在使用过程中遇到的问题，减少用户的等待时间，从而提高服务的可用性和可靠性。

为了实现这一目标，高校图书馆可以建立跨部门的协作机制，确保售后服务团队与销售、技术和研发等部门之间的信息共享和问题解决的高效性。设立专门的客户关系管理部门，负责维护长期客户关系和提升客户满意度，能够有效促进服务质量的提升。

高校图书馆应设计简洁高效的服务流程，减少不必要的步骤，以加快问题解决的速度。定期评估和更新服务流程，根据用户反馈进行调整，确保服务能够适应不断变化的需求。

最后，高校图书馆还应重视员工的培训和发展，确保服务团队具备必要的产品知识和客户沟通技巧。通过建立激励机制，鼓励员工提供高质量的服务，从而进一步提升用户的整体体验。

第四节　大数据项目管理的未来展望

一、知识价值的体现与信息资源共享

在大数据技术的推动下，高校图书馆正站在知识管理和信息服务的新起点上。知识的价值在这一时代背景下愈发凸显，而信息资源的共享也达到了前所未有的广度和深度。高校图书馆作为学术研究和知识传播的重要基地，需要不断创新服务模式，积极运用现代化管理手段，以实现资源的数字化和服务模式的创新。

（一）资源数字化与服务模式创新

数字化转型对高校图书馆而言，是提升知识价值和促进资源共享的重要途径。通过将纸质资源数字化，图书馆不仅能够提高资源管理的效率，还能方便用户随时随地获取信息。数字化的资源使得检索变得更加快捷，同时也拓宽了资源的可访问性，使其不受时间和地点的限制。

高校图书馆可以利用大数据技术，分析用户的查询和使用习惯，从而预测他们的需求。这种分析有助于图书馆在采购新资源或安排现有数字资源时，更好地满足用户需求，实现资源、用户和服务的有效对接。这种精准的服务模式不仅提升了服务效率，也提高了服务质量，使得图书馆能够提供更加个性化的服务。

数字化还为高校图书馆提供了更多的创新服务模式。例如，图书馆可以开发在线阅读平台，提供电子书和期刊的即时访问；或者创建虚拟参考服务，通过在线聊天或视频会议为用户提供即时咨询。这些服务模式的创新，使得图书馆能够更好地适应数字化时代的需求，为用户提供更加丰富和便捷的信息服务。

（二）信息资源共享的实践

在大数据时代，高校图书馆之间的合作成为实现信息资源共享的有效途径。通过将数据存储于云端或分布式系统中，图书馆能够根据自身需求灵活地上传和下载资源，从而实现资源的互通有无。这种合作模式不仅提高了资源的利用效率，还促进了知识的广泛传播。

利用大数据技术，高校图书馆能够深入分析特定学科或行业的实际需求，从而提供更加精准的资源推荐服务。这种集成化的推荐服务，使得图书馆能够根据用户的特定需求，提供定制化的信息资源，增强了服务的针对性和有效性。

大数据还助力高校图书馆在资源管理和服务提供上实现智能化。通过分析用户行为和偏好，图书馆能够预测用户可能感兴趣的资源，并主动推送相关信息，从而提升用户体验。同时，这种智能化服务也减轻了图书馆工作人员的工作压力，使他们能够将更多精力投入提升服务质量和创新服务模式上。

二、构建主动式文献信息推荐系统

（一）系统的必要性与目标

在数字化转型的浪潮中，高校图书馆迫切需要一个能够主动提供文献信息的推荐系统，以提升资源管理的智能化水平和服务质量。这样的系统旨在通过精准匹配用户的学术兴趣和阅读偏好，主动推送相关文献资源，以此提高资源的使用效率和用户的满意度。

该系统的设计初衷是实现高校图书馆服务的个性化和智能化。它能够根据用户的过往行为和偏好，预测并推荐可能感兴趣的文献，为用户提供更加贴心的服务体验。同时，系统的设计也考虑到了用户隐私和数据安全的重要性，确保在推荐过程中严格遵守保密性原则，保护用户个人信息不被泄露。

系统还强调资源共享的广泛性，通过合理的信息分配机制，不同用户群体都能公平地访问到所需的文献资源。这种资源共享不仅促进了知识的传播，也为学术研究提供了更加丰富的资源基础。

（二）技术实现与功能

为了构建一个高效的主动式文献信息推荐系统，高校图书馆需要融合多种前沿技术，如知识图谱、机器学习以及大数据分析。这些技术的综合应用能够使系统更加智能，更好地理解和满足用户需求。

知识图谱技术通过构建实体之间的关系网络，使系统能够深入理解用户查询的上下文，从而提供更为精确的推荐。机器学习算法则通过分析用户的历史互动数据，不断调整和优化推荐策略，以实现个性化服务。大数据分析则能够揭示用户行为的深层次模式，为预测用户未来的需求提供数据支持。

该系统的核心功能之一是构建用户画像，这涉及对用户借阅和下载行为的深入分析，以及图书资源的实时更新。通过这些数据，系统能够描绘出用户的阅读偏好和研究兴趣。智能推荐功能则基于这些用户画像和资源特征，运用协同过滤、内容推荐等算法，为用户提供定制化的文献资源。系统还包括用户行为分析功能，这有助于系统持续学习和自我改进，以更好地适应用户需求的动态变化。

（三）系统架构

主动式文献信息推荐系统的架构设计是实现其功能的关键。该系统通常由四个主要层次构成：数据层、处理层、逻辑层和表现层，每个层次都有其独特的职责和功能。

数据层是整个系统的基础，负责存储和维护用户信息、图书资料以及其他相关数据。这一层确保了系统能够访问到准确、最新的数据，为后续的处理和分析提供支持。

处理层则专注于数据的清洗和预处理工作，包括去除噪声、填补缺失值、格式标准化等任务。这一层的目的是将原始数据转换成适合分析和推荐算法使用的格式，提高数据的质量和可用性。

逻辑层是系统的大脑，包含了推荐算法和决策逻辑。这一层运用机器学习和数据挖掘技术，根据用户的行为和偏好，以及图书的特征，生成个性化的推荐列表。逻辑层的算法需要不断地学习和优化，以提高推荐的准确性和相关性。

表现层则负责将推荐结果以用户友好的方式展示出来。这一层提供了用户界面，使得用户能够轻松地浏览和选择推荐资源。表现层的设计需要考虑到用户体验，确保界面直观、易用，并且能够提供有效的反馈机制。

这四个层次相互协作，共同构成了一个完整的主动式文献信息推荐系统。从数据的收集和存储，到数据的处理和分析，再到推荐结果的生成和展示，每个环节都至关重要，共同确保了系统能够高效、准确地服务于用户，提升高校图书馆的服务质量和用户体验。

（四）对可持续发展的促进

主动式文献信息推荐系统的构建对于高校图书馆的可持续发展具有重要意义。这一系统通过提升服务效率和质量，促进资源的合理配置和利用，帮助图书馆更好地适应数字化时代的发展需求。

系统通过数据化管理和自动化服务，提高了高校图书馆的管理效率。高校图书馆管理系统能够实现对图书馆资源、读者行为等数据的统计分析，为图书馆管理决策提供科学依据。同时，系统可以实现自动化借还书流程、预约服务等功能，提高服务效率，优化用户体验。

数字化资源管理是系统的重要组成部分。系统可以建立数字化资源平台，提供电子书、学术期刊等数字化资源，满足读者多样化需求。这不仅提升了服务质量，也推动了高校图书馆向数字化、智能化的高质量发展。

系统的智能化发展也是高校图书馆可持续发展的关键。通过引入人工智能技术，推行智能借还书系统、智能导览系统等，提升图书馆智能化水平。用户参与与反馈机制的实现，促进了图书馆与读者的互动，推动了图书馆的发展。

在资源优化配置方面，高校图书馆应以学科文献资源建设为重点，实现文献资源采选的精准化，对照馆藏实际和学科发展调整采选策略。这有助于提升图书馆资源的利用效率，减少资源浪费，促进图书馆资源的可持续发展。

最后，高校图书馆信息服务管理体系的建设也是促进图书馆经济发展和可持续发展的重要措施。通过制定优质服务制度、严格的监督和检查机制以及重视安全管理，图书馆能够满足读者日益增长的服务要求，提升服务质量。

三、学术研究与市场分析

高校图书馆大数据项目管理的未来展望与学术研究和市场分析紧密相关。通过深入研究数据管理服务实施框架体系,图书馆能够更好地理解数据素养的源起、现状与展望,从而为图书馆的大数据项目管理提供理论支持和实践指导。

学术研究为高校图书馆大数据项目管理提供了理论基础。高校图书馆高质量发展需要做好学术研究与业务研究的结合与协同。学术研究推动图书馆学理论的发展和创新,为图书馆事业的长期发展提供理论支持;而业务研究则关注图书馆实际工作的优化和改进,直接提升图书馆的服务水平和管理效率。这表明学术研究与业务研究在促进图书馆事业发展方面起着相辅相成的作用。

市场分析对于高校图书馆大数据项目管理同样重要。基于大数据的图书馆数据可视化系统研究,旨在实现对图书馆各类数据的高效整合、智能分析和直观展示。我们期望图书馆拥有一个功能强大、操作简便的数据管理平台,帮助图书馆更好地了解读者需求、优化资源配置和提高服务质量。这将对图书馆的现代化发展产生积极影响,进一步提升图书馆在知识传播和服务领域的核心竞争力。

大数据环境下高校图书馆数据管理与分析应用实践表明,通过使用大数据技术和服务,可以为图书馆提供数据支持,以改善管理和服务水平,分析和预测发展趋势。这不仅有助于图书馆科学决策,还能提升图书馆自身的数据管理与分析能力,提升科学管理和服务水平。

最后,基于业务流程管理的高校图书馆数字学术服务提升路径研究,以某"双一流"大学图书馆为例,调查了中国大学图书馆数字学术服务的业务流程,并提出了未来发展的改进措施。这项研究应用业务流程管理和案例研究方法,通过半结构化访谈收集数据,分析了数据库推荐、文献计量服务、机构知识库、教育培训、参考服务、引文和索引搜索以及新颖性搜索等复杂业务流程,并提出了优化数字学术服务流程的方法。

第十四章 高校图书馆大数据研究的未来趋势

第一节 大数据技术的最新进展

高校图书馆作为知识信息的集散地，承载着为师生提供丰富学术资源的重要任务。随着大数据技术的飞速发展，图书馆在信息管理、资源检索、用户服务等方面正经历着革命性的变化。大数据技术的最新进展在 2024 年呈现出多方面的发展趋势和挑战。以下是一些关键点。

一、数据与应用进一步分离，实现数据要素化

在大数据技术的发展中，数据与应用的进一步分离，实现数据要素化是一个显著的趋势。这一趋势的核心在于数据的独立性和服务化，它意味着数据不再仅仅依附于特定的业务应用，而是作为一种独立的资源存在，并能够通过数据服务为不同的业务场景提供支持。

（一）数据要素化的含义

数据要素化是将数据从其原始的业务流程中解耦，使之成为一项独立且可被管理和运用的资源。这一过程允许数据跨越多个业务场景和应用程序，实现更广泛的共享与应用。例如，在企业中，人口数据库不再局限于单一部门使用，而是能够服务于整个组织内所有需要此类信息的部门。通过这种方式，数据要素化提升了数据的可用性和灵活性，促进了数据在不同部门间的流通，打破了数据孤岛，使得数据治理更加集中和高效。

（二）数据服务的角色

在数据要素化的趋势下，数据服务成为连接数据资源与业务需求的关键纽带。

数据服务的核心职能是将数据资源转化为可服务于多种业务场景的服务形式。这不仅包括数据的存储和处理，还涵盖了数据传输、分析和可视化等多个方面。数据服务的提供强调的是能力输出，即不仅仅提供数据本身，更重要的是提供数据的附加价值，如洞察力和决策支持。通过这种方式，数据服务使得数据能够灵活地适应不同的业务需求，增强了数据的实用性和业务的响应速度。

（三）数据与应用分离的好处

数据与应用分离带来的好处是多方面的，它极大地提升了数据的可用性和灵活性。通过这种分离，数据不再受限于特定的应用，从而可以被更广泛地访问和使用。这种广泛的访问性不仅提高了数据的可用性，也使得数据能够快速适应业务需求的变化，增强了数据的灵活性。数据要素化还促进了数据在不同部门和业务之间的共享，打破了以往数据孤岛的现象。这种共享机制不仅促进了信息的流通，也为跨部门合作提供了便利。同时，数据的独立性也优化了数据管理，使得数据治理变得更加集中和高效。统一的数据治理策略有助于确保数据的一致性和安全性，同时也简化了数据的维护和更新流程。

二、数联网作为数字化时代的新型信息基础设施

数联网作为数字化时代的新型信息基础设施，正在逐渐形成一套完整的基础软件理论、系统软件架构和关键技术体系。这一概念的核心在于构建一个以数据为中心的网络环境，它不仅关注数据的连接和流通，还涉及数据的存储、计算和分析等多个方面。

数联网的基础软件理论强调从复杂网络和复杂系统的角度出发，研究数联网软件的结构组成、行为模式和外在性质。这意味着数联网需要处理大规模、多样化的数据，并确保这些数据能够在不同的系统和层级之间有效流动和交互。

系统软件架构方面，数联网采用数据互操作技术和软件定义思想，以支持数据传输、存储、计算一体化的需求。这种架构允许数据在不同的平台和环境中无缝迁移，同时保持数据的一致性和完整性。

关键技术体系则聚焦于数联网软件跨层级、跨地域、跨系统运行时的可靠性、可用性和安全性等质量挑战。数联网通过数据驱动的手段，研究如何在复杂的网

络环境下保障服务质量，确保数据的安全和合规性。

数联网的应用场景广泛，包括数字政府协同治理、交易机构数据交付、行业客户数据流通等。它能够连接多个数据提供方、数据需求方、数据交易提供方等主体，在保证数据安全合规使用的前提下，提供"数据物流"服务。数联网基于按需接入、算网筑底、安全共享、开放合作、可管可控的原则，打造可信的数算一体化服务网络，实现数据就近接入、广覆盖流通网络、可信数据交付、安全可管可控、全程合规可证等五大目标。

数联网的"四横三纵"功能架构覆盖了接入、网络、流通、业务、运营、监管等多个层面，提供了端到端的服务体系。数据接入层提供数据接入、数据管控、权限控制等能力；网络连接层提供数据流通专属算力网络功能；流通处理层提供多维度数据处理能力；业务服务层提供多场景交付、交付监控、能力开放、数据审计、存证追溯、计量计费等业务服务；运营管理层提供数据流通业务全流程运营服务；安全管理层提供端到端的安全管控能力；合规管理层提供数据流通合规审核、安全监控、服务监管等能力，保障服务可管可控。

三、从单域到跨域数据管理，促进数据要素的共享与协同

大数据技术的发展正推动着从单域到跨域数据管理的转变，这一转变对于促进数据要素的共享与协同具有重要意义。在传统的数据管理中，数据往往被局限在单一企业、业务或数据中心内部，这种单域模式限制了数据的流通和利用。然而，随着技术的进步和业务需求的变化，大数据管理正在向跨域模式发展，这涉及跨越空间域、管辖域和信任域的数据管理。

跨域数据管理的核心目标是实现数据价值的最大化，关键在于打破"数据孤岛"，促进数据要素的高效共享与协同。这种转变不仅能够提高数据的利用效率，还能够促进不同组织和部门之间的合作，从而创造出新的价值和机会。例如，在医疗领域，跨域数据管理可以使不同医院和研究机构之间共享病人数据，从而提高医疗服务的质量和效率。

然而，跨域数据管理也带来了新的挑战。跨空间域可能导致网络时延较高且不稳定，这需要更高效的网络技术和数据传输协议来解决。跨管辖域则可能导致

数据与应用异构，增加了数据管理的复杂度，需要更先进的数据整合和标准化技术。跨信任域则要求系统能够容忍各类恶意错误，这涉及数据安全和隐私保护的问题，需要更强大的数据安全技术和策略。

为了应对这些挑战，大数据技术正在不断发展和创新。例如，新型加速器（如GPU、TPU、APU 等各种 XPU）的发展，以及高速 SSD、新型非易失内存、新型计算网络等硬件配置的进步，为大数据处理系统提供了更强的处理能力。同时，数据驱动的计算架构快速发展，从控制流到数据流的系统设计切换，成为大数据处理系统的重要体系结构设计理念。

四、推动数据要素市场化建设，加速数据价值转化

大数据交易作为数据要素市场化建设的关键一环，正在推动数据要素价值的加速转化。数据交易不仅涉及数据的生产、流通、保障和监管，还构成了一个完整的数据产品交易生态体系，这个体系包括政策和法律法规、流通制度、流通模式、流通技术和流通标准等多个方面。

政策和法律法规为数据产品交易提供了规范化和权属关系的指引。在此基础上，形成了具有实践意义的数据流通要素制度，包括数据权属制度、数据评估制度、数据流通制度和数据监管制度。这些制度的建立，为数据交易提供了法律框架和操作规则，确保了交易的合法性和合规性。

市场化运营逐步形成了数据要素流通模式，包括数据登记模式、数据定价模式、数据交易共享模式和数据服务运营模式。这些模式的创新和发展，使得数据交易更加灵活和高效，有助于数据价值的发现和实现。

数据要素流通技术，如区块链和隐私计算等，作为构成上述模式的筋骨，实现了数据价值流通突破所属权的限制，达到"数据可用不可见"。这些技术的应用，提高了数据交易的安全性和效率，为数据要素市场化配置提供了技术保障。

数据要素市场化流通还需要培育数据交易平台、构建数据交易规则、完善数据治理体系。当前我国数据交易规则和治理体系还有待完善，亟须开展数据确权及定价服务探索试验。市场化定价体系是构建数据交易规则的重要组成部分，数据要素的非竞争性和价值异质性决定了数据市场是不同于其他生产要素的市场。

因此，需要鼓励市场主体探索更灵活的数据交易模式，帮助更多中小企业及个人从数据增值中受益。

最后，为了完善数据交易市场生态建设，需要统筹布局数据交易平台建设，健全数据交易和资产流通的相关法律法规，打造"数据全球化"流通体系，并构建统一数据监管机制。这些措施将有助于提升数据交易的规模和效率，促进数据要素的国际循环，增强我国在国际数字经济秩序中的话语权。

五、Data Fabric：从概念到加速商业落地

数据经纬（Data Fabric）是大数据领域的一个重要概念，它代表着一种新型的开放式融合架构，这种架构使得企业能够更全面地管理数据。Data Fabric 的核心在于提供一个统一的数据管理框架，使用户能够轻松访问和共享不同的数据资源，从而加速商业落地。

Data Fabric 通过数据源的自动检测和元数据的主动发现，增强了数据与业务的关联性和实时性。它通过构建数据知识谱图加强数据价值的呈现，并通过数据自动编排和动态集成，形成动态可持续的数据服务。这种架构理念不仅提供了技术层面的创新，而且在业务流程和数据治理上带来了显著的变革。

Data Fabric 的先进性体现在以下几个方面。

（一）透明度和简化

Data Fabric 作为一种先进的数据管理架构，其核心优势之一在于提高了数据管理的透明度和简化性。这种架构通过自动化和智能化的手段，极大地降低了数据发现和分析的复杂性。用户在使用 Data Fabric 时，无须深入了解数据在底层的存储和处理细节，即可轻松访问和分析所需的数据。这种简化不仅提升了用户体验，还提高了数据处理的效率和准确性。

Data Fabric 通过集成各种数据源和格式，为用户提供了一个统一的数据视图。这种统一视图使得用户能够跨越不同的数据孤岛，快速找到和利用所需的数据，而无须关心数据的具体存储位置和格式。这种透明性和简化性，使得数据管理变得更加直观和高效，用户可以专注于数据分析和决策，而不是数据的获取和整合。

Data Fabric 的透明度和简化性还体现在数据治理和安全性方面。通过内置的数据治理和安全策略，Data Fabric 确保了数据的合规性和安全性，同时简化了数据治理的复杂性。用户可以信任 Data Fabric 提供的数据，而无须担心数据的来源和处理过程。这种信任基础，为数据驱动的决策提供了坚实的支撑。

（二）基于网络架构的数据处理

Data Fabric 的先进性在于其基于网络架构的数据处理能力，这种架构与传统的点对点连接方式有显著不同。Data Fabric 通过构建一个覆盖广泛、灵活且弹性的数据网络，实现了数据从源头到分析结果生成的一体化管理。这种一体化的数据层结构使得企业能够跨越不同的系统和存储位置，统一管理和利用数据。Data Fabric 的网络架构数据处理能力体现在以下几个方面。

1. 动态管理不同数据源

Data Fabric 作为一种先进的数据管理和集成方法，其核心优势在于能够在混合云和多云环境中动态管理不同数据源。这种架构模式不仅能够提供高质量的数据以支持应用程序、分析和业务流程自动化，而且无论数据存储在何处，都能帮助企业以最低的成本及时获得正确的数据，并实现数据端到端的治理。Data Fabric 通过这种方式，提高了数据的可用性、一致性和价值性。

Data Fabric 的动态管理能力体现在其能够跨越不同的系统和存储位置，提供统一且最新的数据状态，这种透明度大幅简化了数据发现和分析过程。它通过数据虚拟化技术，使得数据无须物理移动即可实现逻辑上的动态集成，减少了数据搬运带来的成本和复杂性，同时提升了数据访问的速度和灵活性。Data Fabric 内置的治理能力确保了数据在整个生命周期中的合规性和安全性，为企业提供了可信的数据，从而为其 AI 应用带来可信的结果。

2. 全局数据视图

Data Fabric 通过提供一个全局的数据视图，使得数据管理者和使用者能够跨越不同的系统和存储位置，看到统一且最新的数据状态。这种全局视图的实现，得益于 Data Fabric 的数据虚拟化功能，它允许用户在不移动数据的情况下从源头获取数据，并通过更迅速准确的查询帮助缩短实现价值的时间。这种透明度不仅简化了数据发现和分析过程，还提高了数据的可用性和一致性。

Data Fabric 的全局数据视图功能，使得数据管理者能够对数据资产进行分类和盘点，可视化呈现信息供应链。这样的视图有助于理解数据结构并使其可搜索，为运营和分析用例创建可靠且强大的数据管道。Data Fabric 的知识图谱是连接数据环境的可视化工具，使用统一的标识符和灵活的模式来展示数据之间的关系，进一步增强了数据的可搜索性和可用性。

通过 Data Fabric，企业可以获得实时、360 度的业务实体视图，例如客户、订单或设备，以实现微细分、减少客户流失、提醒运营风险或提供个性化的客户服务。这种全局视图的能力，使得 Data Fabric 成为企业数据管理的重要工具，它不仅提高了数据管理的效率，还促进了数据共享和自助式数据消费，加快了数据管理计划的实施。

3. 灵活性和高效性

Data Fabric 通过运用先进的数据虚拟化技术和精细的数据治理策略，实现了数据管理的统一，而无须将数据集中存储。这种方法提供了极大的灵活性，允许数据在原地被访问和处理，从而减少了数据迁移的需要和相关成本。企业可以保持数据在最适合其业务流程和合规要求的位置，同时仍然能够实现跨平台和系统的集成和分析。

Data Fabric 的这种灵活性，使得企业能够迅速适应市场变化和业务需求，加快数据处理速度，提高效率。它支持即时的数据访问和分析，无须等待数据复制或迁移完成，从而缩短了从数据获取到洞察的时间。Data Fabric 的数据治理策略确保了数据在整个使用过程中的一致性和合规性，同时提供了对数据访问和使用的精细控制。

通过 Data Fabric，企业可以在保持数据分布的同时，实现数据的集中管理和分析，这不仅提高了数据处理的灵活性，还提升了数据处理的效率。这种架构使得企业能够更有效地利用其数据资产，加速业务决策过程，并在竞争激烈的市场中保持领先。

4. 快速集成多种数据源和格式

Data Fabric 的快速集成能力体现在其能够无缝整合多种数据源和格式，无论是结构化、半结构化还是非结构化数据。这种集成能力使得数据无论存储在何处，都能够被有效地整合和访问。Data Fabric 通过数据虚拟化层整合数据，而无须移动数据和创建大量副本，从而保证了数据的完整性和时效性。

Data Fabric 的集成层提供了自动编织、动态集成的能力，兼容各种数据集成方式，包括 ETL、流式传输、复制、消息传递和数据虚拟化或数据微服务等。同时，它支持通过 API 与内部和外部利益相关者共享数据。这种灵活性和高效性使得企业能够快速响应业务需求，提高数据处理效率。

Data Fabric 的智能数据目录功能统一了大量的数据资产信息、自动化的数据目录维护，帮助数据消费者查找数据、理解数据、跟踪数据来源和管理数据。动态元数据管理采用人工智能技术，帮助自动监测、分析、收集和激活元数据。

5. 降低运营成本和提高运营效率

Data Fabric 通过消除对手工集成不同独立工具的需求，显著降低了成本并提高了运营效率。这种架构利用云和开源技术的基础，为数字化业务转型提供了必要的可扩展性和强大的计算能力。Data Fabric 的实施减少了数据开发、分析和管理过程中的工作量，避免了频繁的数据迁移和复制，从而降低了成本并提高了效率。通过 Data Fabric，企业能够减少一半以上的人力驱动数据管理任务，降低数据质量及运营成本 65%，同时以 8 倍的速度获取数据和洞察。Data Fabric 还通过智能化和自动化的数据管理，节省了大量在数据治理和风险应对上的管理投入，实现了数据管理的"自动驾驶"。

6. 数据治理和安全性

Data Fabric 通过内嵌的数据治理、数据安全和法规遵从机制，为企业提供了一个强大的架构，以确保数据的成功组合、访问和有效管理。这种架构不仅保障了数据的可信性，还为 AI 应用提供了可靠的结果。Data Fabric 的数据治理功能包括自动化的数据发现、丰富和保护，以及数据治理和质量的自动化执行，这些功能支持客户在数据旅程的各个阶段实现数据的自动管理。Data Fabric 的智能整合能力在数据策略的驱动下，通过一系列整合方式对非结构化数据进行提取、采集、流式传输、虚拟化和转换，以提高性能并减少存储空间和成本。这种多模式治理方法统一定义和实施数据策略、数据治理、数据安全和数据管理，打造业务就绪型数据管道。

7. 自动化和智能化

Data Fabric 通过集成机器学习和自动化工具，极大地简化了数据治理任务，包括数据质量检查、元数据管理以及数据血缘分析等关键领域。这些工具的应用减少了人工干预的需求，从而提升了数据处理的效率和准确性。智能化的数据治理是 Data Fabric 的核心要素之一，它通过自动化地收集和分析元数据，并主动提出改进和优化的建议，简化了传统数据治理过程中的人工干预和复杂操作。这种自动化和智能化的处理方式，不仅提高了数据治理的效率，还确保了数据在整个生命周期中的质量和合规性，为 AI 应用提供了可信的数据基础，进而带来可信的结果。

六、湖仓一体：深度融合，走向开放

湖仓一体作为一种新型的开放式融合架构，正在引领数据管理领域的变革。它不仅结合了数据湖的低成本存储和数据仓库的高效分析能力，还解决了传统湖仓混合架构中存在的实时性弱、存储成本高和数据一致性难以保障等问题。

湖仓一体架构支持分析多种类型的数据，包括结构化、非结构化和半结构化数据，如文本、图像、视频、音频以及 JSON 等。这种多类型数据的支持，使得湖仓一体能够为多个应用程序提供数据的入库、转换、分析和访问，极大地扩展了数据管理的业务范围。

湖仓一体架构强调数据的可治理性，避免了数据沼泽的产生。它支持各类数据模型的实现和转变，包括星型模型、雪花模型等，确保数据的完整性，并具有健全的治理和审计机制。

事务支持是湖仓一体架构的另一个关键特征。它确保了并发访问下的数据一致性和正确性，尤其是 SQL 访问模式下。这一点对于企业业务系统尤为重要，因为它们需要为业务提供并发的数据读取和写入能力。

湖仓一体架构还支持直接在源数据上使用 BI 工具，提高了分析效率，降低了数据延时，并具有成本优势。相比于在数据湖和数据仓库中分别操作两个副本的方式，湖仓一体提供了一种更经济的解决方案。

存算分离是湖仓一体架构的另一个优势。这种架构可以使系统扩展到更大规模的并发能力和数据容量，满足新时代对于分布式数据架构的要求。

最后，湖仓一体架构的开放性是其最吸引人的特点之一。它采用开放、标准化的存储格式，如 Parquet、Avro 或 ORC，并提供丰富的 API 支持，使得各种工具和引擎能够高效地对数据进行直接访问。这种开放性意味着数据可以独立于特定供应商存储和处理，不受供应商锁定的限制，确保了数据的可访问性和可用性，即使更换或切换供应商，数据仍然可以保持可访问和可用。

第二节　图书馆大数据研究的热点问题

一、数据管理与分析应用实践

高校图书馆的数据管理面临着数据类型复杂、数据量大、增长速度快的挑战。这些数据包括馆藏资源、流通活动、学科服务、应用系统、科研数据和基础信息等。

（一）国内外图书馆的实践

在全球范围内，高校图书馆的数据管理与分析应用实践正逐渐深入。耶鲁医学图书馆通过分析纸质刊和电子刊的利用率，揭示了读者对于不同媒介的偏好，图书馆此调整了期刊订购策略，这是一种典型的数据驱动资源优化实践。这种实践不仅提高了资源的利用效率，也为图书馆的资源配置提供了科学依据。

在国内，清华大学图书馆的实践同样引人注目。他们从海量的元数据仓储中提取关键词等信息，分析这些关键词随时间的变化趋势，以此展示特定学科的发展脉络。同时，清华大学图书馆还分析了作者与合作者之间的关系，建立了以学者为中心的知识关联网络，这对于学术研究和知识发现具有重要意义。

这些实践表明，高校图书馆在数据管理与分析方面正逐步实现从传统管理模式向数据驱动模式的转变。通过大数据技术的应用，图书馆能够更有效地收集、存储、管理和分析各类数据，从而为图书馆的决策提供数据支持，提升管理与服务水平。这些实践不仅提高了图书馆的服务质量，还优化了资源配置，为教学和科研工作提供了更好的支持。

（二）数据分析的具体应用

清华大学图书馆在数据分析方面的应用体现了大数据技术在学术领域的深远影响。通过深入挖掘和分析数据，图书馆能够为学科发展提供洞见，并促进学术研究的深入。具体来说，清华大学图书馆通过以下方式实现数据分析的具体应用。

1. 关键词分析与学科发展趋势

清华大学图书馆运用先进的数据分析技术，深入挖掘文章中的关键词，并追踪这些关键词的变化趋势，以此洞察学科的演进路径。这一方法有效地揭示了学科的发展脉络，为预测学科未来趋势提供了有力工具。

2. 知识关联网络的构建

高校图书馆通过深入分析作者与合作者之间的互动，构建了以学者为核心的知识关联网络。这种网络的构建有助于深入理解学术合作的模式，促进不同学科间的交流与合作，从而推动跨学科研究的发展。通过这种网络，图书馆能够为学术社区提供更广阔的视角，促进知识的交流与共享。

在构建知识关联网络的过程中，高校图书馆利用了多种技术和方法。例如，一些学者通过搜集大量的科学文献数据，构建学科之间知识流动和知识关联的网络。这种基于文本分析的知识网络地图，能够揭示不同领域之间的知识关联，为学术研究提供新的视角。通过科学文献之间的引用关系构建学科知识流网络，可以进一步探讨学科之间的社团结构，为学术合作提供结构性的支持。

高校图书馆的这些实践不仅促进了知识的交流和学术合作，还有助于用户在虚拟学术社区中积累社会资本，形成强交互关系，进而促进平台内知识的交流。

3. 数据集成与服务模式创新

清华大学图书馆在数据集成与服务模式创新方面进行了积极的探索和实践。通过其检索平台"水木搜索"，图书馆实现了多来源数据的综合运用，将图书、期刊等元数据汇聚在一起，便于用户检索和获取资源。用户可以通过开放链接技术快速定位并获取所需资源，这种一站式的检索系统极大地提高了资源获取的效率和便捷性。

清华大学图书馆在展示层将维基百科的词条、清华教工简介、豆瓣书评等外部数据与检索结果关联，为用户提供了一个多角度、多层次的信息获取平台。这种集成不仅丰富了检索结果的内容，也为用户提供了更为全面的知识背景，增强了信息的深度和广度。

通过这种数据集成，清华大学图书馆创新了服务模式，使得用户在一个检索结果页面就能获得不同层次、不同角度的信息内容。

4. 数据价值的挖掘

在大数据时代，高校图书馆的数据价值挖掘和知识服务模式正在发生深刻变革。清华大学图书馆在这方面的实践尤为突出，其理念和方法对图书馆服务模式产生了显著影响。尽管图书馆的数据规模和处理实效性尚未完全达到大数据处理的标准，但大数据挖掘数据价值、提取知识的理念已经深入人心。

清华大学图书馆通过整合海量权威的元数据，提取关键词等信息，对基于数据的知识服务产生了重要影响。图书馆尝试对这些数据集合进行分析，从元数据仓储中提取关键词，分析关键词的走向，以及作者与合作者之间的关系，建立以人为中心的知识关联网络。这种基于数据的分析和挖掘，不仅优化了信息数据服务，还提供了个性化信息推送服务、精准式主动服务和协作共享信息服务，从而提供深层次、多元化和高质量的信息服务。

清华大学图书馆还利用大数据技术，通过数据分析和数据挖掘，优化资源配置，提高服务模式的主动性和资源共享性，有效提高了馆藏信息资源的使用效率，提高了高校图书馆的核心竞争力，并体现了高质量的知识服务价值。

这些实践展示了清华大学图书馆如何利用大数据技术来优化服务、支持学术研究，并为图书馆的未来发展提供了新的方向。

（三）数据支持与决策

在大数据技术的推动下，高校图书馆的数据支持与决策能力得到了显著提升。例如，上海交通大学图书馆自主开发的一站式统计平台，通过集成管理所有数据，为图书馆的各项工作提供了有力的数据指导。该平台不仅实现了数据的集中管理，还通过数据分析，帮助图书馆在资源配置、服务优化等方面做出更加科学的决策。

国家图书馆也在这方面取得了进展，初步建成了基于读者与资源核心业务系统的图书馆大数据平台。该平台通过多种分析方法，对国家图书馆的服务情况、主要服务对象和整体资源利用情况进行了深入分析，从而挖掘数据的潜在价值，为图书馆的服务和管理提供了数据支持。

这些实践表明，高校图书馆正越来越多地利用大数据技术来优化决策过程。通过收集、处理和分析不同来源的数据，图书馆能够更准确地把握用户需求，预测发展趋势，并据此调整服务策略。

二、数据驱动的资源建设和服务价值提升

在当前的大数据时代，高校图书馆正逐步从传统的资源管理模式转向数据驱动的资源建设和服务价值提升。国内外的实践已经充分证明了这一点，数据驱动的特征在图书馆的资源建设和服务价值提升中表现得尤为明显。

数据驱动的资源建设使高校图书馆能够更精准地满足用户需求。通过大数据分析，图书馆可以识别出用户最常使用的资源和最感兴趣的领域，从而优化资源配置，提高资源的利用效率。例如，上海交通大学图书馆开发的一站式统计平台，集成了馆藏资源、流通活动、学科服务等多个方面的数据，为图书馆的资源建设和服务提供了数据支持。

通过分析用户数据，图书馆可以了解用户的阅读习惯、研究兴趣等，从而提供定制化的服务。例如，北京师范大学图书馆开发的高校毕业生图书馆记忆系统，通过整合多个系统的数据，为毕业生提供了个性化的图书馆资源与服务利用数据。

数据驱动还促进了高校图书馆服务模式的创新。图书馆可以利用大数据技术，如云计算、人工智能等，提供更加智能化的服务。例如，清华大学图书馆尝试从海量元数据中提取关键词，分析学科发展趋势，建立知识关联网络，这些都是数据驱动下的服务创新实践。

数据驱动的资源建设和服务价值提升，不仅提高了高校图书馆的服务质量，也增强了图书馆的竞争力。通过有效管理和分析数据，图书馆能够挖掘数据的潜在价值，为用户提供更深层次的个性化和精准服务。这种服务模式的转变，使得图书馆能够更好地适应社会变化、教育变化和制度变化，以用户需求为中心，提供多元化和人性化的创新服务。

第三节　图书馆大数据研究的未来方向

一、数据管理与分析平台的构建与优化

在大数据时代，高校图书馆的数据管理与分析平台的构建与优化显得尤为重要。这些平台不仅要能够整合图书馆的各类数据资源，包括馆藏资源数据、读者图书借阅数据、电子资源利用数据、网站访问数据等，还要能够实现数据的集成管理，为图书馆的决策提供科学依据。

（一）数据整合与管理

数据整合是构建高校图书馆数据管理与分析平台的基石。为了高效采集数据，图书馆需利用 API 接口和中间件技术，将不同来源的数据进行整合。这包括馆藏资源、用户借阅记录、电子资源使用情况等。数据采集后，需要进行清洗、标引、整理和分类归档，以确保数据的准确性和可用性。

在这一过程中，建立一个数据治理平台显得尤为重要。该平台需要涵盖元数据管理，确保数据的描述性信息准确无误；建立数据标准体系，统一数据格式和结构，便于数据的交换和共享；构建数据质量管理体系，监控数据的准确性和完整性；以及制定数据安全管理体系，保障数据的安全性和隐私性。这些措施共同作用，旨在规范、维护和监督数据质量，为图书馆的数据管理和分析提供坚实的基础。

（二）数据分析与应用

数据分析平台的核心任务是对经过预处理的数据进行深入分析，以提取有价值的信息和知识。这一过程涉及多种技术，包括知识抽取、知识发现、知识推理以及深度学习等，它们共同助力于数据挖掘和算法的应用，实现高校图书馆服务的智慧化。通过这些技术，平台能够识别数据中的模式、趋势和关联性。

在数据分析的应用中，描述性分析帮助高校图书馆理解当前的数据状态，预测分析可以预测未来的发展趋势，而异常检测则识别数据中的异常情况，这些统

计方法的运用能够揭示数据背后的深层次信息。例如，通过分析用户的借阅习惯，图书馆可以预测哪些书可能会受欢迎，从而提前进行采购和储备。同时，通过监测数据中的异常模式，图书馆能够及时发现并解决潜在的问题，如系统故障或服务中断。

这些分析结果不仅能够提升高校图书馆的服务质量，还能够优化资源配置，提高运营效率。数据分析平台的应用，使得图书馆能够更加精准地满足用户需求，提供个性化服务，同时也能够根据数据反馈调整服务策略，实现服务的持续改进和创新。

（三）智能化与自动化

大数据技术的不断进步推动了自动化和智能化算法在高校图书馆数据管理与分析平台中的应用，这些算法正在成为提升平台性能的关键因素。它们能够自动执行数据处理和分析任务，从而为图书馆的资源分配、读者服务和系统运行效率提供强有力的决策支持。

自动化算法通过预设的规则和流程，对数据进行分类、整理和处理，减少了人工干预，提高了数据处理的速度和准确性。这种自动化不仅提升了工作效率，还降低了人为错误导致的数据质量问题。智能化算法则更进一步，它们能够根据数据的变化和趋势，动态调整服务策略。例如，智能化算法可以分析读者的借阅行为，自动推荐相关图书，或者根据借阅高峰时段调整图书馆的开放时间和人员配置。

这种智能化处理方式使得图书馆服务更加灵活和响应迅速。它能够实时监控服务状态，快速响应读者需求，提供更加个性化的服务。同时，智能化算法还能帮助图书馆预测未来趋势，如资源需求的变化，从而提前做出资源配置的调整，优化服务流程。

二、数据挖掘与知识发现

在大数据时代，高校图书馆的数据挖掘与知识发现技术的应用日益广泛，它们对于优化图书馆服务和资源配置具有重要意义。

（一）数据挖掘技术的应用

数据挖掘技术的应用为高校图书馆提供了从大量数据中提取有价值信息的能力，这对于提升服务的精准度和个性化至关重要。利用关联规则挖掘，图书馆能够识别出用户借阅行为中的模式，例如，哪些书经常一起被借阅，或者哪些用户群体倾向于阅读特定类型的书。聚类分析则帮助图书馆将用户或图书分组，以便更好地理解用户偏好和图书类别。分类分析则用于预测用户可能感兴趣的新资源或服务。

通过深入分析借阅数据、用户行为和社交媒体数据，高校图书馆能够揭示学术研究的新趋势和知识结构的演变。这些洞察有助于图书馆优化资源配置，预测用户需求，并提供更有针对性的信息服务。例如，通过分析用户的借阅历史和在线行为，图书馆可以推荐与用户兴趣相匹配的新书或文章，从而增强用户体验。

数据挖掘技术还能帮助高校图书馆发现新的研究领域和学术趋势，这对于学术研究和教学活动至关重要。通过识别哪些主题或领域正在迅速增长，图书馆可以提前准备相关资源，支持学术界的新发展。

（二）知识发现的重要性

知识发现技术在高校图书馆领域不仅助力图书馆员和研究人员探索新的研究领域，还揭示了学术趋势的新动向。这种技术的发展标志着科研范式从传统的经验驱动向数据驱动的转变，为数字图书馆的知识服务带来了革命性的转型。

通过数据驱动的方法和知识发现技术，数字图书馆能够开发出一系列创新应用，如用户画像构建、研究设计指纹分析和精准文献推荐等。这些应用不仅增强了数据的整合能力，还提升了平台的连通性，使得用户界面更加友好，用户体验更加流畅。

用户画像的构建使高校图书馆能够根据用户的历史行为和偏好提供个性化服务，而研究设计指纹分析则有助于识别和追踪特定研究领域的发展趋势。精准文献推荐系统则能够根据用户的研究方向和兴趣，推荐相关文献，从而提高研究效率。

知识发现技术还强化了高校图书馆在学术研究中的作用，使其成为连接研究人员与信息资源的桥梁。通过揭示学术研究的新趋势，图书馆能够为研究人员提供前瞻性的信息服务，支持学术创新。这种服务的提供，不仅增强了图书馆作为知识中心的地位，也为研究人员提供了更全面的资源导航和知识支持。

（三）个性化服务的拓展

数据挖掘技术在高校图书馆个性化服务中通过分析读者的个人信息、借阅历史和网络使用行为，为读者提供定制化的服务体验。这种技术能够识别读者的偏好和需求，进而实现对读者群体的精准分类，为每位读者推荐与其兴趣和研究领域相匹配的图书和资源。

通过应用改进的 Apriori 算法等数据挖掘工具，高校图书馆能够发现图书借阅之间的关联性。这些关联规则有助于图书馆构建更为复杂的推荐系统，不再基于单一的借阅记录，而是综合考虑读者的多维度数据，包括借阅频率、阅读偏好，以及在线行为等。

这种个性化服务的拓展，使得高校图书馆能够更有效地满足读者的个性化需求，提高服务的响应速度和质量。图书馆还可以通过分析读者的在线搜索和浏览行为，优化网站和数据库的用户体验，使其更加直观和易于导航。

随着数据挖掘技术的发展，高校图书馆的个性化服务也在不断进化。图书馆可以利用机器学习和深度学习等先进技术，进一步细化读者分类，提升推荐系统的准确性和智能化水平。

三、图书馆服务模式的创新

大数据技术的应用正在推动高校图书馆服务模式的创新，这些创新不仅改变了图书馆服务的手段和方式，还影响了服务的理念和评价体系。

（一）智能学习支持服务创新

现代技术的迅猛发展，特别是物联网、区块链和人工智能的应用，正在深刻改变高校图书馆的学习支持服务模式。这些技术使得图书馆服务从单一的文献提供转变为更加主动、精准的智慧推送服务。通过智能化技术的应用，图书馆能够打破虚拟与现实的界限，实现学习资源与实体空间的深度融合，构建起一个集成学习资源和空间的虚拟学习共享平台，从而重新定义学习支持服务。

这种服务模式的转变，使得高校图书馆能够根据用户的具体需求，提供定制化的学习资源和环境。例如，通过人工智能技术，图书馆可以分析用户的学习习惯和偏好，然后推送相关的学习材料和建议，帮助用户更有效地进行学习和研究。同时，物联网技术的应用使得图书馆的物理空间变得更加智能化，如智能书架、自助借还机等，提升了用户的使用体验。

区块链技术在高校图书馆服务中的应用，为知识产权保护和资源共享提供了新的解决方案。它能够确保数字资源的版权得到合理保护，同时促进资源的透明共享，增强了图书馆服务的安全性和可靠性。

（二）数智赋能高校图书馆数字学术服务

在数字化转型的浪潮中，高校图书馆的数字学术服务正经历着深刻的变革。大数据思维、用户思维、产品思维的深化应用，以及大数据技术和语义技术的支持，成为服务模式创新的关键。业务数据与人工智能（AI）技术的深度融合，是推动数字学术服务发展的重要动力。

大数据技术的应用使得高校图书馆能够处理和分析海量的学术数据，从而提供更加精准的服务。通过数据挖掘和分析，图书馆能够识别研究趋势、用户行为模式，以及学术资源的使用情况，进而优化资源配置和服务策略。例如，通过分析用户的借阅和检索记录，图书馆可以预测用户的研究兴趣，主动推送相关的学术资源和信息服务。

语义技术的应用增强了高校图书馆对学术内容的理解和处理能力。通过自然语言处理和文本分析，图书馆可以更准确地识别和组织学术资源，提供更深层次的知识发现服务。这种技术使得图书馆能够从简单的文献检索服务，转变为提供深入的学术分析和研究支持。

AI 技术与学术服务的融合，有效解决了数字学术中的个性化服务、情感分析、主题建模等问题。AI 技术的应用，如图像处理、机器学习和自然语言处理，为高校图书馆提供了强大的工具，以处理复杂的学术数据，提供智能化的学术服务。

最后，数字学术服务平台的构建，需要整合数字基础设施，搭建融合 AI 技术的数据中台，构建业务中台，实现基于数智融合的服务。这一平台化路径规划，旨在通过中心化、数据化、智能化和协同化的架构，提供更高效、更全面的数字学术服务。

（三）数智驱动的高校图书馆服务模式创新

数智技术正成为推动高校图书馆服务模式创新的核心力量，它不仅丰富了图书馆服务的深度，也加速了图书馆向智慧化服务的转型。在数智时代，高校图书馆的服务已经超越了传统的数字信息服务，进入一个以数据为驱动的新阶段。

在这一过程中，数智技术的应用使得高校图书馆能够更深入地理解和响应用户需求。通过大数据分析，图书馆能够洞察用户行为，预测服务趋势，从而提供更加个性化和精准化的服务。例如，利用用户借阅和查询数据，图书馆可以推荐用户可能感兴趣的图书和资源，实现从被动服务到主动服务的转变。

同时，数智技术也促进了高校图书馆服务内容的扩展和创新。图书馆不再仅仅是图书的存储和借阅场所，而是成了知识发现和学术交流的平台。通过整合各类数据资源，图书馆能够为用户提供跨学科的研究成果、学术动态和研究工具，支持学术研究和创新。

数智技术还推动了高校图书馆服务模式的变革。图书馆服务正从单一的线下服务，转变为线上线下相结合的综合服务模式。通过移动应用、社交媒体和在线平台，图书馆能够为用户提供随时随地的访问和互动，增强了用户的参与感和满意度。

（四）大数据时代高校图书馆服务体系的创新与发展

在大数据时代，高校图书馆服务体系正经历着前所未有的创新与发展。这一变革不仅体现在服务手段和方式上，更深刻地影响了图书馆服务的理念和评价体系。大数据技术使得图书馆能够处理和分析海量数据，从而提供更加精准和个性化的服务。这种技术的应用，使得图书馆服务从传统的被动模式转变为主动、智能的推送服务，极大地提升了服务的效率和质量。

高校图书馆服务的现代化转型，涉及与各个行业的合作机制，包括资源共享、技术合作和知识服务等方面。通过大数据技术，图书馆能够更好地协调和整合各方资源，实现服务的优化和创新。例如，通过分析用户行为和需求，图书馆可以与出版社、学术机构等合作，提供更加贴合用户需求的资源和服务。

大数据还推动了高校图书馆服务类型的多样化。智慧图书馆的建设，通过综合运用物联网技术、云计算、传感器等关键技术，将知识信息融入系统平台中，使用户能够根据自己的需求选择相应的信息和内容。这种服务模式的创新，不仅提升了图书馆的公共服务功能，也拓展了图书馆的影响力和覆盖面。

在评价体系方面，大数据技术的应用使得高校图书馆服务的评价更加科学和客观。通过收集和分析用户反馈、服务使用情况等数据，图书馆可以更准确地评估服务的效果，及时调整和优化服务策略。这种基于数据的评价体系，有助于图书馆实现服务的持续改进和创新。

第四节　大数据对高校图书馆发展的深远影响

在信息时代，大数据已经成为推动社会发展的重要力量，对于高校图书馆而言，大数据不仅是一种技术革新，更是一种管理与服务模式的转变。

一、资源管理与服务模式的变革

（一）提高检索效率

大数据技术的引入极大地提升了高校图书馆信息检索的效率。这种技术使得图书馆能够迅速处理和分析庞大的数据集，从而优化搜索过程，提供更精确的搜索结果。智能检索系统的建立，使得用户能够依据关键词、作者名、主题等不同维度进行高效检索，迅速定位到所需的资料，显著减少了查找资料所需的时间。

在大数据的支持下，高校图书馆的检索系统变得更加智能化，能够根据用户的搜索习惯和偏好，提供个性化的搜索建议。这种个性化服务不仅提高了检索的准确性，也增强了用户体验。例如，系统可以根据用户的历史搜索记录和借阅行为，推荐相关的书籍或文章，使用户能够更快地找到感兴趣的资源。

大数据技术还能帮助高校图书馆分析和预测用户的检索趋势，从而提前准备和优化资源配置。通过分析哪些类型的资源更受欢迎，图书馆可以更有针对性地采购和更新资源，确保资源的有效利用和满足用户需求。

（二）用户行为分析

大数据技术为高校图书馆提供了深入洞察用户行为的能力，使得图书馆能够根据借阅记录、搜索习惯和阅读偏好来优化资源配置。通过这些数据，图书馆能够识别出最受欢迎的书和资料，据此调整采购策略，增加热门资源的库存，同时减少那些鲜有人问津的资源，有效避免资源的浪费。

这种分析还能帮助高校图书馆预测未来的趋势和需求，提前准备相应的资源。例如，如果数据显示某一学科领域的资料需求正在增长，图书馆可以提前增加这些领域的藏书量，以满足未来的需求。图书馆还可以通过分析用户的阅读习惯，发现潜在的阅读兴趣点，从而提供更加精准的推荐服务。

用户行为分析不仅有助于资源的有效分配，还能提升高校图书馆服务的个性化水平。通过理解用户的偏好，高校图书馆可以为用户提供定制化的服务，比如推送用户可能感兴趣的新书信息、活动通知等，增强用户的参与感和满意度。

大数据还能帮助高校图书馆在服务设计上做出更明智的决策。例如，通过分析用户在图书馆网站或移动应用上的互动数据，高校图书馆可以优化用户界面，提高用户体验，使得资源的检索和访问更加便捷。

（三）资源共享与协作

大数据技术的应用正在改变高校图书馆之间的资源共享和协作方式。通过建立统一的数据库和信息平台，图书馆能够实现资源的广泛共享，从而最大化资源的利用效率。这种协作模式不仅提高了资源的利用效率，而且为用户获取信息提供了更广泛的途径。

在大数据时代，资源发现系统采用云计算技术，扩大了资源发现的范围，使得高校图书馆能够发现自身未购买的资源，极大地丰富了可发现资源的元数据数量。例如，国内购买较多的发现系统如 Primo、EDS 和 Summon，它们基于云计算提供服务，增强了资源的可访问性。

大数据环境下的高校数字图书馆信息资源表现为数量大、结构形式多样化和数据存储分布化的特点，这要求对高校数字图书馆的数字资源进行一致化资源组织，以实现对数字资源的充分利用。这种整合方式使得图书馆能够提供基于内容层面的服务，构建强大的知识图谱，实现对信息资源的有机整合。

跨库检索系统的数字资源整合，是基于导航系统数字资源整合的扩展和延伸。此系统深入整合系统的内部，实现分布式异构跨库整合检索。这种方式改进了基于导航系统不能实现数字资源内容层面整合的不足，提供了更深层次的资源整合。

大数据环境下高校图书馆的框架主要分为数据的分析及整合、大数据处理和结果显示三个阶段，其中数据的分析及整合是整个框架的核心。通过这一过程，图书馆能够剔除重复无效的资源数据，将同一类的数据信息进行分类整合，补充不完整的数据，为提高数据质量做前期准备。

二、技术体系的更新与安全挑战

随着大数据时代的到来，高校图书馆的技术体系面临着更新换代，适应数据同步和高速处理的需求。这一转变不仅涉及硬件设施的升级，还包括软件系统的优化和网络架构的改进。然而，技术更新的同时，也带来了新的安全挑战，尤其是在信息安全法规建设尚不完善的背景下。

高校图书馆的硬件系统需要更新换代，以满足大数据环境下对数据处理和存储的需求。这意味着图书馆需要投资更高性能的服务器、更先进的存储设备及更快速的网络设施。这些硬件的升级可以提高数据处理的速度和效率，确保图书馆能够及时响应用户的查询和访问需求。

然而，随着高校图书馆大量数据上传至云服务器中，云计算的引入使得图书馆面临云服务信息安全的威胁，影响数据的安全性及保密性。云服务提供商提供的数据安全服务协议中只有概括性的规定，没有具体的数据安全方案，这也会给图书馆数据安全存储带来许多未知风险。

区块链技术虽然能够提高数据存储的安全性，但其自身缺乏体系化安全防护，全量备份的机制也容易遭遇存储瓶颈。因此，高校图书馆需要加强信息安全建设，确保数据的安全与隐私。这包括制定数据安全制度、框架、政策及服务流程，以更好地促进图书馆在管理、服务、建设等方面的智慧化发展。

在国内，信息安全法规建设方面尚不完善，高校图书馆在数据保护方面存在一定的安全隐患。因此，图书馆需要主动加强信息安全管理，增强网络安全意识，减轻网络安全压力。图书馆信息化涉及的所有工作都与学校整体的网络安全相关，必须积极主动配合网络安全管理部门开展各项网络安全工作，执行网络安全策略。

为了应对这些挑战，高校图书馆需要构建全方位的信息安全保障体系，确保数字资源的安全和高效利用。这包括技术、管理和组织协同工作。通过构建一个由用户应用、服务平台、数据中心和基础设施组成的4层信息安全保障体系，能有效提升图书馆数字资源访问的安全性。

三、可持续发展的挑战

在大数据时代，高校图书馆的可持续发展面临着多方面的挑战，这些挑战涉及技术、管理、法律等多个层面。

（一）文献资源的移动信息格式统一标准

在移动设备广泛使用的今天，高校图书馆面临着将文献资源适配到多样化移动平台的挑战。为了实现这一点，图书馆必须推动文献资源的移动信息格式标准化，确保用户在不同设备上都能享受到一致的阅读体验。这一标准化进程不仅关乎技术层面的适配问题，还涉及版权保护、数据兼容性等复杂因素。因此，图书馆需要与技术供应商和内容提供商展开紧密合作，共同制定并遵循一套统一的格式标准。

统一的移动信息格式标准能够简化高校图书馆的资源管理和分发流程，降低技术维护成本，并提高用户体验。通过这种方式，图书馆能够确保其数字资源在不同操作系统和设备上都能无缝访问，从而扩大服务范围并增强用户满意度。同时，这也有助于保护版权所有者的权益，确保内容的合法使用和分发。

统一标准还有助于高校图书馆在版权管理和资源采购方面做出更明智的决策。通过与供应商协商，图书馆可以确保所购买的资源符合统一标准，从而减少因格式不兼容而导致的资源浪费。这对于图书馆的长期可持续发展至关重要，因为它能够确保资源的有效利用和预算的合理分配。

（二）智慧移动信息服务端

智慧移动信息服务端正成为高校图书馆服务创新的关键领域。这一服务模式依托于用户的位置信息、行为习惯等个性化数据，旨在提供定制化的信息服务。为了实现这一点，图书馆必须增强其数据处理能力，并运用大数据技术深入分析用户行为，以便精准地推送相关内容和服务。

这种服务的实施，要求高校图书馆在技术层面上进行升级，以处理和分析大量的用户数据。通过分析用户的搜索历史、借阅记录和阅读偏好，图书馆能够更好地理解用户需求，从而提供更加个性化的服务。例如，图书馆可以推送用户可能感兴趣的新书信息、活动通知或者研究资源，增强用户的参与度和满意度。

同时，智慧移动信息服务端的实施也带来了用户隐私保护的挑战。在收集和使用用户数据的过程中，高校图书馆必须确保遵守相关的隐私保护法规，采取必要的安全措施来保护用户的个人信息。这包括对数据的加密存储、限制数据访问权限，以及确保用户对自身数据的控制权。

高校图书馆还需要明确告知用户数据收集和使用的目的，以及用户如何能够管理自己的隐私设置。通过透明的沟通和用户教育，图书馆可以建立用户的信任，确保服务的可持续性。

（三）数据供应商版权归属

随着数字资源的不断增多，高校图书馆在版权管理方面确实面临着越来越大的挑战。为了确保所有数字资源的合法使用，图书馆必须与数据供应商建立明确的合作关系，明确版权归属，并严格遵守版权法律。这不仅涉及版权法律的遵守，还包括与供应商的协商和合同管理，以确保在提供服务的同时，不会侵犯版权所有者的权益。

高校图书馆需要强化数字版权供应商的版权观念，引导数字产业前进的方向，并提升作品使用者和传播者的版权意识。这有助于形成一个重视他人版权意识的氛围，提高数字版权管理的效率。图书馆应制定数字版权相关立法，以防控数字资源违规使用行为，通过预先设置阈值对违规使用行为自动做出判断，并提前做出适度预警，及时阻断严重违规行为。

高校图书馆需要通过内部技术机制，如流量控制系统，获取数据库的使用统计数据，并与数据库商的访问日志和统计数据进行深入分析与比对，以确保数据库商提供的统计数据严格遵从国际通用统计标准。这种内部控制系统不仅能有效防控违规使用的法律风险，还可以监督数据库商，督促其按照国际通行标准的模式和方式提供使用统计数据，尤其是在双方对违规使用行为的认定发生分歧时，图书馆不会因为没有第一手的数据而失去话语权和抗辩权。

在高校图书馆数字化服务中，信息网络传播权侵权问题尤为突出。图书馆在自建、购买服务或共享数据库时，都可能涉及多个法律关系主体，从而增加侵权风险。因此，图书馆需要充分履行数字资源建设的法律义务，确保在向用户提供作品前，已取得著作权人的授权与许可，相关的合同、授权书等法律文件应当齐全。

第十五章 高校图书馆大数据应用案例分析

第一节 大数据在高校图书馆资源建设中的应用案例

一、耶鲁医学图书馆的期刊利用分析

耶鲁医学图书馆的期刊利用分析是一个大数据在图书馆资源建设中应用的典型案例。自 2005 年起，耶鲁医学图书馆就开始利用大数据技术来分析纸本刊和电子刊的利用率，以此来调整期刊订购策略，优化资源配置。

耶鲁医学图书馆通过收集和分析大量的读者使用数据，包括借阅记录、在线访问量、阅读偏好等，来了解读者对不同期刊的需求和使用习惯。这些数据不仅包括了期刊的下载量和阅读量，还涉及了读者的阅读时间、阅读频率等行为数据。通过对这些数据的深入分析，图书馆能够识别出哪些期刊更受欢迎，哪些期刊的使用率较低。

基于这些数据，耶鲁医学图书馆能够更加精准地满足读者的需求，对期刊订购策略进行调整。例如，对于那些使用率高的期刊，图书馆可能会增加订购数量或者优先保证电子版的订阅；而对于那些使用率低的期刊，图书馆则可能会减少订购数量，甚至取消订购。这样的策略调整有助于图书馆将有限的预算更有效地分配到更受读者欢迎的资源上，同时也减少了资源浪费。

耶鲁医学图书馆的大数据应用还体现在提升服务水平上。图书馆可以根据读者的阅读偏好推荐相关期刊，或者在图书馆的网站上提供个性化的阅读列表。图书馆还可以根据读者的阅读习惯调整期刊的展示位置，使得高需求的期刊更容易被读者发现和获取。

耶鲁医学图书馆的大数据应用是一个持续的过程。图书馆会定期对期刊的利

用率进行分析，以确保期刊订购策略能够及时反映读者的最新需求。这种持续的数据分析和反馈机制，使得图书馆能够快速响应读者需求的变化，保持资源的动态优化。

二、华盛顿大学图书馆的数据共享实践

华盛顿大学图书馆自 2006 年起，就开始采用 Tableau、平衡计分卡等多种工具和方法分析并展示图书馆统计数据，以支持馆内的战略决策。通过使用 Tableau 这一数据可视化工具，华盛顿大学图书馆能够将复杂的数据集转化为直观的图表和仪表板，使得图书馆的工作人员能够快速理解数据背后的含义，从而做出更加明智的决策。这种实时的数据反馈机制，使得图书馆能够及时调整资源配置，以更好地满足用户需求。

平衡计分卡作为一种战略管理工具，被华盛顿大学图书馆用来衡量和改进图书馆的绩效。通过平衡计分卡，图书馆能够从财务、客户、内部流程、学习和成长四个维度来评估其服务和运营效率。这种方法不仅帮助图书馆量化其服务效果，还促进了图书馆内部的沟通和协作，确保所有部门都朝着共同的目标努力。

将图书馆数据分为馆藏、服务和空间三种类型进行数据共享，华盛顿大学图书馆能够更有效地管理和利用其资源。在馆藏方面，图书馆可以分析藏书的使用情况，优化采购策略，减少不必要的开支。在服务方面，通过分析用户反馈和使用数据，图书馆可以改进服务流程，提高用户满意度。在空间方面，图书馆可以合理规划空间布局，提高空间使用效率，为用户提供更加舒适的学习环境。

这种数据共享机制的实施，不仅提高了图书馆的工作效率，还促进了图书馆内部各部门之间的协同工作。例如，图书馆的技术部门可以与采购部门共享用户使用数据，以帮助采购部门做出更好的采购决策。同时，服务部门可以与技术部门合作，利用数据分析结果来改进用户服务。

三、哈佛大学图书馆的大数据服务

哈佛大学图书馆的大数据服务是一个将开放获取和数据共享理念付诸实践的典范。该图书馆不仅拥有庞大的资料库,包含1200多万种资料,如书目数据、地图、

手稿、音视频等，而且在美国数字公共图书馆（DPLA）中提供下载服务，使得这些珍贵资源得以广泛传播和利用。哈佛大学图书馆的这一举措，不仅增加了图书馆的透明度，也为学术研究和知识共享提供了强大的支持。

哈佛大学图书馆的开放获取模式，特别是通过其机构知识库 DASH，为全球研究者提供了一个集中式收集、保存和发布研究成果的平台。DASH 建于 2008 年，通过 DSpace 开源平台进行个性化定制开发，存储的文献类型多样，包括期刊文章、会议论文、学位论文、工作报告与预印本等。DASH 还开放本校科研人员自愿上传的课程课件、课程作业等，记录并展示世界各地的下载与访问数量，从作者角度呈现资源下载情况。

哈佛大学图书馆还注重科学数据管理，提供了如 Harvard Dataverse 这样的科学数据仓储服务，用于共享、引用和保存所有领域的研究数据，哈佛大学研究人员可免费使用。哈佛大学还是 Vivli 的创始成员，Vivli 是一个非营利组织，其使命是促进临床试验数据的共享。

在数据素养教育方面，哈佛大学提供一系列与研究数据管理相关的服务和支持，涵盖了哈佛大学及其各个学院和图书馆的不同计划和资源。这些服务包括贝克研究数据计划、生物医学研究数据管理最佳实践、哈佛大学教育研究生院研究数据管理等，旨在推广最佳实践并提供必要的培训和资源。

哈佛大学图书馆的大数据服务不仅为学术界提供了宝贵的资源，也为公众提供了深入感受文学乐趣的机会。通过 DPLA，哈佛大学图书馆与史密森学会和纽约公共图书馆等"内容中心"一起，从其庞大的馆藏中提供数字化材料，满足不同公众的需求。这些服务和资源的共享，不仅促进了知识的传播，也加强了社区对自己文化和历史的认识，同时将地方收藏整合到一个日益有序发展的国家网络中。

四、上海交通大学图书馆的一站式统计平台

上海交通大学图书馆在 2012 年自主开发完成的一站式统计平台，是一个集成管理平台，它覆盖了图书馆的主要业务，包括馆藏资源、流通活动、学科服务、应用系统、科研数据和基础信息等。这个平台的建立，使得图书馆能够全面掌握

服务情况，及时调整服务策略，以数据驱动的方式优化资源建设和提升服务价值。

该平台的数据集成管理功能，为图书馆的决策提供了强有力的支持。通过集成管理，图书馆能够对馆藏资源的使用情况和流通活动进行深入分析，从而更精准地满足读者需求，优化资源配置。例如，通过分析借阅数据，图书馆可以识别出哪些书最受欢迎，哪些区域需要更多的藏书，或者哪些类型的资源需要更新和补充。

平台还涉及学科服务和科研数据的管理，这对于支持学校的教学科研活动至关重要。通过这个平台，图书馆能够为不同学科领域提供专业的信息咨询服务，助力学科发展和科研创新能力提升。同时，图书馆还可以通过平台收集、整理、保存和展示学校的研究成果，促进学术交流与传播，增强学校的学术影响力。

一站式统计平台的建立，也体现了上海交通大学图书馆在大数据环境下对数据管理与分析应用的实践。这种实践表明，高校图书馆在优化资源建设、提升服务价值方面，已经非常明显地呈现出"数据驱动"的特征。通过有效管理和分析来实现数据潜在价值的挖掘，图书馆能够更好地服务于教学和科研，同时也为读者提供更加个性化和高质量的服务。

五、清华大学图书馆的知识关联网络

清华大学图书馆在大数据环境下知识关联网络的构建方面，展现了其在图书馆资源建设和学科服务中的创新与应用。图书馆从海量权威的元数据仓储中提取关键词等信息，分析关键词走向，并以时间轴展示某学科的发展趋势，这一做法有助于揭示学科发展脉络和学术合作网络。

清华大学图书馆拥有庞大的元数据仓储，其中包含了7亿多条高品质的文章级元数据。基于这些数据，图书馆进行了深入的探索和实践，并尝试对数据集合进行分析。通过提取元数据中的关键词等信息，图书馆分析了关键词的走向，从而能够展示特定学科领域在一段时间内的发展趋势。这种方法不仅帮助图书馆了解学科的发展脉络，还能预测未来的发展方向，为图书馆资源建设和学科服务提供了重要的参考。

清华大学图书馆还建立了以学者为中心的知识关联网络。通过分析海量文献数据的特点，图书馆自动甄别出清华大学目标学者，获取目标学者的学术出版物、与其紧密关联的合作者、期刊会议等信息。应用开放链接技术准确定位清华学者学术出版物的全文，采用可视化视图的方式直观展示学者的学术历程，以及以学者为中心的科研网络。目前，清华大学图书馆已经成功甄别出清华50位专家学者，并建立了以他们为中心的知识关联网络。

第二节　大数据在高校图书馆服务创新中的应用案例

一、北京大学图书馆的研究数据管理服务

北京大学图书馆在研究数据管理服务领域的实践，体现了智能问答与咨询系统在高校图书馆服务创新中的应用。

（一）服务体系构建

北京大学图书馆在研究数据管理服务领域投入了三年的努力，逐步发展出一个全面且互联的研究数据管理服务体系。该体系精心设计，旨在满足不同用户群体的需求，涵盖了从需求评估到数据共享和发布、宣传培训、数据注册关联以及工具服务等多个关键环节。

在需求与现状评估方面，图书馆深入分析了用户需求和当前数据管理的现状，以确定服务的优先级和发展方向。这为图书馆提供了一个明确的框架，以识别和解决数据管理中的关键问题。

数据共享和发布环节，图书馆致力于促进数据的开放性和可访问性，通过建立共享平台和发布机制，研究数据能够被更广泛地利用，从而推动知识的传播和学术研究的进步。

在宣传与培训方面，图书馆通过组织各类宣传活动和培训课程，提高了用户对数据管理重要性的认识，并增强了他们使用数据管理工具和资源的能力。

数据注册与关联环节，图书馆通过建立数据注册系统和关联机制，确保数据的可追溯性和互操作性，这有助于用户更有效地发现和利用相关数据资源。

最后，在工具服务方面，图书馆提供了一系列的工具和服务，帮助用户进行数据的存储、处理和分析，从而提高了数据管理的效率和效果。

（二）数据资源体系梳理

北京大学图书馆在数据资源体系梳理方面采取了系统化的方法，以确保数据的有序管理和高效服务。图书馆首先对馆内的数据资源进行了全面的盘点，这一过程涉及对图书馆购买的数据、运行产生的数据以及图书馆工作所需的外部数据等进行分类和整理。通过这一步骤，图书馆能够清晰地掌握自身拥有的数据资源，包括用户行为数据、资源使用数据、服务业务数据、财务数据、馆员数据、科研类数据、基础数据、长期保存数据和数字化数据等9大类，细分为96小类。

在数据资源目录体系构建的过程中，北京大学图书馆注重元数据的构成，包括信息资源名称、代码、分类、提供方、摘要、格式、数据项信息、共享属性、开放属性、更新周期和发布日期等关键信息。这些元数据的整理和定义，为图书馆的数据管理提供了规范和标准，使得数据资源更加有序和易于检索。

此外，图书馆还对每类数据的现状、需要进行的加工处理以及可能提供的数据服务和应用场景进行了详细梳理。这一细致的工作不仅帮助图书馆全面了解了数据中心的现状，而且为数据中心建设任务绘制了一份蓝图，充分认识到了建设任务的艰巨性。

（三）数据基础设施建设

北京大学图书馆在数据基础设施建设方面，致力于构建一个高效、智能且科学化的数据管理平台，以提升数据质量为核心目标。该平台不仅作为数据生产流水线，也是数据工作的支撑平台，通过深度处理、智能组织和科学化管理数据，确保数据的准确性、完整性和可用性。

图书馆的数据基础设施建设涉及数据采集、存储、处理和分析等多个环节。在数据采集方面，图书馆利用先进的技术手段，如物联网、区块链和标识编码等，实现多源、多维数据的高效接入和精准确权，提升数据汇聚的广泛性、便捷性和精准性。在数据存储方面，图书馆采用全闪存数据中心技术，以先进闪存存储介质为基础，提供多元、高效、安全、绿色的存储服务，为数据要素市场的建设和发展提供关键动力。

图书馆的数据基础设施还包括高性能的算力设施，为数据提供高效敏捷的处理能力。这些算力设施以通用、智能、超级算力为代表，支持数据的快速处理和分析，使得图书馆能够从海量数据中提取有价值的信息，支持学术研究和决策制定。

在数据安全方面，图书馆的数据基础设施强调隐私计算、联邦学习等技术的应用，以保障数据的安全流通和使用。这些技术确保了数据在共享和利用过程中的隐私保护和安全合规，为图书馆的数据服务提供了坚实的安全基础。

（四）数据增值服务体系构建

北京大学图书馆在数据增值服务体系构建方面，采取了创新的策略，以适应大数据和人工智能时代的需求。图书馆不仅明确了数据增值服务的内涵，还梳理和归纳了国内外的相关研究与实践，提出了一个由"4+3456"型组成的数据增值服务体系框架。这一框架涵盖了四层主要架构、三类服务方式、四类服务用户、五类数据服务产品和六类主题数据，为图书馆的数据增值服务提供了清晰的指导。

在这个体系中，北京大学图书馆特别关注四类服务对象的数据增值服务：管理层、业务中心、用户以及社会。对于管理层，图书馆提供决策支持服务，如管理决策数据需求、运行数据月报和运营效能评估。业务中心则获得数据支持与业务决策服务，例如业务决策支持、业务优化支持和数据评估服务等。对于用户，图书馆致力于提供个性化和智能化的服务，以满足用户的个性化需求。而对于社会层面，图书馆则注重开放获取、数据交换和经验输出，以促进知识的共享和传播。

此外，北京大学图书馆在数据增值服务的深化上也做出了努力。这包括丰富数据内容，通过数据标引、数据关联、数据挖掘和外部数据融合，提供深度和智能化的数据服务。同时，图书馆还拓展了服务渠道，探索更高速便捷提供数据服务的新方法、新途径。在深挖用户需求方面，图书馆尝试从多维度进行数据建模和分析，探索如何为四类服务对象提供真正需要的数据服务。

（五）用户需求深挖

北京大学图书馆在用户需求深挖方面采取了多维度的数据建模和分析方法，致力于探索如何为不同服务对象提供他们真正需要的数据服务。通过这种方法，图书馆能够更精准地识别和满足管理层、业务中心、用户以及社会等四类服务对象的数据需求。

图书馆通过改进服务形式和内容，例如将用户需求归纳总结并转化为固定需求，实现了从被动提供数据到主动推送数据的转变，实现了随需随取的服务模式。这种服务模式不仅提高了服务的响应速度，也增强了服务的针对性和有效性。

图书馆还不断改进服务内容，提供新的数据分析结果或数据呈现形式。基于对数据的深入理解和对需求的深入理解，图书馆构建了数据核心指标，围绕这些指标展示统计分析数据，为用户提供更加精准的服务。

在个性化服务方面，图书馆通过分析用户的行为数据，如访问日志记录、检索行为和使用方式等，构建用户兴趣模型，从而提供个性化的信息资源推荐和服务。这种基于用户兴趣的个性化服务系统能够根据读者的要求，提供个性化的界面设置、信息环境以及信息快报，特别是读者可以定制个人馆藏，提高检索效率，最大限度地满足读者的个性化需求。

（六）智能问答系统实践

北京大学图书馆的智能问答系统实践，关键在于构建一个全面而合理的知识库，以及确保信息检索的速度和质量。该系统通过多层策略，助力高校建立统一的信息获取平台，自动解答师生员工用自然语言提出的问题，从而为学校提供良好的信息化服务途径。

系统设计中，问题分析是核心，包括问题分类、关键词提取、关键词扩展等。对于中文问答系统，问题分类之前还需要进行问题分词和词性标注等预处理。智能问答系统依据处理的数据格式，主要分为"基于问题答案对的问答系统"和"基于自由文本检索的问答系统"。无论是哪一类，系统都需要完成问题分析、信息检索和答案抽取这三个核心功能。

在信息检索与匹配方面，问答系统通常会从一个预先建立的知识库或一组文档中检索答案。检索技术包括关键词匹配和语义匹配，后者通过深度学习模型来理解问题的语义，找到与问题意义相似的答案。最后，系统需要对检索到的候选答案进行排序，并返回最合适的答案。

北京大学图书馆的智能问答系统还特别关注了问句相似度计算，采用了基于改进编辑距离的算法计算问句间的语义相似度。此算法以普通编辑距离算法为基础，将编辑单元从单个字符改成单个词，并使用《同义词词林》（扩展版）计算词与词之间的语义距离，同时为每个合法的编辑操作设置不同的操作权重。

（七）校园智能问答实现与部署

北京大学图书馆在智能问答系统的实现与部署方面，通过微信公众平台成功整合了相关事务的问答功能。这一集成不仅体现了智能问答系统在实际服务中的应用，也展示了图书馆如何利用现代技术提升用户体验和服务效率。

在部署结构上，北京大学图书馆的智能问答系统采用了多层策略，以确保信息的快速响应和精准匹配。系统的工作流程开始于用户通过微信客户端向公众账号发送消息，微信服务器接收到请求后，会将请求通过 HTTP POST 方式传递到校内微信接入平台。校内平台对消息进行解析，并根据内容访问北京大学信息服务智能问答系统，然后返回相应的答案。最后，答案以文本消息的形式返回给微信服务器，再由微信服务器发送给用户。

这一流程的优化，确保了从用户提问到答案返回的整个链条的流畅性和效率。系统的整体正确率大约在 80%，显示出系统的初步实用性。然而，系统的性能仍有提升空间，特别是在知识库的丰富性和答案抽取算法的精确性方面。知识库的不丰富可能导致用户查询库中没有的知识时不能得到很好的答案，而答案抽取算法不精确可能造成答案的多余或者部分缺失。

为了进一步提升系统的高效性和正确率，北京大学图书馆将继续积累和丰富知识库，并优化算法，以提高问答系统的服务质量。通过这些努力，智能问答系统将成为图书馆服务中不可或缺的一部分，为师生提供更加便捷、智能的信息获取渠道。

二、华东师范大学图书馆的数据驱动服务创新

华东师范大学图书馆在数据驱动下进行了服务创新，构建了从数据层至应用层的数据资源整合利用框架。

（一）可视化服务

华东师范大学图书馆在数据驱动服务创新方面，特别强调了数据可视化技术的应用。该技术使得图书馆的运营数据变得更加直观和易于理解，为图书馆管理者和读者提供了极大的便利。通过将复杂的数据信息转化为图形、图表和仪表板，

数据可视化技术帮助用户快速把握图书馆的关键运营指标，如借阅量、用户活跃度、资源使用情况等。

这种服务的实施，不仅提高了图书馆管理的透明度，也增强了读者的参与感。读者可以通过直观的图表和图形，了解图书馆的热门图书、借阅高峰时段等信息，这有助于他们更好地规划自己的借阅行为，提高借阅效率。同时，管理者可以利用这些实时数据来优化资源配置，比如根据借阅量调整图书的采购计划，或者根据用户活跃度调整开放时间，以满足读者的需求。

数据可视化技术还能帮助图书馆进行决策支持和接口开发，通过开放获取等方式，促进图书馆数据服务的进一步发展。例如，流通数据可视化系统能够自动提取分析图书馆的各项数据，并通过电子屏幕进行展示。这样能够基于借阅数据为读者推荐热门图书和偏好的相关读物，从而提升读者的阅读体验；同时也帮助图书馆管理者直观地了解图书馆的运营情况，为日常管理和战略决策提供有力支持。

（二）集成化服务

华东师范大学图书馆在数据驱动服务创新中，特别注重集成化服务的发展。该图书馆依托超微·智慧图书馆管理平台，将大数据、物联网、移动互联网、云计算等新一代信息技术与智慧化设备相结合，实现了图书馆资源、用户、应用以及界面的统一管理。这一集成化平台不仅整合了丰富的数字资源，包括图书、期刊、报纸、有声读物和特色专题等，还提供了一站式的访问服务，极大地方便了用户的访问和使用。

通过集成化服务，华东师范大学图书馆实现了应用层面和数据层面的集成。在应用层面，图书馆的 OPAC 系统整合了各类资源，提供了统一的检索和访问入口，使得用户能够轻松获取所需信息。在数据层面，图书馆利用关联数据技术，实现了数据的深度整合，提高了资源的可用性和检索效率。

集成化服务还包括了与外部系统的集成，如教务系统、资源采订系统等，为用户提供了更加便捷和个性化的服务体验。

（三）共享云开放平台

华东师范大学图书馆在数据驱动服务创新中，积极构建了一个共享云开放平台，旨在促进数据资源的共享和交换。这个平台不仅为校内各院系、机构及师生个人提供了一个数据存储、管理和共享的空间，而且允许他们上传、管理及共享自己生产或获取的人文社科领域数据资源。用户可以使用 .edu.cn 结尾的邮箱注册，方便查阅及下载共享的各类数据资源，以支持教学和研究工作。

该平台的建立，遵循了数据所有者的要求和平台规定，确保了数据共享的合规性和安全性。通过这个开放的数据平台，华东师范大学图书馆实现了数据资源的调度和共享交换，提供了跨层级、跨部门、跨区域的数据交换服务能力支撑。平台通过信息资源门户驱动自动化的数据库交换、文件交换以及 API 服务共享，实现了数据资源的自动化共享交换。

共享云开放平台还包括了资源目录管理平台，为信息资源门户提供配套的管理支撑功能，同时支持跨层级目录级联的功能。这样的集成化管理，不仅提高了数据资源的可用性，也为数据资源的共享和应用提供了便利的载体。

华东师范大学图书馆的共享云开放平台，通过促进资源共享和数据交换，为图书馆的数据服务提供了新的思路，推动了高校图书馆数据服务的进一步发展，同时也为图书馆的数字化转型和智能化管理提供了有力支持。

（四）主动推送服务

华东师范大学图书馆在数据驱动服务创新中，推出了一项主动推送服务，该服务基于对用户行为的深入分析，能够主动向用户推荐他们可能感兴趣的信息和资源。这项服务通过收集和分析用户的借阅历史、搜索记录和阅读偏好等数据，构建了用户画像，从而实现个性化的内容推荐。

通过使用机器学习和数据挖掘技术，图书馆能够识别出用户的兴趣点，并预测他们可能感兴趣的新资源。例如，如果一个用户经常借阅某个领域的专业图书，图书馆的系统就会自动推荐该领域内的最新出版物或相关学术文章。这种智能化的推荐系统不仅提高了资源的发现率，也增强了用户的满意度和图书馆服务的个性化水平。

主动推送服务还包括了定期的电子通信，如电子邮件或手机应用通知，这些通信会包含用户可能感兴趣的新书通知、活动信息和研究资源。这种服务模式使得图书馆能够与用户保持更紧密的联系，同时也提高了图书馆资源的利用率。

华东师范大学图书馆的主动推送服务，通过智能化的数据分析和个性化的内容推荐，为用户提供了更加便捷和高效的信息服务。这种服务的实施，不仅提升了图书馆的服务质量，也极大地增强了图书馆服务的主动性和前瞻性。

这些案例展示了大数据技术在高校图书馆服务创新中的多样化应用，不仅提升了图书馆的服务效率和用户体验，也为图书馆的未来发展提供了新的思路和方向。

第三节　大数据在高校图书馆管理决策中的应用案例

随着信息技术的快速发展，大数据已成为高校图书馆管理决策的重要工具。

一、普渡大学图书馆的读者检索行为分析

普渡大学图书馆的读者检索行为分析是一个重要的研究领域，尤其是在大数据环境下。2014 年，Niu 等人通过对普渡大学图书馆的两种资源发现系统——VuFind 和 Primo 的读者日志数据进行深入分析，旨在理解读者的检索行为和使用偏好。这项研究的核心在于通过数据分析，揭示用户在使用图书馆资源时的习惯和需求，从而为图书馆的服务改进提供科学依据。

在研究过程中，Niu 等人采用了日志分析的方法，收集了大量用户的检索数据。这些数据包括用户的查询词、检索路径、点击行为等，能够反映出用户在使用资源发现系统时的真实行为。通过对这些数据的分析，研究团队能够识别出用户最常使用的检索点和分面功能，以及他们对检索结果展示的偏好。这种分析不仅帮助图书馆了解用户的需求，还为优化资源发现系统提供了数据支持。

结果显示，用户在使用 VuFind 和 Primo 时表现出明显的偏好。例如，某些特定的检索点和分面功能更受用户欢迎，而某些检索结果的展示方式则能更有效地引导用户找到所需资源。这些发现为图书馆提供了宝贵的见解，使其能够在系统设计和功能设置上做出更为精准的调整。

基于对用户检索行为的深入理解，Niu 等人提出了一套检索行为评估方法。这套方法不仅包括对用户行为的定量分析，还结合了用户满意度的定性研究。通过这种综合方法，图书馆能够全面评估资源发现系统的性能，从而为系统的改进提供依据。这种评估方法的提出，标志着图书馆在利用大数据技术提升服务质量方面迈出了重要一步。

普渡大学图书馆的这一研究成果对图书馆服务影响深远。通过对检索行为的分析，图书馆能够更精准地设置检索点、优化分面功能，并改进检索结果的展示方式。这些改进不仅提高了用户的检索效率，也提升了用户的满意度，从而提高了图书馆的服务质量和用户黏性。

二、北京师范大学图书馆的数据管理与分析实践

北京师范大学图书馆在大数据技术与服务的应用实践中，展现了其在数据采集、存储、管理与分析方面的能力，以提升管理与服务水平、分析和预估发展趋势。该图书馆通过多维度的数据整合，包括借阅信息、馆藏图书信息、读者入馆信息和用户信息等，首先将不同年份的数据拼接在一起，按照时间维度进行整合，并保证数据维度字段的一致性。这一过程涉及数据清洗，包括空值的检测和处理，以及使用 Python 的正则表达式模块对某些字段进行约束和处理，例如将学院字段中的不规则数值统一化，最终将清洗好的数据存入 MySQL 数据库中。

北京师范大学图书馆还对不同维度的数据表进行处理，保留有效信息数据，并将其存入另一个数据库中，以便于后续的结构化分析和图书馆群体画像与个人用户画像的设计。通过挖掘不同字段之间的信息价值，构建用户画像系统，并将所有用户画像进行可视化展示，采用 pyecharts 进行前端的网页展示，并利用 pyecharts 的 Page 组件，实现基于用户画像和群体画像的大屏可视化设计。

北京师范大学图书馆还采用了 ARIMA 时间序列预测算法对未来的 12 个月的借阅图书数量进行时间序列预测，将预测结果可视化并存入本地。结合图书群体和个人用户画像，对图书信息采用基于协同过滤的算法建模，构建图书推荐算法，进一步提升了图书馆的服务水平和效率。

在大数据环境下，北京师范大学图书馆的数据管理与分析系统能够直观地为

图书馆资源、服务及管理决策提供数据支撑。图书馆需要全面地梳理自身数据情况及分析需求，明确图书馆各方面业务及服务的数据统计指标，充分利用数据管理与分析系统完成数据的管理与分析。同时，图书馆也可以利用专业的统计分析模型，对采集的数据进行建模分析，完成数据的深度解析，实现对图书馆各方面发展的科学预测，从而进一步提高图书馆数据管理与统计分析能力，提升图书馆的科学管理与服务水平。

三、华东师范大学图书馆的馆藏文献利用调查与分析

华东师范大学图书馆自 2009 年起对馆藏文献进行系统的调查分析，旨在通过客观数据指导图书馆馆藏发展、藏书布局、流通借阅规则设置、服务人员配置等，以期为读者提供更好的服务，满足读者需求。通过数据分析，全面掌握读者对印刷型资源的借阅情况，为图书馆的决策提供数据支持。

华东师范大学图书馆拥有丰富的馆藏资源，包括古今中外各类印刷型文献和数字文献。馆藏文献的学科范围涵盖人文科学、社会科学、自然科学与应用技术等学科领域，尤以教育学、地理学、文史哲学等学校重点学科领域的文献见长，为教学与科研提供了较为完备的文献信息保障。

华东师范大学图书馆的资源建设通过收集读者的推荐建议，并结合专家意见有的放矢的采购、寻访和接受捐赠、通过联盟协调资源共建共享、自建特色资源、开放存取资源等来实现，既满足了当时需求，也考虑了长远规划。

第四节　大数据应用案例的总结与反思

大数据技术在高校图书馆的应用已经成为信息化建设的重要趋势，它通过数据的全面感知、收集、整理、分析和共享，为图书馆提供了全新的服务模式和价值创造方式。

一、大数据应用案例的总结

（一）数据信息量大

高校图书馆在数字化浪潮中积累了庞大的数据信息量，成为知识汇聚的重要场所。除了传统的纸质书和文献，图书馆还拥有电子书、期刊、学术论文和专利信息等丰富的数字化资源，以及各类文献数据库。图书馆还积极收集用户信息，包括基本信息、检索行为和需求服务等，构建起一个庞大的数据集合。这些数据不仅丰富了图书馆的资源，也为图书馆的管理和服务提供了坚实的数据基础。通过这些数据，图书馆能够更好地理解用户需求，优化资源配置，提升服务效率，同时也为图书馆的决策提供了重要的数据支持。

（二）服务创新

大数据技术为高校图书馆服务的创新提供了强大动力，使得服务模式得以转型升级。现在，图书馆能够依托用户数据，包括阅读历史、检索行为和个人偏好，来提供定制化的服务。这种服务的个性化体现在图书馆能够根据用户的借阅记录和搜索习惯，精准推荐图书和资料，甚至能够预测并推送用户可能感兴趣的新出版物或资源。这样的服务不仅提升了服务流程的效率，也显著增强了用户的满意度。

通过大数据分析，高校图书馆能够更深入地理解用户需求，从而提供更加贴心的服务。例如，图书馆可以识别出用户对特定主题或领域的兴趣，然后主动提供相关的阅读材料和研究资源。这种主动服务的方式，使用户能够更快地获取所需信息。个性化服务还能够帮助图书馆发现潜在的用户需求，从而在资源采购和信息服务上做出更有针对性的决策。

（三）数据管理与分析

大数据技术的应用极大地推动了高校图书馆在数据管理与分析方面的进步。图书馆积累了包括馆藏资源数据、读者借阅数据、电子资源利用数据、网站访问数据等在内的大量数据，这些数据对于全面了解图书馆的运营状况和用户需求变化具有重要意义。通过对这些数据的有效采集、存储和管理，并进行科学分析和评价，图书馆能够为提供精准的信息服务和精细的资源管理提供科学决策依据。

在数据管理与分析的过程中，高校图书馆首先需要梳理数据源并进行数据采集，这包括读者信息、借阅统计、入馆统计数据等。随后，基于具体的数据分析指标，对采集到的数据进行处理与分析，以提取和分析读者 ID 关联的个人信息、纸质资源数据、入馆数据、座位数据和研究间预约数据，进而对读者的图书借阅、空间利用行为进行具体分析。这一过程能够为图书馆进行未来规划、服务模式调整、服务创新的趋势分析与发展预估提供数据支撑。

图书馆的数据管理还涉及资源数据的管理，这不仅包括纸质资源和电子资源，也包括科研数据和业务数据等。智慧图书馆的资源管理需要对资源进行深度挖掘，探究数据层面间的关联，优化图书馆的业务流程，提高工作效率，并对图书馆的发展决策和战略规划提供支持。

（四）国内外实践

在全球范围内，大数据技术的应用已经成为图书馆服务创新的重要方向。一些国际图书馆已经开始探索如何将大数据技术融入图书馆服务中，以提升服务效率和质量。

例如，耶鲁医学图书馆利用大数据技术分析用户数据，根据读者对纸质期刊和电子期刊的喜好程度调整期刊订购策略，以满足用户的实际需求，减少资源浪费。这种基于数据驱动的决策方式，使得图书馆资源配置更加精准，提高了资源利用效率。

华盛顿大学图书馆则采用了多种工具和方法，如 Tableau 和平衡计分卡，来分析并展示图书馆统计数据，以支持馆内的战略决策。通过这些工具，图书馆能够更直观地了解服务情况和整体资源利用情况，为图书馆的长远规划和资源配置提供决策支持。

新加坡国家图书馆（NLB）实施了一项大数据项目，利用大数据技术实现图书馆核心功能的转型。NLB 部署了一套大数据构架，通过一整套的仪表盘来监测和分析覆盖整个生命周期的关键业务流程，从新资料的选择、采购和处理开始，直到资料流通过程中的外借、续借和预约。此外，NLB 还利用地理空间分析对何时何地开设新馆进行战略规划，并通过分析洞悉"读者在哪里""他们读什么"等问题，以实现图书馆分馆对居民的就近服务和新建图书馆对现有图书馆网络的影响评估。

这些实践表明，大数据技术在图书馆服务中的应用具有广泛的前景和潜力。通过有效管理和分析大数据，图书馆能够更好地理解用户需求，优化资源配置，提高资源利用率，并预测未来发展趋势，为图书馆的长远规划提供决策支持。这些案例也展示了大数据技术如何帮助图书馆实现从传统服务向数据驱动服务的转变，提升图书馆的服务价值和效率。

二、大数据应用案例的反思

（一）技术人员缺乏

在大数据时代背景下，图书馆服务的创新和改革需要管理人员具备相应的大数据思维和技能。然而，当前许多图书馆管理人员在这方面存在明显的不足。他们往往缺乏对大数据技术的了解和应用能力，这种状况限制了图书馆服务创新的深度和广度。

大数据技术涉及数据的采集、处理、分析等多个环节，需要管理人员具备一定的技术知识和分析能力。但在现实中，许多图书馆管理人员对大数据技术的认识停留在表面，缺乏深入的理解和实践。这导致他们在面对大数据技术时，往往感到无所适从，难以有效利用这些技术来优化服务和管理。

大数据思维要求管理人员能够从数据的角度出发，发现问题、分析问题并解决问题。但在实际工作中，许多管理人员仍然习惯于传统的管理方式，缺乏从数据中挖掘信息、发现规律的意识和能力。这种思维定式限制了他们对大数据技术的运用。

大数据技术的应用需要管理人员具备一定的创新意识和探索精神。但在现实中，许多管理人员对新技术持保守态度，不愿意尝试和探索。这种保守心态不仅阻碍了大数据技术的应用，也影响了图书馆服务的创新和改革。

（二）系统架构局限

当前高校图书馆的数据管理系统在架构和实现方案上存在一些局限性，这些局限性主要表现在数据采集和处理能力的不足，以及对后期数据深入分析和应用的限制。具体来说，许多图书馆的数据管理系统缺乏有效的数据采集和清洗功能，这导致系统在处理大量异构数据时效率低下，无法保证数据的质量和准确性。系统在后期数据分析方面也存在局限，无法对数据进行系统性分析，从而无法充分挖掘数据的潜在价值。

这些问题的存在，部分原因是高校图书馆信息系统之间缺乏统一的平台对数据进行关联、整合及联通，导致数据孤岛现象严重，难以支持业务层获得全渠道数据。非结构化数据的存储和应用也是图书馆数据管理面临的痛点之一。非结构化数据来源丰富，分散各个系统，且数据格式多样，具有异构性，结构不标准，数据存储占比高，在数据爆炸式增长的当下，蕴含可观价值信息的非结构化数据无法高效应用。

为了解决这些问题，需要构建更加合理的系统架构和功能丰富的数据管理平台。这包括开发能够处理和分析大数据的系统，以及提供 API 接口支持第三方系统的数据调用。同时，高校图书馆需要采用先进的数据清洗和分析工具，以提高数据处理的效率和准确性，从而更好地服务于图书馆的管理和决策。

（三）数据质量与准确性

由于数据类型日益复杂、数据量巨大且增长迅速，高校图书馆的数据管理系统必须能够接受这些挑战，以保证数据的可靠性和有效性。

数据的多样性和复杂性要求高校图书馆在数据采集阶段就进行严格的质量控制。这包括对数据来源的审核、数据格式的标准化以及数据内容的验证。只有确保了数据在源头的准确性，后续的数据分析和应用才能产生有价值的结果。

随着数据量的增加，数据管理系统需要具备高效的数据处理能力，以应对数据的快速增长。这不仅涉及数据存储的技术问题，还包括数据清洗和预处理的能力，以去除重复、错误或不完整的数据，确保数据的一致性和完整性。

数据的实时性也是影响数据质量的一个重要因素。在快速变化的信息环境中，过时的数据可能会迅速失去价值。因此，高校图书馆需要建立实时数据更新和处理机制，以保持数据的时效性。

为了提高数据的准确性，高校图书馆还需要建立一套完善的数据质量评估体系。这包括定期的数据质量检查、异常数据的识别和处理机制，以及数据质量的持续改进措施。

（四）服务模式创新

大数据技术为高校图书馆服务模式的创新提供了新的可能性，但如何将这些技术与传统服务相结合，创造出新的服务模式，仍是一个需要深入探讨的问题。在数字经济的推动下，图书馆在数字资源建设和管理上进行了创新，利用大数据、云计算等信息技术，更好地管理和利用海量图书资源，建立更为完善的数字图书馆系统，实现资源共享和信息互通，为读者提供更便捷、更全面的信息服务。

随着数字经济的快速发展，高校图书馆的服务模式也在发生变化。传统的面对面咨询服务逐渐被线上服务取代，读者可以随时随地访问图书馆的资源和服务。智慧图书馆的出现使得图书馆的服务更加便捷、高效。图书馆应根据读者的需求和特点，积极利用新技术，为读者提供更加人性化、个性化的服务，利用互联网技术和移动设备，为读者提供更多元化、更便捷的服务，如在线图书查找、电子书借阅、移动图书馆等。

在大数据时代下，高校图书馆想要满足读者的需求，就需要根据读者的口味，整合和优化馆藏资源。通过转变服务模式，提供更加优质的服务，才能从根本上迎合时代发展趋势，满足读者的服务需求。图书馆必须树立全新的服务理念，在强化信息技术的基础上，为越发激烈的市场竞争做好准备和铺垫工作。图书馆领导应坚持"走出去，引进来"的工作方法，不断突破传统思维的局限，通过接受新思想和引进新方法，不断优化图书馆的内部工作环境。

为了促进图书馆的经济发展，有关领导需要在大数据时代中找寻发展机遇。通过建设和完善高校图书馆信息服务管理体系，不断增进人们与图书馆的关系，促进图书馆经济的可持续发展。图书馆应制定优质的服务制度，建立严格的监督和检查机制，并重视安全管理，以保证图书馆系统的更新和信息安全质量。

第十六章 高校图书馆大数据应用的伦理与社会责任

第一节 大数据应用的伦理问题探讨

随着信息技术的飞速发展，大数据已成为高校图书馆服务和管理的重要工具。然而，大数据的应用也带来了一系列伦理问题，这些问题涉及个人隐私、信息安全、信息公平等多个方面。

一、个人隐私泄露问题

在数字化时代，个人隐私保护已成为一个全球性的问题，而在智慧图书馆的大数据应用中，这一问题尤为突出。图书馆作为知识的宝库，其服务的数字化转型使得用户数据的收集和分析成为可能，但同时也带来了个人隐私泄露的风险。

（一）数据收集与隐私泄露风险

智慧图书馆通过各种数字化服务，如在线借阅系统、电子资源访问记录、用户行为分析等，收集了大量的用户数据。这些数据包括但不限于用户的姓名、联系方式、借阅偏好、搜索历史等敏感信息。这些数据的收集和分析可以为高校图书馆提供用户行为的洞察，从而优化服务和资源配置，但同时也存在着数据被不当使用或泄露的风险。

（二）隐私泄露的严重后果

个人隐私的泄露可能会导致一系列严重的后果。用户的个人信息可能会被用于非法活动，如身份盗窃、诈骗等，给用户带来经济损失和精神压力。用户的个人生活可能会受到干扰，如收到垃圾邮件、骚扰电话等。隐私泄露还可能影响用户的社交关系和职业发展，因为某些敏感信息的泄露可能会损害个人形象和信誉。

（三）隐私保护的法律与伦理框架

为了应对个人隐私泄露的问题，许多国家和地区已经建立了相应的法律和伦理框架。例如，欧盟的《通用数据保护条例》（GDPR）规定了数据处理的基本原则，包括数据的最小化、目的限制、存储限制等，旨在保护个人数据不被滥用。在图书馆领域，国际图书馆协会联合会（IFLA）也提出了隐私保护的指导原则，强调图书馆应尊重和保护用户的隐私权。

二、信息安全威胁

大数据技术的应用为高校图书馆带来了前所未有的便利，但同时也带来了信息安全威胁。图书馆在存储和处理大量数据时，如果安全措施不到位，就可能导致数据被非法访问或篡改，从而威胁到整个信息系统的安全。

（一）数据安全风险

在高校图书馆数字化转型的过程中，处理用户数据和文献资源变得日益频繁。这些数据涵盖了用户的借阅记录、搜索历史以及个人信息等敏感内容。一旦这些数据遭受非法访问或泄露，用户的隐私权将受到侵犯，并且这些数据可能被用于非法活动，例如身份盗窃和诈骗。因此，图书馆必须采取严格的安全措施来保护这些数据，防止数据泄露和滥用，确保用户信息的安全和隐私得到充分保护。这不仅涉及技术层面的加密和访问控制，还包括对图书馆工作人员的隐私保护意识教育，以及制定和执行严格的数据管理政策。

（二）数据存储安全

随着高校图书馆服务向云端的转移，数据存储安全问题变得尤为突出。在这种模式下，高校图书馆的数据不再完全由自己控制，而是部分掌握在云服务提供商手中，这无疑增加了数据安全的风险。云服务提供商的数据处理能力和安全措施的强弱直接关系到图书馆数据的安全性。数据存储设备的性能、容量以及安全技术的完善程度也是影响数据安全的关键因素。因此，图书馆在选择云服务提供商时，必须仔细评估其安全性能，确保其具备足够的数据保护措施。同时，图书馆也应加强自身的数据安全管理,包括定期的数据备份、访问控制和安全审计,以确保即使在云端环境中,用户数据的安全性也能得到最大程度的保障。

(三)数据访问与利用安全

在数据访问与利用阶段,云平台的安全风险不容忽视。人员认证和权限管理的不当可能导致非法用户越权访问敏感数据。这涉及身份验证的薄弱环节,如用户名和密码的简单验证方式,以及角色管理的不严格,可能导致权限的不当分配。云平台若缺乏敏感数据的发现与识别机制,比如基于机器学习的敏感信息识别技术,就可能导致敏感数据在未经充分保护的情况下被分析和泄露。云平台若缺少有效的安全评估和审计手段,如审计日志的不完整或保护不足,将无法有效监督用户访问行为,从而增加敏感数据泄露的风险。因此,为了确保数据访问与利用的安全,云平台必须加强身份验证措施,实施细粒度的权限控制,建立敏感数据的识别与分类机制,并完善安全审计流程,以确保数据的安全性和合规性。

(四)数据共享与更新安全

在数据共享与更新的过程中,云服务提供商在与第三方机构共享高校图书馆数据时,必须确保数据传输的安全性。这包括对数据进行加密处理,以防止数据在传输过程中被截获或泄露。同时,云服务提供商需要建立敏感数据的发现与识别机制,确保在数据共享前,敏感信息得到妥善处理,如通过数据脱敏技术,使得数据在共享时"可用不可见",保护数据的机密性。云服务提供商应与第三方机构明确数据共享的目的和用途,确保数据仅用于约定的范围内,避免数据被滥用。在共享数据的过程中,还应实施严格的安全评估和审计,以监督和记录数据访问行为,及时发现和响应潜在的安全威胁。

三、伦理失范问题的成因分析

(一)主体自身道德底线的缺失

部分高校图书馆工作人员可能缺乏对个人隐私保护的意识,这在很大程度上是由于缺乏系统的伦理教育和培训造成的。在数字化转型的过程中,高校图书馆工作人员需要处理大量的用户数据,如果没有足够的隐私保护意识,就可能在数据收集和处理过程中忽视伦理规范,导致伦理失范问题的出现。此外,一些工作人员可能对大数据技术的应用抱有盲目乐观的态度，忽视了技术应用过程中可能带来的伦理风险。

（二）大数据技术不完善

当前的大数据技术在隐私保护、数据安全等方面仍存在不足。大数据技术的发展速度远远超过了伦理规范的制定和完善，导致技术应用过程中的伦理风险难以得到有效控制。例如，数据挖掘和分析技术可能无意中侵犯用户的隐私，而现有的技术手段难以完全避免这种情况的发生。大数据技术的应用往往需要跨部门、跨领域的合作，这使得数据的管理和控制变得更加复杂，增加了伦理失范的风险。

（三）信息不完全和信息不对称

高校图书馆在数据收集和处理过程中可能存在信息的不完全和不对称。这可能是由于数据收集的不充分、数据处理的不准确或者信息共享的不充分等原因造成的。信息的不完全和不对称可能导致决策失误，从而引发伦理失范问题。例如，如果高校图书馆在制定数据政策时没有充分考虑到用户的隐私权益，就可能导致政策的不公平和不公正，引发用户的不满和抗议。

四、伦理规范的发展战略

针对高校图书馆大数据应用中的伦理问题，其发展战略可以从以下几个方面进行构建。

（一）加快法律建设

需要从国家、公民和高校图书馆三个层面加快相关法律法规的建设。这包括制定和完善数据保护法律，明确大数据应用中的伦理底线和法律责任。这些法律法规的制定和实施，将为高校图书馆大数据应用提供法律框架，确保个人数据的安全和隐私得到保护。

（二）提升伦理规范意识

加强对高校图书馆工作人员的伦理教育至关重要。这包括提升他们在大数据应用中的伦理规范意识，使他们能够识别和应对伦理风险。通过教育和培训，工作人员可以更好地理解数据保护的重要性，以及如何在日常工作中遵守伦理规范。

（三）重视大数据监管

高校图书馆应重视大数据的监管工作，确保数据的安全和合规使用。这涉及建立和完善内部监管机制，如数据访问控制、数据加密、数据备份和恢复计划等。同时，也需要对大数据产品和技术服务市场加强监管，对违背国家和地方法律法规的行为要坚决制止和予以惩罚。

（四）接受社会监督

高校图书馆大数据应用的透明度和公信力可以通过接受社会监督来提高。这包括来自读者、同行及新闻、网络媒体的监督评价。通过引入新闻与社会舆论监督机制，可以促进图书馆在大数据应用中的行为更加道德化、合理化，同时也能给图书馆员提供实践上切实可行的具体行为指引。

第二节　高校图书馆大数据应用的社会责任

一、支持教育与研究

（一）数据素养教育的深化

高校图书馆在大数据技术的支持下，能够进一步强化数据素养教育。数据素养涵盖了从数据的检索、获取，到数据库的使用、数据格式的理解，再到数据的处理与分析等一系列技能。它还包括对数据伦理和数据归因等意识层面的教育。以北京大学图书馆为例，其举办的"一小时讲座"系列中就包括了如何在大数据背景下撰写论文、数字人文与大数据等主题，这些都是提升数据素养的关键环节。

（二）学术趋势与研究热点分析

高校图书馆通过运用大数据技术，对学术趋势和研究热点进行深入分析，从而为师生提供精准的资源推荐服务。通过对借阅记录、数据库访问频率等数据的细致分析，图书馆可以洞察学术界的动态和研究方向，预测未来可能的学术走向。这种分析能力使得图书馆能够提前为教育和研究活动提供指导，帮助教师和学生把握学术前沿，优化研究方向。例如，通过识别哪些学科领域的文献被频繁引用，图书馆可以推荐相关领域的最新研究成果，支持教师和学生在这些领域的深入研究。

（三）支持一流学科建设

高校图书馆在一流学科建设中通过开发深层次的数据素养教育服务来支持学科发展。图书馆通过线上线下调研，深入了解高校重点学科的需求，为其数据库建设、文献资源和特色馆藏提供专业的咨询和建议。图书馆还完善了与学院的协作机制，针对学校的优势学科定制专场的数据素养教育，将数据素养教育内容嵌入到专业教学中，以响应学科教研人员的需求。这种定制化服务不仅提升了数据素养教育的针对性和实效性，也为一流学科建设提供了有力支持。

（四）促进学科交叉与创新

大数据技术的应用为学科交叉与创新提供了新的机遇。复旦大学图书馆在这方面的实践尤为突出，它不仅关注数据素养教育与专业课程的结合，还开设了如《大数据商务分析与应用》和《大数据在健康产业中的应用》等课程，这些课程紧密结合了学生的专业知识，提升了他们的数据分析能力。这些课程的设计不仅增强了学生对大数据技术的理解，还促进了不同学科间的交流与合作，为学科交叉提供了一个有效的平台。

通过这些课程，学生能够学习到如何将大数据技术应用于实际问题解决中，这种跨学科的学习方式有助于激发学生的创新思维，推动他们在学术研究和未来职业生涯中进行创新。复旦大学图书馆还通过举办开放数据创新研究大赛等活动，鼓励学生利用新技术对开放数据进行分析，将人文社会科学与机器学习相结合，开展跨学科的交叉研究和创新应用。这些活动不仅提升了学生的数据素养，也为学科交叉与创新提供了实践机会。

二、促进社会公平与包容性

高校图书馆在大数据应用中承担着促进社会公平与包容性的重要责任。通过智慧化服务的实施，图书馆能够为不同背景的读者提供更加便捷和平等的访问机会，从而提高图书馆的可达性，并确保知识资源能够更加公平地服务于社会各阶层。

高校图书馆通过数字化、创新化、智慧化场景服务的构建，如大数据平台、服务数据智慧墙、智能书架服务等，提升了公共文化服务和管理水平。这些技术的应用，尤其是"无感借还"智慧流通服务系统，通过红外光幕技术、人脸生物识别技术、无线射频识别技术，实现了出馆即可借书，入馆即可还书的无感体验，极大地提升了读者图书流通服务效能。

高校图书馆在服务形式上从单一借阅向多元化服务转型，融合讲座、展览、培训等多种文化活动，满足不同群体的文化需求。同时，图书馆还提供个性化服务如定制化阅读推荐、专业咨询等，精准对接读者需求，增强了服务的包容性。

高校图书馆在促进服务均等化时，强化与公共文化机构合作，并广泛联结社会各界，形成资源共享网络。特别关注未成年、偏远地区学生及残障人士，通过创新服务模式、定制化服务及社区融入策略，满足其多元化需求。与社会福利机构紧密合作，派遣专职人员或招募志愿者，提供定制化文化服务，并融入社区，实施个性化需求调研与精准对接，提升残障群体生活质量，增进社会关注与理解。

在技术层面，大数据技术可以对收集到的特定群体健康数据进行深度挖掘和分析，为制定个性化的服务方案提供科学依据。云计算技术则可以实现数据的高效存储和共享，为跨地区、跨机构的服务提供技术支持。移动互联网和智能终端设备的普及也为智慧服务的发展提供了有力支持，使得服务更加便捷、舒适。

三、推动可持续发展

（一）能源节约

大数据技术在高校图书馆的应用显著提升了能源使用效率。通过智能书架系统，图书馆能够实现图书的精确定位和实时监控，有效减少因图书错放而产生的资源浪费。这些书架利用RFID技术自动化管理图书，减少了对人工盘点的依赖，从而降低了能源消耗。自动化管理不仅提升了工作效率，还减少了因图书盘点和上架等操作所需的人力成本，这对于能源节约具有重要意义。智能书架系统还能帮助图书馆优化图书布局，进一步提高资源利用率，实现图书馆运营的绿色化和可持续性。

（二）促进可持续发展

大数据技术为高校图书馆提供了支持可持续发展目标的新途径。通过与政府部门及其他机构的合作，图书馆能够参与国家战略项目的实施中，推动社会整体的进步。图书馆的信息共享项目对于推动《联合国 2030 年可持续发展议程》具有积极作用，特别是在减少贫困、支持农业的可持续性、提升教育水平和保障公众健康等方面。通过共享资源和知识，图书馆能够为实现这些全球性目标做出贡献。

高校图书馆利用大数据技术优化资源配置，提高服务效率，减少浪费，这本身就是对可持续发展理念的实践。图书馆通过数据分析，能够更精准地预测和满足用户需求，从而更有效地分配和利用资源。这种智能化的服务模式不仅提升了用户体验，也为图书馆的长期发展奠定了基础，确保了其在知识传播和文化保存方面的重要作用，同时促进了社会的可持续发展。

（三）科技创新

在科技创新的浪潮中，高校图书馆正通过大数据、人工智能、区块链、物联网等新一代信息技术，孵化新服务和新产品，为图书馆事业提供新的技术支撑。

上海交通大学图书馆在 2012 年自主开发完成覆盖图书馆主要业务的一站式统计平台，数据涉及馆藏资源、流通活动、学科服务、应用系统、科研数据、基础信息等，实现所有数据的集成管理，为图书馆各项工作提供指导。

清华大学图书馆尝试从海量权威的元数据仓储中提取关键词等信息，一方面分析关键词走向，以时间轴展示某学科的发展趋势；另一方面分析作者与合作者的关系，建立以学者为中心的知识关联网络。

中山大学图书馆通过 RFID 智能图书管理系统，推动了图书馆业务的重组和服务流程的再造，将工作人员从简单、繁复的体力工作中抽离出来，开展面向学科建设、教学与科研支持的精细粒度的知识服务，走向智慧管理。图书馆服务方式的变化促使中大馆突破传统管理桎梏，全新的管理理念和模式使图书馆呈现出更人性化、自由化和智能化的发展趋势。

这些例子展示了高校图书馆如何利用现代信息技术提升服务能力，优化资源配置，并推动图书馆服务向更高效、更智能的方向发展。通过这些实践，图书馆不仅提高了自身的服务能力，也为图书馆的可持续发展提供了新的动力。

参考文献

[1] 陈雪 . 知识服务理念下的高校图书馆创新与发展探究 [M]. 北京：新华出版社，
2022.

[2] 马智娟 . 人工智能背景下高校图书馆知识产权信息服务模式创新 [J]. 海峡科技
与产业，2024，37 (8): 76-80.

[3] 李蓉婷 . 大数据时代，高校图书馆发展探索 [J]. 云端，2024(30): 63-65.

[4] 尚长珍 . 大数据时代高校图书馆科技查新人员信息素养的培养路径探究 [J]. 办
公室业务，2024(13): 37-39.

[5] 张璐，陈红蕾，何梅，等 . 面向智慧社会的高校图书馆知识服务模式研究 [J]. 图
书馆学刊，2024，46 (6): 49-54.

[6] 郭家雁 . 信息时代下图书馆管理模式的创新策略 [J]. 中国报业，2024(12):
240-241.

[7] 刘宁宁 . 基于大数据的图书馆用户行为分析与服务优化研究 [J]. 时代报告：奔
流，2024(6): 110-112.

[8] 刘安达，李凯，周颖玉，等 . 移动图书馆用户画像数据获取与隐私保护平衡机
制研究 [J]. 图书馆工作与研究，2024(6): 13-20.

[9] 朱国东 . 大数据时代高校图书馆转型期馆员职能演变研究 [J]. 甘肃科技，
2024，40 (5): 102-104.

[10] 朱国东 . 大数据时代下高校图书馆助推大学生数据素养教育 [J]. 文化产业，
2024(10): 158-160.

[11] 郑如冰 . 智慧时代高校图书馆知识服务模式创新探究 [J]. 宁德师范学院学报：
哲学社会科学版，2024(1): 194-198.

[12] 种洁 . 大数据时代智慧图书馆建设探析 [J]. 科技资讯，2024，22 (4): 219-221.

[13] 李明超. 大数据时代高校图书馆服务与实践探索 [J]. 通化师范学院学报, 2023, 44 (10): 98–102.

[14] 冉莉. 大数据背景下高校图书馆知识服务模式的构建 [J]. 濮阳职业技术学院学报, 2023, 36 (2): 60–64.

[15] 古想花. 大数据背景下高校图书馆用户隐私保护研究 [J]. 科技视界, 2022(18): 72–74.

[16] 敖小爽, 罗圣梅, 余成斌. 高校图书馆知识生态系统服务模式构建 [J]. 合作经济与科技, 2021(22): 134–136.

[17] 李永明. 图书馆知识服务中用户参与行为分析 [J]. 图书馆学研究, 2021(17): 82–89.

[18] 钟文娟, 吴雪芝, 王莲. 高校图书馆用户培训效果控制的实践研究 [J]. 大学图书情报学刊, 2021, 39 (3): 91–95.

[19] 吴旻, 李煜. 大数据环境下高校图书馆知识服务模式研究 [J]. 图书情报导刊, 2021, 6 (3): 12–18.

[20] 何丽华, 石岩炘. 基于读者需求的现代高校图书馆知识服务模式 [J]. 作家天地, 2020(23): 57.

[21] 郝博麟. 大数据环境下高校图书馆系统平台构建研究 [J]. 数码世界, 2020(10): 74–76.

[22] 郑杨, 胡东辉. 我国图书馆多元素养教育探析 [J]. 大学图书情报学刊, 2019, 37 (3): 14–17.

[23] 黄乐燕. 我国高校图书馆知识共享服务模式探讨 [J]. 中国中医药图书情报杂志, 2018, 42 (6): 32–34.

[24] 高黔峰, 艾虹, 敖可. 大数据环境下图书馆文献信息资源服务研究 [J]. 内蒙古科技与经济, 2018(13): 139–140.

[25] 邓敏娜. 信息技术背景下图书馆管理研究 [J]. 文化创新比较研究, 2017, 1 (23): 97–98.

[26] 张欣. 高校图书馆知识服务模式 [J]. 中外企业家, 2015(3): 181.

[27] 宁勇. 办公自动化技术在图书馆管理中的应用 [J]. 黑龙江史志, 2014(21): 267.

[28] 黄希 . 高校图书馆个性化知识服务模式和策略 [J]. 科技视界，2014(6): 203.

[29] 刘学平 . 自动化技术对图书管理的影响 [J]. 昌潍师专学报，2000(3): 107.